# 湖湘出土玉器研究

喻燕姣　著

岳麓書社

·长沙·

# 前　言





自20世纪50年代以来，湖南省各级文物部门配合工农业生产和国家基本建设工程，在各地进行了抢救性的考古发掘，出土了数以千计的玉器，在湖南出土文物中占有重要地位，有助于人们了解湖南古代玉器工艺、用玉历史以及古人思想观念、生活风情、审美情趣等。

对湖南出土玉器的研究，自20世纪90年代以来，也取得了一定成果。《中国玉器全集》[①]最早对湖南出土的一些重要玉器进行了披露。此后，有关重要的图录还有《湖南省博物馆文物精粹》[②]、《中国出土玉器全集·湖北湖南卷》[③]、《长沙馆藏文物精华》[④]、《湖南省博物馆》[⑤]等及一些重要的发掘报告。喻燕姣[⑥]、傅聚良[⑦]、何介钧[⑧]、

---

①杨伯达主编：《中国玉器全集》（1~6卷），河北美术出版社，1993年。

②湖南省博物馆编：《湖南省博物馆文物精粹》，上海书店，2003年。

③古方主编：《中国出土玉器全集》（1~15卷），科学出版社，2005年。

④王立华主编：《长沙馆藏文物精华》，湖南美术出版社，2007年。

⑤陈建明主编：《湖南省博物馆》，中西书局，2012年。

⑥喻燕姣：《论湖南出土的春秋战国玉器》，载杨伯达主编《出土玉器鉴定与研究》，紫禁城出版社，2001年；《略论湖南出土的商代玉器》，《中原文物》2002年第5期；《论湖南出土的汉代玉器》，载《湖南考古2002》，岳麓书社，2004年；《湖南出土商代玉玦用途试析——兼论古代珠玉为币》，《湖南省博物馆馆刊》第三期，岳麓书社，2006年；《仿玉风格的玻璃器》，《收藏家》2002年第5期。

⑦傅聚良：《湖南地区的商周玉器》，《湖南考古辑刊》第6集，岳麓书社，1994年；《湖南出土的楚国玉器》，《中国文物世界》总第177期，2000年第5期。

⑧何介钧：《湖南史前玉器》，载邓聪主编《东亚玉器》Vol. Ⅰ，香港中文大学，1998年。

傅举有[①]、袁建平[②]等对湖南出土玉器也从不同角度进行了研究，侧重于对玉器的种类、形制、用途的分析，有一定的深度，为湖南出土玉器的研究打下了良好基础。

从目前发表资料的情况看，湖南出土玉器主要为魏晋之前的，其中以战国、汉代最多，商代、新石器时代次之，其他朝代很少甚至没有；从地区来说，以湘江流域出土最多，尤其是长沙地区，占了绝大部分；从器物品种来说，不是很丰富，以佩饰玉为主，主要品种有璜、环、玦、珠管、坠、带钩、带扣、笄、钗、耳珰、戒指、串饰、玉贝、韘形佩、觿形佩、司南佩、云形佩、几何形佩饰、动物形佩饰、剑饰、玉组佩等；礼仪玉有璧、琮、圭、璋、玉人首、戚、钺、斧、锛等；生活用玉有樽、卮、杯、盏、勺、印章、纺轮等；丧葬用玉有玉衣片、玉蝉、玉塞、玉握猪等。从玉器材质来看，有软玉、蛇纹石玉、玛瑙、水晶、绿松石、琥珀、翡翠等广义上的玉材；在制作工艺上，采用了传统的琢玉手法，包括开玉成型、钻孔、阴刻、浮雕、圆雕、镂空、镶嵌、掏膛、打磨与抛光、俏色、改制等工艺。器物造型和纹饰风格均继承了中国古代玉雕的基本式样和花纹特点。

具体来说，各个时期均有自己的特点。

湖南新石器时代玉器主要分布在湘、资、沅、澧四水或洞庭湖区域内，以大溪文化、屈家岭文化、石家河文化时期玉器较多，以装饰品为主，大多无纹饰。晚期石家河文化出现了璧、琮、龙



①傅举有:《湖南出土的战国秦汉玉具剑》,《湖南省博物馆馆刊》第七辑，岳麓书社，2011年。

②袁建平:《试论湖南出土新石器时代玉佩饰》,《湖南省博物馆馆刊》第七辑，岳麓书社，2011年;《湖南孙家岗新石器时代墓群出土玉器有关问题的探讨》,《湖南考古辑刊》第9集，岳麓书社，2011年。

凤形佩、玉人首等神秘色彩玉器，玉器由开始的纯装饰品向神圣化色彩转变，这也标志着以等级制度为核心的礼制时代的肇始，象征着持有者特殊的权力和地位。

夏代玉器在湖南尚未有发现。商代是我国奴隶制社会高速发展的时期，社会经济得到了一定的发展，青铜工具的普遍应用，使商代玉器很快走向了一个新的阶段。商代玉器在全国各地都有大量发现，品种繁多，说明这是中国玉器自新石器良渚文化、红山文化以来的第二个高峰。湖南这一时期玉器品种虽然不够丰富，以玦、环、珠管等装饰玉为主，大多无纹饰，但数量如以单个来计算的话，也有上千件以上，而且这一时期的玉器材质大多以软玉为主，用料是很讲究的，且大多出土于青铜器皿内被埋在山腰、山顶、山脚或河岸边，其用途是作为祭品祭祀山川河流已毫无疑问，这与殷人以玉作为礼器信奉鬼神、祭祀鬼神不无关系。

由于西周遗址和墓葬发掘过少，湖南的西周玉器出土不多，已发现的珠管、玦等玉器均保留有商代玉器的风格。

春秋战国是中国古代社会格局发生重大变革的时代，从春秋时期的“礼崩乐坏”到战国时期封建制度的初步确立，社会经历了一个大动荡、大分裂的过程，春秋有五霸，战国有七雄。但分裂的政治局面并没有阻碍经济文化的发展，相反促进了经济文化的交流。这一时期学术上百家争鸣，艺术上百花齐放，玉器文化得到了蓬勃发展。此时期的玉器不仅仅是上层统治阶级专享的奢侈品，而且表现出一定的普及倾向，上起帝王将相，下至庶民百姓，无不以玉为贵、视玉为宝，玉器被广泛用于祭祀、馈赠、装饰、丧葬等各个方面。玉器此时也与礼制完美结合起来，加之儒家倡导玉有德，将玉人格化，“君子无故，玉不去身”成为时代风尚，佩饰玉成为最流行的装饰品。这标志着中国古代玉器由神秘化向人格化的转变。湖南出土的春秋战国玉器也是以佩饰玉为主，最能体现时代特征的各种龙凤玉佩，造型优美。在制作方法上也有长足进步，有纹饰的玉器多于无纹饰的玉器，这是不同于湖南商代玉器的一个重要特点。此时期湖南人爱玉的一个重要表现就是不论贫富贵贱，都喜欢用玉随葬。有钱有势的用玉陪葬，贫穷无地位的，用玉的替代品随葬，故这一时期，湖南出现了大量的仿玉风格的玻璃器和滑石器。

秦代是我国第一个中央集权的封建制国家，由于统治时间过短、法制严厉、民生凋敝等因素，考古所见的秦代玉器寥寥无几，湖南亦不例外，目前只发现数件玉器，多为玉璧，且时代特色不鲜明，都具战国玉器风格特征。

从公元前 206 年至公元 220 年，两汉统一的多民族封建国家的建立和发展，使中国古代文化步入了一个黄金时期，无论是哲学、史学、文学，还是雕塑艺术、科学技术等达到了前所未有的高度。汉代玉器是在继承战国时代玉器传统特色的基础上发展起来的，在艺术风格上则更多地吸收了楚文化玉器清逸脱俗、自由浪漫的特色，融合成汉代玉器所特有的雄浑豪放、气势磅礴的艺术风格，把中国古代玉器推到一个新的高峰。此时期的玉器，以装饰的佩玉、随葬的“葬玉”和高浮雕或圆雕的艺术品为大宗，数量远远超过了礼玉，玉质好，雕琢精，构图变幻莫测，设计新颖而不囿常规，纹饰华丽却不落俗套，整体形象充满动态和灵气。这表明汉代玉器已开始摆脱传统礼制观念的束缚，走向表现个性化、追求其艺术价值的更高阶段。湖南出土的汉代玉器亦能反映出这种特点，数量和种类都较多，分布范围亦广，以装饰玉为主，楚玉特点非常明显，优质玉材的玉器显著增多，造型与纹饰雕刻颇为讲究。虽然立体圆雕器物少见，但高浮雕的器物（如剑饰）所展示的那种自由奔放的豪迈气势是典型的汉玉神韵。

三国两晋南北朝时期，中国玉器工艺进入低谷，从这一阶段的考古发现来看，出土玉器不仅数量少、品类乏、玉材差，而且从造型、制作技术等方面都深受汉代玉器的影响。这与当时政治混乱、经济萧条是分不开的。湖南出土的三国两晋南北朝时期玉器也同样反映出这样的特点，除了刘弘墓出土了较丰富的玉器外，其余墓葬出土玉器极少，且多为玛瑙、水晶制作的珠管。

隋唐至明清时期，中国古代的玉器制作在曲折中前进，并在清代中期达到了古玉制作的顶峰，表现为传世玉器的数量之多和质量之好，是任何一个朝代都难以企及的。从全国范围的考古情况看，此阶段出土玉器较少，但大多比较精巧。湖南这一阶段的出土玉器非常少见，难以反映出玉器发展的历史脉络，究其原因，除了丧葬观念的改变、盗墓成风等原因外，可能与湖南地区得玉不易不无关系。

总的来说，湖南出土玉器在一定程度上反映了中国古代玉器发展的历史进程，是研究长江中游地区玉文化不可缺少的重要资料，对了解湖南地区古代人们的用玉观念、用玉方式、制作工艺等有重要意义。

笔者在写作本书的过程中，综合了最新的考古发掘成果和研究成果，力图使资料搜集最全面、研究能有新的突破。但有些问题的探讨不够深入，诸如玉石的来源、玉器的制作、流通，湖南地区的玉器与周边地区玉器的关系、族属等问题，均还有待今后加强研究。另本书选用了历年出土材料中保存最好、研究价值最高的 300 多张玉器图片，可使读者清晰地了解湖南玉器发展的曲折历程。

此外，本文的写作还得到了中国地质大学武汉珠宝学院朱勤文教授的支持，本书第六章第四节“湖南出土玉器玉质特征：以湖南省博物馆馆藏玉器为例”，主要由她执笔撰写；湖南省博物馆的王卉同志在核对资料过程中也给予了一定帮助。湖南省博物馆、湖南省文物考古研究所、长沙市博物馆、长沙市文物考古研究所、益阳市博物馆、常德市博物馆、衡阳市博物馆等单位提供了图片资料，在此一并致谢！

由于作者水平有限，书中难免有错，敬请读者指教。

喻燕姣

2012 年 11 月

# 目 录

# 第一章　新石器时代玉器



## 第一节　考古发现及相关材料

湖南新石器时代文化谱系最清楚的是湘北的洞庭湖区，它和江汉平原连成一片，成为长江中游史前文化的主题，其发展顺序依次为彭头山文化（距今9000~8000年），皂市下层文化（距今8000~7000年）、汤家岗文化（距今7000~6500年）、大溪文化（距今6500~5300年）、屈家岭文化（距今5300~4600年）和石家河文化（距今4600~3800年）。湘江、资江和沅水流域也发现具有自身特色的新石器时代考古学文化，有的段落已有定名，但它们从早到晚都表现出与洞庭湖地区明显的联系，在相互影响关系中洞庭湖区居于主导地位。



### 一、彭头山文化遗址出土玉石器

彭头山文化遗址（距今约9000~7900年）出土玉器共计2件。1993年八十垱遗址出土属于彭头山文化时期的穿孔绿松石串珠1件，圆形，较薄，直径约1、厚约0.3厘米；彩石（原报告称之为翡翠石）饰品1件，长1.1、宽1、厚1厘米，肉红色，一侧有凹槽，应为系绳之用[①]。此外，彭头山文化的彭头山遗址、八十垱遗

①湖南省文物考古研究所编著:《彭头山与八十垱》，科学出版社，2006年。

图 3　玉玦　大溪文化（1997 年澧县城头山古城址 T3076 出土）

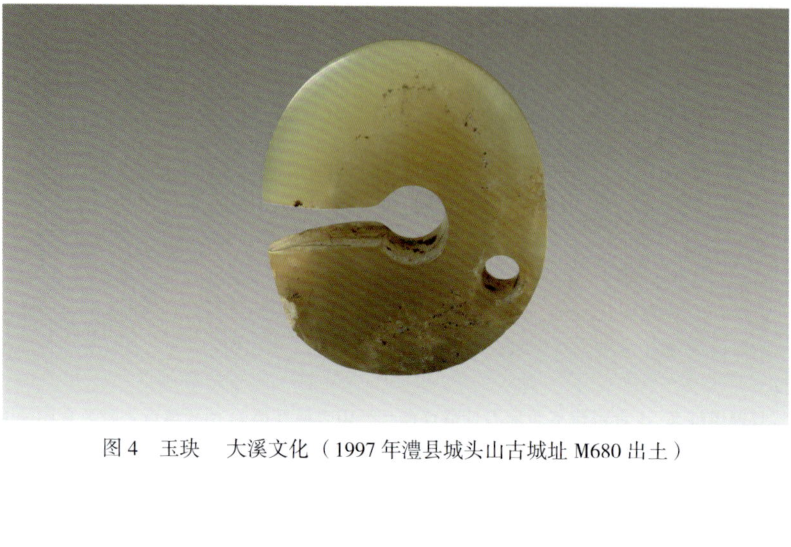

图 4　玉玦　大溪文化（1997 年澧县城头山古城址 M680 出土）

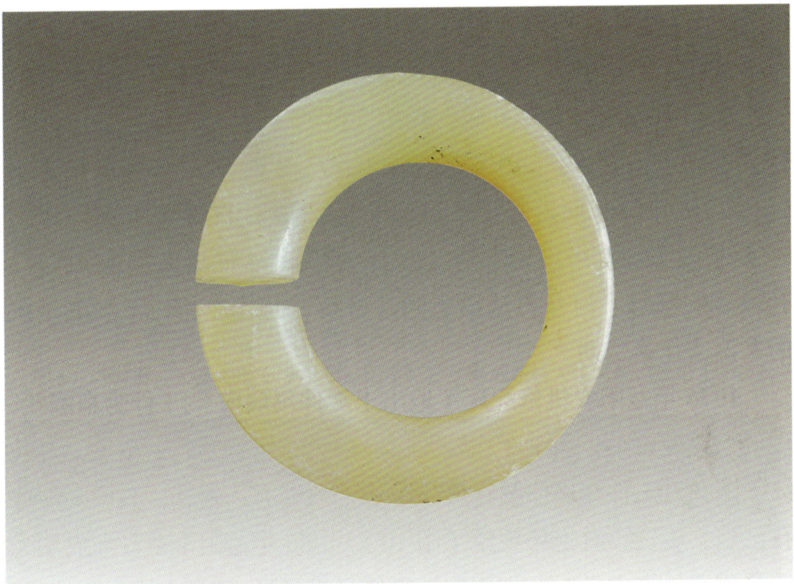

图 5 玉玦 大溪文化（1997 年澧县城头山 T5054 出土）

厚 0.4 厘米，残存半边，绿色，侧边饰凹槽。坠 1 件（T3125④: 3），长 2.2、宽 0.9、厚 0.5 厘米，体扁圆，两面平，顶端较薄，对钻一孔。绿松石粒 1 件（M740 : 1），直径 0.8、厚 0.35 厘米，半圆体。

2 件玉璜均出于 M678，这是一座规模较大、墓坑清楚的墓葬，骨架保存完整，死者为一成年男性，出土有数十件精美的红色陶器。2 件玉璜上下平行置于颈部。墓坑外的四角各有一座无随葬品的屈肢葬墓葬，骨架左侧随葬一人头骨，说明墓主有较高的身份。4 件玉玦中有 1 件出于 M680，它与 M678、M679 平行排列，是大溪文化墓葬区内随葬品较丰富的墓之一，骨架已不存。玉玦应出自耳际部位。另一件玉玦为 1992 年出自 T3076⑥地层中，依伴出陶片分析，时代属大溪文化二期。

属于资江下游的益阳市资阳区木兰园遗址，历年来村民挖出

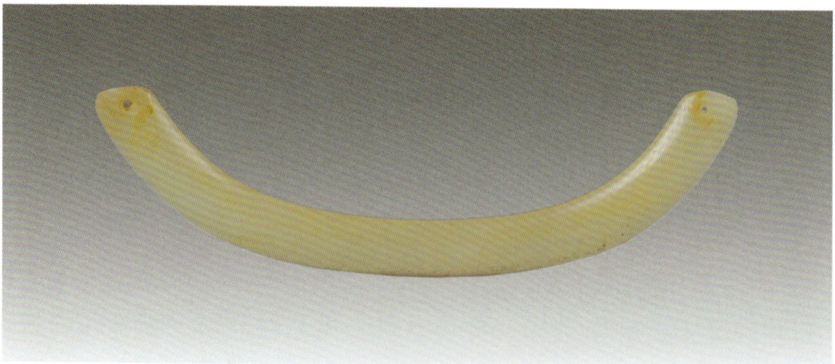

图 9　玛瑙璜　大溪文化（1976 年益阳农机修配厂工地出土）

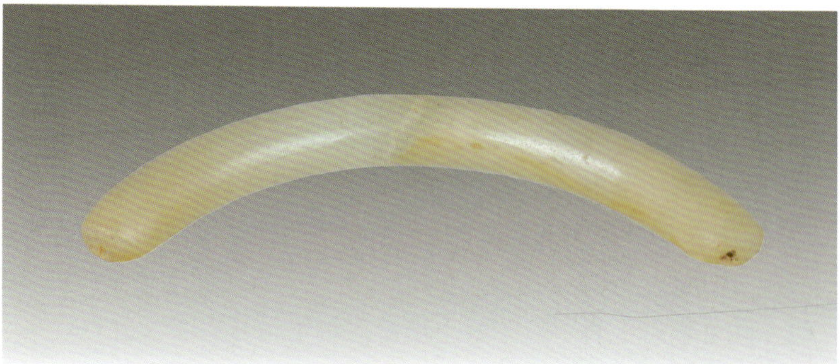

图 10　玛瑙璜　大溪文化（1976 年益阳农机修配厂工地出土）

图 11　玛瑙璜　大溪文化（1986 年益阳茶盘洲农场大溪文化遗址出土）

图 12 玉璜 大溪文化（1982 年华容车轱山遗址出土）

2008 年汉寿马栏咀大溪文化二期偏晚阶段文化遗址出土玉玦 1 件，乳白色，微透明，有光泽。横截面呈圭形，保存完整，外径 5.4、内径 2.8、厚 0.5 厘米[①]。

2. 大溪文化晚期玉器

目前发现湖南大溪文化晚期玉器地点有 2 处：

1982 年发掘的湖南华容车轱山遗址出土玉璜、玉环各 1 件。M113 : 1 玉璜，半璧形，两端中部各有一极小的穿孔，边缘处留了加工时的浅凹槽，乳白色，出土于墓主人骨架胸际间，当为佩饰。其玉质甚软、白色，可能为以后长江中游地区直至商代玉器常用的材料高岭玉（图 12）。车轱山 M104 : 4 玉环，断面扁平，乳白色，局部土沁[②]（图 13），出土于人骨架左手部位。

2004 年和 2005 年，湖南省文物考古研究所对洪江市高庙新石器时代遗址相继进行了两次发掘。高庙遗址的新石器时代堆积分为上、下两个主要阶段，其中上层遗存距今 6300~5300 年。在一

①湖南省文物考古研究所、汉寿县文物管理所:《湖南汉寿马栏咀遗址新石器时代遗存》，《湖南考古辑刊》第 9 集，岳麓书社，2011 年。

②岳阳地区文物工作队:《华容车轱山新石器时代遗址第一次发掘简报》,《湖南考古辑刊》第 3 集，岳麓书社，1986 年。

1989年益阳茶盘洲农场玉竹坨出土玉器3件[①],其中2件玉玦,1件为玛瑙玦。玛瑙玦为圆环形，色泽润白，表面光洁，接近玦口处有一端呈暗红色，整个玦身线条流畅饱满，造型规整，给人以圆润简约之感，体现了早期先民们的审美意识（图17）。这件玦与江淮地区北阴阳营文化出土玛瑙玦极为相似[②],它和玛瑙璜一样，也可能来源于长江下游地区；另1件玉玦，呈梯形，玉质为青玉，间有杂质，中间有一不规整圆孔与下底断口相连，表面光滑透亮，无纹，形制不太规整，给人以自然古朴的感觉（图18）；1件为玛瑙笄，呈柱形，笄身上粗下细，头部呈锥状，通身光素无纹，润白透亮，质感好，器形简单古朴，具有典型的早期玉笄特征（图19）。从出土玉器分析，这3件玉器属于大溪文化时期。



大溪文化中、晚期玉器还见于2008年湘阴青山新石器时代遗址出土的3件玉佩饰[③]。

## 三、屈家岭文化遗址出土玉器

屈家岭文化时期（距今约5500~5000年）的玉器目前发现有如下几处：

澧县城头山遗址出土玉器6件，包括环、璜、坠等。玉环1件（M591∶1），直径7、宽0.7、厚0.5厘米（原报告误为5厘米），颜色为鸡骨白，系白色透闪石制成，表面磨光，上下平，内外边圆，中有单钻大圆孔，边上留有切割痕（图20）。该墓伴出陶器数十件，

---

①益阳地区博物馆:《沅江市玉竹坨新石器时代遗址》,《中国文物报》1989年3月1日2版；卜珩一:《益阳市博物馆藏玉鉴识》,《收藏界》2012年第12期。

②见杨伯达主编:《中国玉器全集》第1卷，图57，河北美术出版社，1993年。

③尹检顺、徐佳林:《湘阴县青山新石器时代遗址》,《中国考古学年鉴》(2009年)，文物出版社，2010年。

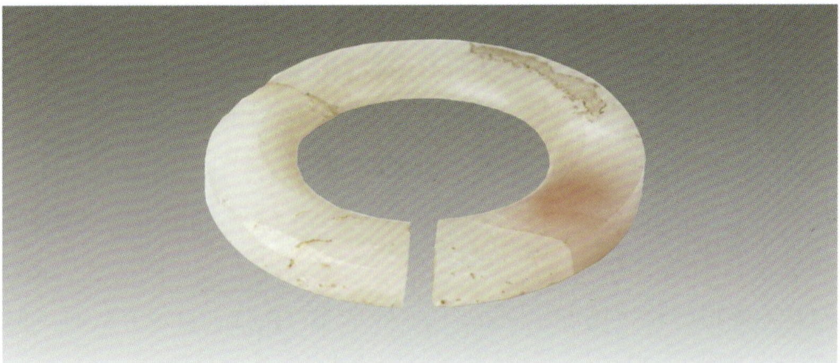

图 17　玛瑙玦　大溪文化（1989 年益阳茶盘洲农场玉竹垉出土）

图 18　梯形玉玦　大溪文化（1989 年益阳茶盘洲农场玉竹垉出土）

图 19　玛瑙笄　大溪文化（1989 年益阳茶盘洲农场玉竹垉出土）

尸骨已朽，但牙齿还可见痕迹，因此可推定其头向。玉环置于左手位置，与车轱山大溪文化晚期M104所出玉环位置相同。玉坠2件，已残，T5313⑥A：2残长2.5厘米，绿色。玉璜1件（T1130⑤：1），残长5.8厘米，四分之一环形，两端各钻有一小孔。绿松石坠（原报告称之为绿松石）1件（标本T3125③：5），长椭圆形，一端细，一端粗，细端上有一穿孔，一侧保留明显切割痕迹（图21）。绿松石粒（原报告称之为绿松石）1件（标本M740：1），直径0.8、厚0.35厘米；顶微拱圆形[①]。

澧县梦溪三元宫和怀化高坎垄遗址出土玉器是屈家岭文化玉器的代表[②]，其中高坎垄48座墓葬中出土玉器6件，计有玉钺2件（简报称之为"铲"），"软玉"，其中M9：5平顶，顶中部有半圆形缺口，上部居中对钻一孔。顶宽7.2、刃宽8.6、长18.2厘米；璜2件，其中M37：1，"黄玉透明，类玛瑙"，半环形，断面呈扁椭圆形，两端各钻一小孔，两侧端长8.4厘米。这类璜体往往出现在大溪和崧泽文化早中阶段。另一件"高岭软白玉"M26：1璜可能是玦改制；M10：6镯为青灰色玉，呈筒形。另外M4还出土"青灰色板岩"片璜一件。澧县梦溪三元宫出土玉斧1件（M8：2），绿色软玉，器形很小，扁平梯形，斜刃，通体磨光，未见使用痕迹，形体很小，应该不是实用工具（图22）；玉锛1件（M7：15），浅绿色软玉，形状近似梯形，刃稍弧，两面刃，通体磨光，未见使用痕迹，形体很小（图23）。这两件器物可能是非实用器，而是表

①湖南省文物考古研究所：《澧县城头山——新石器时代遗址发掘报告》，文物出版社，2007年。

②湖南省博物馆：《澧县梦溪三元宫遗址》，《考古学报》1979年第4期；湖南省文物考古研究所、怀化地区文物工作队：《怀化高坎垄新石器时代遗址》，《考古学报》1992年第3期。

图 20　玉环　屈家岭文化（1997 年澧县城头山 M591 出土）

图 21　绿松石坠　屈家岭文化（1997 年澧县城头山 T3125 出土）

图 22　玉斧　屈家岭文化（1974 年澧县梦溪三元宫出土）

图 23　玉锛　屈家岭文化（1974 年澧县梦溪三元宫出土）

身份地位的仪仗用器。这些玉器的风格大多是受到长江下游地区同时期琢玉工艺的影响。

1980 年湘乡岱子坪新石器时代二期遗址出土玉笄 1 件[①]，器呈圆柱形，一头锥状，长 9.2 厘米。据发掘报告分析，岱子坪二期遗址出土器物与澧县梦溪三元宫屈家岭文化晚期墓葬出土器物有明显的发展和承袭关系，时代应相距不远。

## 四、石家河文化遗址出土玉器

1991 年 11~12 月，湖南省文物考古研究所、澧县文物管理处发掘了位于澧县大坪乡大阳村的孙家岗新石器时代墓葬群，发掘墓葬 32 座，核实了一座被村民挖鱼塘时破坏的墓葬。均竖穴土坑，方向大致近东西向，其中 M3、M7、M8、M9、M13、M14、M33 七座墓共出土玉器 26 件[②]，种类有璧、璜、佩、笄、坠、纺轮、祖形器、管等，其中最重要的是 M14 墓底西端出土的“龙凤呈祥”佩。M14 编号器物 24 件，墓室东端出土有璜 2 件、璧 1 件（7 号直径仅 4.4 厘米，只能算是小环璧而已）、佩 2 件等，应该是墓主头端部位[③]，随葬陶器中“绳纹、方格纹、篮纹陶罐 11 件。其他陶器仅见陶壶”，简报没有发表墓葬出土的陶器，可能罐类出土时过于残碎，只是根据相邻墓葬出土陶器的特征认为“墓群属长江中游龙

①湖南省博物馆:《湘乡岱子坪新石器时代遗址》,《湖南考古辑刊》第 2 集，岳麓书社，1984 年。

②湖南省文物考古研究所、澧县文物管理处:《澧县孙家岗新石器时代墓群发掘简报》,《文物》2000 年第 12 期。

③简报将璜、璧、佩都写作出土于墓“西端”，而墓例介绍中明明是“10 余件玉器皆出土于墓地东端，有…等”，当属笔误。湖南省文物考古研究所、澧县文物管理处:《澧县孙家岗新石器时代墓群发掘简报》,《文物》2000 年第 12 期。何介钧《湖南史前玉器》(《东亚玉器》Vol. Ⅰ）图 24.2 有关 M14 的编号有误。

山文化，即石家河文化早、中期”。此墓葬群是湖南迄今发现玉器数量最多、品类最齐的新石器时代墓地，也是湖南史前玉器的一次空前发现，因而受到学界的重视。

华容车轱山遗址出土玉笄（原报告称之为玉饰）残件1件，灰白色，圆柱状，上端有一未透小孔，磨光精细[①]。它出土于车轱山晚期文化遗存中，根据该墓出土的陶器特征，发掘报告将其归入长江中游新石器晚期文化龙山文化的范畴，即相当于石家河文化早、中期。

1978年在安乡度家岗遗址墓地，湖南省文物考古研究所曾经清理过数十座屈家岭文化的墓葬，八十年代末农民在此动土，获得1件玉琮[②]。考虑到紧邻的居住址有石家河文化的地层，因此，这件玉琮应属石家河文化墓葬所出。玉琮用棕黄色带白色斑块的软玉制作，外方内圆，边长7、孔径6、高7厘米。中孔琢磨光洁，上下均有突出圆口。琮四壁正中各有一条上下贯通的浅平槽，并用减地法剔出的三个横向带状突出，将琮分为两节，除此之外无任何纹饰[③]（图24）。

图24　玉琮　石家河文化（20世纪80年代安乡度家岗遗址出土）



①湖南省岳阳地区文物工作队：《华容车轱山新石器时代遗址第一次发掘简报》，《湖南考古辑刊》第3集，岳麓书社，1986年。

②器物现藏安乡县文管所。

③何介钧：《湖南史前玉器》，载《东亚玉器》Vol. Ⅰ，香港中文大学，1998年。

1986年石门县易家渡丁家山石家河文化遗址出土1件玉人首[①]（图25），玉质为青白玉，因常年埋于地下，大部分已浸蚀成黄褐色，且有大面积的灰色沁和钙化斑。人首近似长方形，上宽下略窄，体为半圆雕，正面弧凸，以浮雕剔地阳纹和阴线刻划纹技法饰以人面，面部五官神形逼肖，威严肃穆。双眼呈梭形，眼珠斜立外凸，鼻头突出，双唇微外张敛，下颌翘起。头顶饰一覆舟形发型，头发两侧有向下弯的尖凸，头顶部中央钻有一孔，深1.1厘米，颈底部中央也钻有一孔，深0.85厘米，两孔孔径上下不对称。两耳略外张，耳廓较长，佩戴耳环，耳环孔深0.3厘米，均未穿透。长颈，颈部比较粗壮，颈下部至颈底有一凹槽与颈底孔相通，长0.3、深0.1厘米。背外面外凸，上部用单阴线饰发饰，下部光素平滑无纹。从其钻孔部位和长颈设置分析，它应是嵌在某个物件上的神像，与湖北枣林岗石家河文化遗址出土的玉人首极为相似[②]。

此外，1960年湖南省博物馆在安仁南坪何古山遗址发掘了1件玉环，残存约五分之一，呈乳黄色，表面光滑。据发掘报告，该遗址年代为新石器时代晚期[③]。1983年在益阳县龙山文化晚期石湖遗址出土玉器3件[④]，其中玉环1件，出土时仅见半圆，断面为椭圆形，肉径0.7、好径1.5厘米；玉璜1件，呈弓形，两端磨平，断面为椭圆形；玉串饰1件，长1厘米，断面呈方形，中有穿孔。

湖南有些新石器时代玉器出土资料因没有发表详细报告，对其具体情况不甚清楚，故仅列于此，以供日后深入探讨：

---

①石门县博物馆:《石门发现一件玉人首》,《湖南考古辑刊》第8集，岳麓书社，2009年。

②湖北省荆州博物馆编:《枣林岗与堆金台——荆江大堤荆州马山段考古发掘报告》，科学出版社，1999年。

③湖南省博物馆:《湖南安仁新石器时代遗址试掘简报》,《考古》1960年第6期。

④盛定国:《益阳县石湖、新兴古遗址的调查试掘》,《湖南考古辑刊》第3集，岳麓书社，1986年。

图 25　玉人首　石家河文化（1986 年石门易家渡丁家山出土）

益阳县蔡家园新石器时代至汉代遗址出土有残玉璜[①]；靖州县斗篷坡新石器时代遗址出土有耳饰、串饰、手镯、穿孔锛等玉质装饰品和礼器[②];1999 年南县涂家台新石器时代遗址 M7 出土 1 件绿玉坠[③]; 2009 年中方县岩匠屋新石器时代遗址出土有水晶石和绿松石饰品[④]。

## 第二节 玉器的种类、用途、来源及特点

### 一、种类

彭头山文化遗址出土玉器形制非常简单，目前发现的 2 件基本上为珠、坠形式。另出土了数量较多的石棒饰、石管等装饰品。

大溪文化早期的玉器有璜、玦、笄、坠、绿松石粒等。其中以条形璜、玦最多，目前已知的玉璜有 12 件，玉玦 4 件。玉璜大体可分为三式：

Ⅰ式，仅 1 件，出于澧县丁家岗 M26，中段平直，两端上翘，横断面呈椭圆，两端对琢小孔。依两端直线距离计算为 15 厘米。

Ⅱ式，9 件，是数量最多的一种形式。包括澧县城头山 M678

①益阳地区博物馆:《益阳县蔡家园新石器时代至汉代遗址》,《中国考古学年鉴》( 1987 年 )，文物出版社，1988 年。

②湖南省文物考古研究所 :《靖州县斗篷坡新石器时代遗址》,《中国考古学年鉴》( 1989 年 )，文物出版社，1990 年；湖南省文物考古研究所:《靖州县斗篷坡新石器时代至商代遗址》,《中国考古学年鉴》( 1991 年 )，文物出版社，1992 年。

③湖南省文物考古研究所、南县文物管理所:《南县涂家台新石器时代遗址》,《中国考古学年鉴》( 2000 年 )，文物出版社，2002 年。

④张兴国:《中方县岩匠屋新石器时代遗址》,《中国考古学年鉴》( 2010 年 ), 文物出版社，2011 年。

的2件,益阳木兰园4件、农机厂2件,湘潭堆子岭1件。断面近圆,整体呈弧形,两端均有对琢的小孔。城头山M678置放在颌下1件长9厘米,稍下1件长9.8厘米。木兰园出土3件,从上至下依次为11.5、11.8、19厘米,最下1件残,依弧度测算不少于20厘米。

Ⅲ式,2件,益阳市茶盘洲农场玉竹垉、丁家山岗M26各出土1件。丁家山岗M26的为半圆形,两面磨平,直径4.2厘米。

玉玦5件形制相近,分别出土于澧县城头山和汉寿马栏咀。城头山M680出土的玉玦,略呈椭圆形,长径2.5、短径1.9、中孔径0.6厘米,下沿较宽,上沿一侧有直径0.25厘米小孔。制作较粗糙。城头山T3076⑥的1件,直径5.4、中孔径3.2厘米,下沿宽于上沿,制作相当精美。



大溪文化晚期玉器除璜、玦、环等佩饰外,还增加了玉戚等仪仗兵器。

屈家岭文化遗址出土玉器目前可见璜、环、坠、镯、簪、钺、斧、锛几种,数量较少。

石家河文化遗址出土玉器数量最多,种类也较丰富,有璧、璜、环、玦、串饰、动物形佩、笄、坠、琮、玉人首等,除华容车轱山、安乡度家岗、石门丁家山、安仁南坪、益阳石湖和玉竹垉文化遗址出土少量玉器外,其余26件均出土于澧县孙家岗,以下重点介绍孙家岗玉器的种类:

璧3件,其形制相同,大小不一。均制作规整,素面光洁,M9∶3、4分别出自墓葬中部,一个在墓主胸部,一个近足部。平放于陶器之上。受沁后呈乳白色,大璧直径16.3厘米,璧面内外边均打磨成平直,素面无纹(图26)。小璧,直径10厘米,厚薄不均匀,边直,一面受沁不重,可见原质地杂青色条纹,素面(图27)。M14∶7出于墓底东端,器形较小,直径4.4厘米(图28)。

图 26　玉璧　石家河文化（1991 年澧县孙家岗遗址 M9 出土）

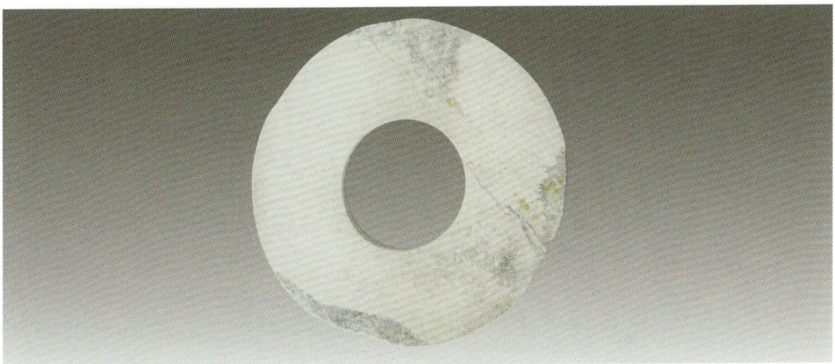

图 27　玉璧　石家河文化（1991 年澧县孙家岗遗址 M9 出土）

图 28　玉璧　石家河文化（1991 年澧县孙家岗遗址 M14 出土）

璜 3 件，M14：1、2 同出于墓底西端。M14：1 半环形，截面扁体略宽，一面留有切割痕迹，两端钻孔（图 29）。M14：2，形式比较特殊，弧度约 170 度，两端距离 12.5 厘米，断面呈扁梭形，弧面正中部位用减地法剔刻出带状装饰，宽 2.3、长 3.6 厘米，上下均突出于璜的边缘。璜内外呈扉棱状和齿状突出，因而使整个璜似半个璇玑。带状突起两边各有一小孔，用以悬佩（图 30）。M33：采 3，环形，已残（图 31）。

动物形佩 2 件，为龙形玉佩和凤形玉佩，同出于 M14 墓主人头部位置左侧。骨架已朽，墓坑规模不大，但随葬玉器却达 14 件之多。此 2 件玉佩均为片状镂孔透雕。玉质光滑，受沁后呈乳白色。构图巧妙，雕刻线条流畅，形神兼备。M14：3 为龙形佩（图 32），龙体蟠曲，头顶及后部为高耸的角状装饰，一面保留有制作前的深色勾画构图痕迹。M14：4 为凤形佩（图 33），凤鸟头顶羽状冠饰，曲颈长喙，展翅卷尾。雕刻线条流畅，构图巧妙。凤身两面均有细刻线条作辅助装饰，愈增华丽。

笄 7 件，除 M14：5 较长外，其余类似良渚文化和石家河文化遗址中出土的饰件。长条钉状 1 件（M14：5），截面呈方形，棱角峻直，前部磨制攒尖，顶部平，磨制和抛光均十分精良（图 34）；短柄扁椭圆形 1 件（M14：8），器身截面呈椭圆形，上端一段削成扁尖体，通体光滑（图 35）；圭首形 2 件（M9：1、2），均作圭首，束颈，圆钝尖，器身中部各有一喇叭形小穿孔（图 36）；鹰形柱状 1 件（M9：5），残长约 7.3、最大直径 1.15 厘米，截面呈圆形，钝圆，器身中上部刻有 4 条左右交叉凸棱；扁体状 1 件（M33：采 1），柄部饰横竖凸棱纹数道，近中部饰云雷纹一周，尖端有一穿孔（图 37 下），像这样定型的云雷纹，在史前器物上实属罕见；圆棍形 1 件（M33：采 2），器身为圆棍形，钝尖，顶平，磨制特别光泽，上

图 29　玉璜　石家河文化（1991 年澧县孙家岗遗址 M14 出土）

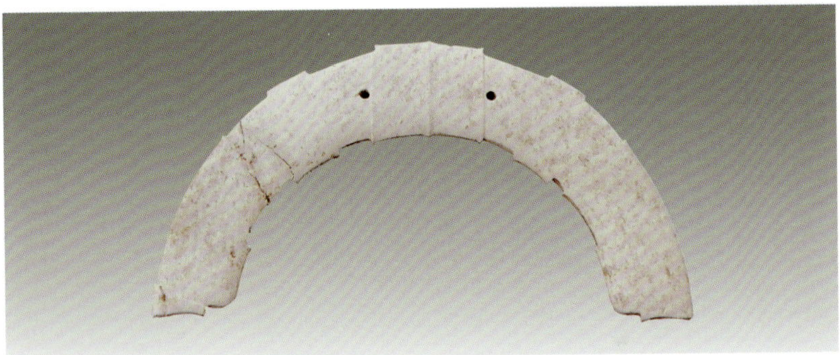

图 30　玉璜　石家河文化（1991 年澧县孙家岗遗址 M14 出土）

图 31　玉璜　石家河文化（1991 年澧县孙家岗遗址 M33 出土）

图 32　龙形玉佩　石家河文化（1991 年澧县孙家岗遗址 M14 出土）

图 33　凤形玉佩　石家河文化（1991 年澧县孙家岗遗址 M14 出土）

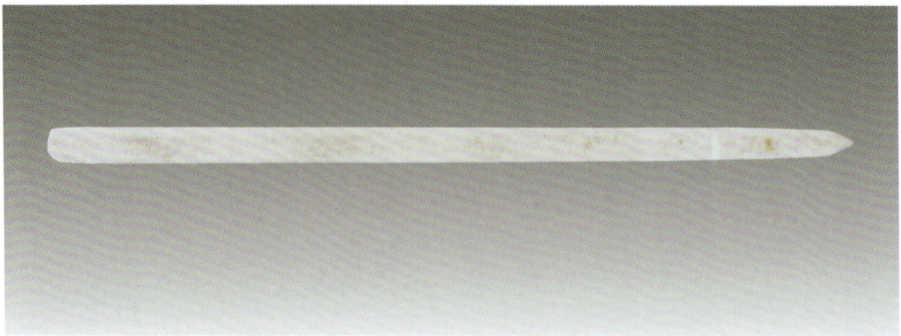

图 34　玉笄　石家河文化（1991 年澧县孙家岗遗址 M14 出土）

图 35　玉笄　石家河文化（1991 年澧县孙家岗遗址 M14 出土）

图 36　玉笄　2 件　石家河文化（1991 年澧县孙家岗遗址 M9 出土）

图 37　玉笄　石家河文化（1991 年澧县孙家岗遗址 M33 出土）

部有数道弦纹（图 37 上）。

坠 6 件。葵籽状一对（M14：9），一端有穿孔。器身可见切割痕迹（图 38）。圆片状 1 对（M14：11），近沿处有小穿孔（图 39）。薄片状 2 件，M13：2 一端呈弧形（图 40）；M14：10，扁弧体器身，首部饰凸棱并有小穿孔（图 41）。

管 1 件（M14：6），出自墓底中部一侧。截面外形为四方体，对穿圆孔（图 42）。

纺轮 1 件（M8：1），出自墓中部陶器之上。两面平整，斜边，剖面呈梯形，中部穿孔（图 43）。

祖形器 1 件（M3：1），长 2.65、直径 1.3 厘米。出自墓中部近西端。器形较小，圆柱状。

小方片 1 件（M14：24），出自墓底中部。光滑，三侧面留有切割痕迹，应为加工余料。

圭形片 1 件（M7：1），长 2.65 厘米，出自墓西部陶罐之上。器物有磨制痕迹，用途不明。

图 38　葵籽状玉坠　2 件　石家河文化（1991 年澧县孙家岗遗址 M14 出土 ）

图 39　圆片状玉坠　2 件　石家河文化（1991 年澧县孙家岗遗址 M14 出土 ）

图 40　薄片状玉坠　石家河文化（1991 年澧县孙家岗遗址 M13 出土）

图 41　薄片状玉坠　石家河文化（1991 年澧县孙家岗遗址 M14 出土）

图 42　玉管　石家河文化（1991 年澧县孙家岗遗址 M14 出土）

图 43　玉纺轮　石家河文化（1991 年澧县孙家岗遗址 M8 出土）

## 二、用途

由前文可知，湖南新石器时代的玉器以佩饰玉为主，多见璜、玦、笄、珠坠等，亦见少量的环、动物形佩等。可以称为礼仪玉器的仅有璧、戚、钺、琮、斧、锛、玉雕人首等，且数量极少。

湖南彭头山文化遗址出土56件棒饰、八十垱遗址出土162件棒饰，近似墨炭石，摩氏硬度3~4级，部分穿孔，还发现有穿孔石佩饰、穿孔石链、穿孔绿松石串珠、翡翠石（绿松石）饰件各1件[①]。可见，当时人们已有较强的审美意识，并寻找美石加工为佩饰。这说明湖南地区先民崇尚美石的传统文化观念至少可以追溯到新石器时代早期。这些棒饰，体形上与东北地区的玉匕形器有些近似，其社会功能或有相通。

玉璜是湖南新石器时代玉器中出土数量最多也是最具典型性的器物。考古发掘显示：浙江萧山跨湖桥遗址T302出土了一件属该遗址第三期的条弧形石璜，距今约7200~7000年，是迄今所见最早的璜[②]；河姆渡第四层出土过4件残缺的玉璜，距今也约有7000年的历史[③]。由此可见，璜很可能起源于长江下游地区。湖南地区出土的新石器时代玉璜早期多为条形，之后才出现折角形、半环形、半璧形。桥形和半璧形璜与长江下游地区所出的玉器形态几乎一致，说明从早期以条形璜为主到晚期阶段的半环形、半璧形璜，整个长江流域玉器发展阶段的基本一致以及彼此交流传播的文化现象。早期玉璜或作为颈饰，既有单璜，也有如澧县城头山M678双璜并列，或如益阳木兰园遗址墓葬中4件玉璜依次组合的胸饰，其作用也许不单纯只是具有装饰美化功能，可能直接

①湖南省文物考古研究所编著：《彭头山与八十垱》，科学出版社，2006年。
②浙江省文物考古研究所、萧山博物馆：《跨湖桥》，文物出版社，2004年。
③浙江省文物管理委员会：《河姆渡遗址第一期发掘报告》，《考古学报》1978年第5期。

从长江下游地区输入；晚期玉璜从材质、工艺特点看大部分为本地生产。如孙家岗玉璜 M14 : 2 形式比较特殊，断面呈扁梭形，弧面正中部位用减地法剔刻出带状装饰，上下都突出于璜的边缘，璜内外呈扉棱状和齿状突出，形式少见。晚期佩戴位置下移至胸腹部，既有装饰功能，可能更多具有宗教、礼仪社会功能。

玦，所谓"环而不周"，或"如环之缺而不连"，基本特征即环状体一侧切割有缺口。内蒙古地区的兴隆洼、兴隆沟遗址出土的玦被认为是目前最早的玦[①]。而长江中下游是史前玉玦的四个主要分布地区之一，马家浜文化、河姆渡文化早期、大溪文化早期是我国南方新石器时代目前已知最早出土玦的考古学文化。早期玉玦一般为双耳饰，也有"以玉示目"现象，即嵌玉为睛的做法[②]。邓聪先生等学者研究认为玦起源于东北地区，然后向南传播[③]。湖南新石器时期玉玦均属于大溪文化时期，多数形态为饼璧形和环镯形，同早期玉璜一样，可能是由长江下游地区输入，仍是大溪文化的主要耳饰之一。



玉笄形器在澧县城头山遗址大溪文化地层、益阳茶盘洲农场玉竹坳大溪文化遗址、湘乡岱子坪屈家岭文化遗址、孙家岗石家河文化时期墓群、华容车轱山遗址石家河文化地层均有出土。其中孙家岗石家河文化时期墓群出土最多，形制各异。

孙家岗 M33 :采 1 玉笄似良渚的锥式柄形饰，刻纹非常有特点，

① 中国社会科学院考古研究所、香港中文大学中国考古艺术研究中心:《玉器起源探索——兴隆洼文化玉器研究及图录》，香港中文大学中国考古艺术研究中心，2007 年。

②郭大顺:《从以玉示目看西辽河流域与贝加尔湖地区史前文化关系——兼论红山文化玉料来源》，载杨伯达主编《中国玉文化玉学论丛》第四篇，紫禁城出版社，2006 年。

③邓聪:《润物细无声——八千年玉玦扩散之路》，载中国社会科学院考古研究所、香港中文大学中国考古艺术中心编《玉器起源探索——兴隆洼文化玉器研究及图录》，香港中文大学中国考古艺术研究中心，2007 年。

器体截面呈扁圆形，云雷纹下方的竖平行线两侧各有两个扉牙（见图 37 下），与良渚玉器有一定渊源；孙家岗 M33:采 2（见图 37 上）和 M14 : 8（见图 35）没有可以界定的榫部，似后世柄形器，应是夏商时期柄形器的始祖之一，但 M14 : 8 出土时却位于墓主的头骨部位，或许此时还是作为笄用；孙家岗 M9 : 5、孙家岗 M9 : 1（见图 36 上）具有石家河文化鹰形笄的基本轮廓，应与之有一定渊源。多数笄柄端上部多次收缩成一短榫状，器身下部则逐渐收敛成尖锥形。有些器身钻有小孔。不同的是孔不是钻在榫部，有两件孔在器身中部，有一件则在锥部。目前学界对这类器物的功能认识众说纷纭。其中 M14 : 5（见图 34）较长者最接近笄形，与益阳玉竹坳出土的玛瑙笄一样，应是发笄，有孔者则可能为用作玉坠的胸饰。

动物形佩以孙家岗墓群 M14 出土龙、凤形玉佩最有特色，其材质、工艺特征、题材有鲜明的地方特色。关于这两件玉佩，有学者认为是作为头饰的笄首①，且可能与该墓出土长玉笄或竹木类笄配套使用②。其功能可能不是一般的头饰，而是有浓郁的巫文化因素。贺刚、郭伟民等认为龙、凤形玉佩，是寓意于人格神的艺术神器，即把人的力量凭借神的形式融注于那些器体之中，以衬托人的威严，同时也给人赋予某种神灵的权力③。

①袁建平:《试论湖南出土新石器时代玉佩饰》,《湖南省博物馆馆刊》第七辑，岳麓书社，2011 年。

②袁建平:《湖南孙家岗新石器时代墓群出土玉器有关问题的探讨》,《湖南考古辑刊》第 9 集，岳麓书社，2011 年。

③贺刚:《中国史前艺术神器的初步考察——“中国史前神器”纲要》，载湖南省文物考古研究所编《长江中游史前文化暨第二届亚洲文明学术讨论会论文集》，岳麓书社，1996 年；郭伟民:《论湖南的史前宗教遗存》,载安田喜宪主编《神话祭祀与长江文明》，文物出版社，2002 年。

孔径较大的玉环或称手镯，是较早使用的腕饰。华容车轱山M104出土玉环1件，置于墓主人骨架左手部位。车轱山大溪文化晚期至屈家岭文化时期的女性骨架手臂上常可见到戴有数个至十多个陶环，最多的两手各戴十个陶环，但戴玉环的仅此一例。城头山出土大溪文化时期石环不少，未见玉环。M591出土屈家岭文化时期玉环1件，也是置于墓主人左手位置。

玉戚只有高庙遗址出土一件，此玉戚出土于高庙M27，同墓出土的还有石刨形斧，这两件器物位于死者胸部偏南侧。与之相邻的墓是M26，出土有玉璜2件、玉玦1件，均出土于死者胸部位置。从两墓所出随葬品的类别和两者墓穴所处的位置关系来看，可判断M26为女性，M27为男性，而从其随葬品的质地和品位知其在该墓地中处于显赫的地位，推测他们应是当时某一代部落首领的夫妻并穴合葬墓[①]。玉戚出土于男性部落首领的身上，可知此种器物是作为他身份的象征或是他生前作为权仗使用之物。

玉钺2件，只见于怀化高坎垄屈家岭文化遗址。玉钺的功能与玉戚一样，应是军事首领所用之物。戚、钺均源于斧。在体形上斧身厚于戚、钺，而戚、钺体形相似，均为武器。它们应是高层权力的象征。

玉璧在《周礼》被作为“六瑞”之首。而考古发现的真正玉璧始见于良渚文化，并且是良渚文化最有特色器物。孙家岗墓群M9出土大玉璧2件，直径分别为16.3、10厘米，一上一下置于墓主人胸部、足部，它可能和良渚玉璧一样，更多地具有殓尸的功能。M14出土玉璧较小，很可能和该墓出土的坠、管组合成作为胸饰

①贺刚:《高庙遗址的发掘与相关问题的初步研究》,《湖南省博物馆馆刊》第二期，岳麓书社，2005年。

的串饰。

玉琮出土于安乡度家岗，琮是良渚文化玉器的主要器形，虽然度家岗玉琮无良渚玉琮上的兽面纹饰，显得既简单又粗糙，似乎无足轻重，但整体还是取了良渚玉琮的一个基本外貌。不过，“棕黄色带白色斑块的软玉”[①]的质地为良渚所不见。从图片看，虽然琮射、节、槽俱备，但分节显然不合良渚玉琮之定制。良渚文化中未曾见过如此简陋的玉琮，因此无法用良渚玉琮分期的标准来确定其在石家河文化中的精确时间位置。它虽然可能是尚未完成之作，但其用途应是和良渚玉琮一样作为礼仪场合的用器。

玉雕人首目前只见石门县易家渡丁家山石家河文化遗址出土1件，这种玉雕人首在湖北石家河文化中多有发现，如湖北天门肖家屋脊W7∶4玉雕像整体为圆柱形，中孔贯通，是件立体视角的神祖头像[②]；枣林岗WM4∶1正面弧凸，背面平整，中间有贯孔，其上有覆舟形的发式，与石门的人首像最为相似。另湖北肖家屋脊W6∶14人头像[③]、罗家柏岭T20③B∶18头像也是同类性质的人头像[④]。石家河文化出土的人头像已公布的有10余件，《肖家屋脊》笼统归属“人头像”，研究者或分属“玉神人头”和“玉人头”[⑤]。邓淑蘋认为这类玉人头意为古人思想中“神祇与祖先的共像”，简

①何介钧:《湖南史前玉器》，载《东亚玉器》Vol. Ⅰ，香港中文大学，1998年，第227页。

②刘德银:《肖家屋脊遗址出土的石家河玉器》，载荆州博物馆编《荆州重要考古发现》，文物出版社，2009年，第23~33页。

③湖北省荆州博物馆、湖北省文物考古研究所、北京大学考古学系:《肖家屋脊》（天门石家河考古发掘报告之一），文物出版社，1999年。

④湖北省文物考古研究所、中国社会科学院考古研究所:《湖北石家河罗家柏岭新石器时代遗址》，《考古学报》1994年第2期。

⑤杨建芳:《长江流域玉文化》，湖北教育出版社，2006年，第179页。

称“神祖”[1]。1983 年河南光山县宝相寺春秋黄君孟夫妇墓也出土 1 件同枣林岗 WM4 : 1、石门玉人首甚为一致的头像( G2 : 27B107 )[2]，可见其与石家河文化的关系。石门出土的这件人首是作为镶插或缀嵌的神祖头像，可能是部族首领或巫师，也许属部族祖先崇拜性质的艺术品[3]。

## 三、来源及特点

1. 以彭头山和八十垱为代表的彭头山文化遗存出土的石棒、石管等美石器，应是湖南新石器时期玉器出现的先声。此时期出土的玉材、石材均为就地取材的美石，做工粗糙，器形简单，应为本地居民随意制作。



2. 湖南大溪文化早期玉器数量相对较多，虽种类较少，但具有一定的特色。玦和璜是其主要玉器品种。这种璜、玦也最多见于长江下游的河姆渡文化、马家浜文化、北阴阳营文化。如玦下沿宽于上沿，在马家浜、河姆渡、北阴阳营文化中不乏同样的形式。又如三种型式的玉璜，在北阴阳营均可见到。而且两地取材均为质地较硬的玉髓，颜色乳白、黄或中含丝状红色。由于长江中游地区玉资源缺乏，且所使用的玉料和以后各阶段截然不同，因此这里所出璜、玦极可能来自长江下游。何介钧根据陶器的传播区域，认为其时长江中下游之间存在贸易往来，“湖南洞庭湖地区在汤家岗文化时期制造了具有特色的印纹白陶，在大溪文化早期更显成

①邓淑蘋:《雕有神祖面纹与相关纹饰的有刃玉器》，载山东大学考古学系编《刘敦愿先生纪念文集》，山东大学出版社，1998 年，第 155 页。

②河南信阳地区文管会、光山县文管会:《春秋早期黄君孟夫妇墓发掘报告》，《考古》1984 年第 4 期，第 314 页图一六・6、第 326 页图二七・33、图版伍・1、3。

③院文清:《石家河文化玉器概论》，台北《故宫文物月刊》第 173 期。

熟，并向很广的地域传播。从现有考古资料可看出，传播范围北到汉水中游的陕西龙岗寺遗址，南到珠江三角洲，东到浙江桐乡罗家角。从器形和风格看，其中珠江三角洲应为文化因素的影响。而龙岗寺、罗家角所出白陶器，不能排除由洞庭湖区输入的可能。因此，在距今 6000 多年前，长江中下游存在着贸易和交换实属正常”①。故湖南大溪文化早期玉器主要受到长江下游地区影响也理所当然。

3. 湖南大溪文化晚期至屈家岭文化时期的玉器发现很少，远不及大溪文化早期玉器，如澧县城头山共清理屈家岭文化时期墓葬 461 座，其中土坑墓 183 座、瓮棺葬 278 座，仅在 M591 出土 1 件玉环,另还有 5 件残玉饰。何介钧在分析这种现象的原因时指出，大溪文化晚期至屈家岭文化时期，长江下游的崧泽文化、薛家岗文化强烈影响长江中游地区，原来中游地区少见的鼎、壶、豆大量涌现，陶系也由红陶为主变为黑陶为主，从而促成了大溪文化向屈家岭文化的演变。而这一时期，东方沿海的玉器更加发展，可中游却出土甚少。究其原因可能是正处于文化转型时期，风尚发生变化。也可能下游直接输入的途径因某种因素减少，而本地自身的玉器制作尚属初创阶段②。这从湖南此时所出玉器形式仍和长江下游一样得到证明，如华容车轱山大溪文化晚期所出半璧形玉璜（见图 12）和江苏吴县草鞋山崧泽文化出土玉璜③、安徽潜山河镇乡永岗村 M32 薛家岗文化出土玉璜形式全同，但玉质不同，说明这里的玉器制作是受长江下游强烈影响而开始形成的。这一时期的玉器偏少另外两个原因，一者可能受限于本地区的玉矿资源；

① ②何介钧:《湖南史前玉器》，载《东亚玉器》Vol. Ⅰ，香港中文大学，1998 年。
③杨伯达主编:《中国玉器全集》第 1 卷，图 114、图 116，河北美术出版社，1993 年。

二者也可能是缺少中心聚落址的发掘，或在中心聚落址中，高等级墓葬还没有发现。

4. 到了石家河文化时期，湖南玉器出土地点增多，数量猛增，而且制作高度精美，甚至可以和湖北的石家河文化玉器媲美。湖北钟祥六合[①]和天门石家河罗家柏岭、肖家屋脊出土的人面雕像、兽面雕像、雕蝉、雕鸟和龙环、凤鸟环[②]都具有极高的艺术水平，引起了学术界的重视。湖南孙家岗墓地石家河文化时期玉器有26件，也使学者们产生了浓厚的兴趣。

关于孙家岗玉器的源流，张绪球、王劲、林巳奈夫、何介钧等大部分学者认为其属于湖北石家河文化玉器范畴[③]。袁建平认为其有着较复杂的地域性因素、内涵，不同于湖北石家河文化。因孙家岗墓群出土玉器属于石家河文化早、中期，而湖北石家河文化玉器属于石家河文化晚期；前者为土坑墓，后者为瓮棺葬；前者玉璧、玉璜、锥形饰等和良渚文化玉器有更多的共同点，后者有人头像、虎头像、蝉这三种具有湖北石家河文化玉器主要特征的像生性玉器；前者以成熟的片状雕见长，而后者圆雕、浮雕更胜一筹；前者玉材多为高岭玉，而后者为闪玉中的岫岩玉。因此孙家岗墓群出土石家河文化玉器受长江下游地区影响大一些。有学者认为长江下游存在北阴阳营—凌家滩玉石工业系统[④]。这种体



①荆州地区博物馆:《钟祥六合遗址》,《江汉考古》1987年第2期。

②张绪球:《石家河文化的玉器》,《江汉考古》1992年第1期。

③张绪球:《石家河文化玉器的发现和研究》，载荆州博物馆编著《石家河文化玉器》，文物出版社，2008年；王劲:《石家河文化玉器与江汉文明》，载《长江中游史前文化暨第二届亚洲文明学术讨论会论文集》，岳麓书社，1996年；林巳奈夫:《关于石家河文化的玉器》，载《东亚玉器》Vol. Ⅰ，香港中文大学，1998年；何介钧:《湖南史前玉器》，载《东亚玉器》Vol. Ⅰ，香港中文大学，1998年。

④张驰:《长江中下游地区史前聚落研究》，文物出版社，2003年。

系在当地发展为良渚文化的玉器体系。孙家岗墓群墓葬基本为东西向，这是否为我们透露出某种信息，即其有可能为来自长江下游的移民带来了玉器加工技术，利用本地的玉石资源，融合了本地的文化因素而生产了这些玉器。而湖北石家河文化受龙山文化影响更多一些①。

湖南石家河文化玉器除孙家岗玉器外，还有安乡度家岗出土的玉琮、石门县易家渡丁家山石家河文化遗址出土的玉人首独具特色。玉琮毫无疑问是良渚玉琮的粗略仿制品，而玉人首却和湖北石家河文化有直接渊源。因此笼统地归纳湖南石家河文化玉器属于哪一个区域文化都有失偏颇，它应是多种文化交流的产物。

在我们看来，湖南目前出土新石器时代玉器地点基本靠近湘、资、沅、澧四水或洞庭湖，大溪文化、屈家岭文化时期玉器和长江下游地区有更多渊源，显然这种渊源是以长江为纽带。而石家河时期的湖南玉器，既受长江下游良渚文化玉器的影响，又与毗邻的湖北石家河文化有交流，在不断融合交流的过程中创造了有自身特色的玉器，如利用相当成熟的片状透雕技术雕琢出了龙、凤形玉佩，掌握了管钻技术仿造出了粗糙的玉琮等，由此可推测，当时已有匠人从事玉雕工作了，只不过还没有形成粗具规模的有自己独特风格的玉雕行业，大部分玉器还是靠其他途径获得。

5. 从湖南出土的新石器时期玉器，我们可以看到玉器如何从装饰品向神秘化神圣化演变的进程：从彭头山文化到大溪文化早期，湖南的先民还处在以母系为中心的母系氏族社会，出土的玉器全部是佩饰，这可以说明玉器的产生源于人们对美的追求，玉

---

①袁建平:《试论湖南出土新石器时代玉佩饰》,《湖南省博物馆馆刊》第七辑，岳 麓书社，2011 年。

器一开始出现它的主要功能是作为装饰品在使用；从大溪文化晚期开始，湖南的先民已逐步实现了从母系氏族社会到父系氏族社会的转变，私有财产开始出现，此时玉器出现了少量戚、钺、斧、锛等象征礼仪的玉工具，这说明此时已开始出现贫富分化；到石家河文化时期，湖南先民们的社会基本单位，已由父系家族和父系大家庭逐步向一夫一妻制的小家庭过渡，并且一夫一妻的家庭在经济生活中已有了一定程度的独立性。墓葬中随葬品数量多少的悬殊更为普遍，表明私有财产和贫富分化在继续产生。此时出现了璧、琮、龙凤佩、玉人首等神秘色彩的玉器，这反映到了新石器时代晚期，随着生产力的发展，财富的积累，分配权力出现了差别，一些握有权力的政治领袖、巫觋、军事酋长成为有实力的人物，掌握着不少外表漂亮美观的玉器。为了体现权力差别，沟通人与神灵的联系，他们制造了一些特殊形制的玉器，包括璧、琮、人物、动物等不同造型，使玉器向神秘化、神圣化的方向发展①。中国新石器时代晚期的玉器如红山文化玉器、凌家滩文化玉器、良渚文化玉器等都体现了这一特点。

此外，我们还可以看到，湖南从大溪文化－屈家岭文化－石家河文化，玉器中的条形璜一直顽强地存在，这与当时整个长江中游地区玉器发展特征是一致的。

---

①牟永抗先生把我国古玉的发展划分为神秘化与神圣化、礼仪化与人格化、人间化与世俗化等三个阶段。见牟永抗《试论中国古玉的考古学研究》，载杨伯达主编《出土玉器鉴定与研究》，紫禁城出版社，2001年。

## 第三节 玉器的造型与工艺

1. 材质

湖南新石器时期的玉器材质，除了目测能辨别的玉髓、石英石、绿松石等外，其他因没有经过科学的矿物岩石学方面的鉴定，尚不能准确确定玉器的材质及产地。

另彭头山、大溪、屈家岭各期文化遗址均有绿松石饰品出土，应与绿松石的产地有关。绿松石主要产地在鄂西北以及晋、豫与其交界的部分地区。早在8000多年前我国先民就已使用绿松石。据栾秉璈先生研究认为，《说文》中名为“琳”、古文献中的“璆琳”主要指绿松石[①]。八十垱遗址彭头山文化时期出土了绿松石串珠，说明湖南先民较早使用绿松石作为装饰品。

城头山大溪文化玉璜材质为玉髓；高庙遗址出土玉璜，透明，白色，应为石英石。孙家岗M14的两件透雕佩，据称“均为高岭玉”[②]。

2. 造型与工艺

彭头山文化时期玉器只有绿松石珠和彩石饰品，均为简单的几何造型；大溪文化时期有璜、玦、环、笄、坠、戚等几何造型的玉器；屈家岭文化时期有斧、锛、钺等礼仪工具，装饰品有璜、环、坠、笄等，均为几何造型玉器；石家河文化时期玉器种类较丰富，以几何造型玉器为主，如璧、琮、环、璜、笄、坠、管等，另有动物造型如龙形、凤形佩，人物造型如玉神祖头像，此时玉器上开始出现纹饰，且纹饰与造型统一于一个器物上。

总体来看，彭头山文化时期玉器工艺粗糙，基本是用磨制石

---

①栾秉璈:《古代绿松石释名、史前出土物分布及其来源问题》，载《海峡两岸古玉学会论文集》，台北，2001年。

②何介钧:《湖南史前玉器》，载《东亚玉器》Vol. Ⅰ，香港中文大学，1998年，第225页。

器的方法制作；大溪文化时期的玉器制作工艺尚未脱离石器制作工艺，主要采用敲打或磨擦切割成大体形状，然后再加以打磨、钻孔、抛光。器物上尚未出现任何浮雕或阴刻的纹饰。器物琢制不甚工整，总体风格简率粗朴，钻孔不规整，表现出制玉的原始性或粗放风格；屈家岭文化时期玉器均光素，加工琢磨不甚精致；石家河文化时期玉器已是片雕与圆雕并重，雕刻技法有浅浮雕、阳线雕、阴线刻及镂雕。

阳线雕以孙家岗出土的玉璜（见图 30）为代表，其中部三道箍线为剔地阳纹。

阴线刻兼镂雕以孙家岗出土的龙形、凤形佩（见图 32、33）为代表，凤形佩在琢雕之前，用细线镂刻出主要部分的轮廓，各部位线条刚柔相济；龙形佩亦为片状镂雕，器表的一面有加工前勾画图形的浅褐色线，未透雕部分仍然保留。对这两件器物进行比较分析，如果从雕琢艺术看，我们认为凤形佩更精致，形体更大，艺术水平更高。林巳奈夫分析认为：龙形玉佩“器物上可以看出尖头器刻出来的线条”，而凤形玉佩“则是用铊子雕刻出的流畅的线条”，他认为凤形玉佩雕刻技术更高[①]。张绪球也提到，“据观察，目前只有在孙家岗玉凤和玉龙上发现了清晰的砣具痕迹。这说明那时确实已出现了砣具，但实际使用还只是个别的，并且只用于钉线打稿，尚未发现用于浮雕……这两件玉器的年代很可能比其他遗址的玉器稍晚些”[②]。在这里，两位先生都提到了石家河文化时期已经使用砣具来制造玉器，这些分析是正确的。华容车轱山出土的大溪文化玉璜（见图 12），上穿两孔，身上有几道圆弧痕，呈

①林巳奈夫：《良渚文化玉器纹饰雕刻技术》，载《东方文明之光——良渚文化发现 60 周年纪念文集》，海南国际新闻出版中心，1996 年。

②荆州博物馆编著：《石家河文化玉器》，文物出版社，2008 年，第 13 页。

两头尖浅、中间宽深状，为明显的砣具痕。

浅浮雕工艺以石门出土的玉神祖像为代表，该神像是采用减地浮雕的方法勾勒出眼睛、鼻子、嘴巴，这种做法在石家河文化玉器上普遍存在。诚如张绪球所言，"熟练地使用浅浮雕和减地阳线技术，是石家河文化玉器制作工艺的重要特点"，他也提到根据陈启贤的高倍数码成像观察，"肖家屋脊和枣林岗玉器上所有的浅浮雕纹饰均是手工磋磨而成的"[①]。这一观察无疑是正确的。

此外，我们从湖南出土其他新石器时代玉器上能看到的玉雕工艺还有：

片切割：是用较薄的石片或者石刀加水蘸砂在玉料上来回割锯，并在器表留下较平直的痕迹。孙家岗 M14 : 1 玉璜（见图 29）之一面留有片切割痕迹，而且应该是长边刃的片切割。另孙家岗 M9 : 4 玉璧（见图 27），外圆明显呈椭圆状，可能是通过连续的双向片切割而成，推测是与良渚文化玉璧的外圆成型方式是一致的。

线切割：是以软性的线状工具加砂加水对玉石料进行切割。使用线切割在器物上留下的痕迹十分明显，线切割由于两头用力，容易用力不匀而在切入面间产生晃动，故玉料截面上极易留下凹凸不平的弧线痕。澧县城头山大溪文化早期玉玦（见图 4），玦口就是采用线切割拉切，入口处较大，玦口内有波状起伏的弧线痕。

钻孔：分实心钻孔和空心钻孔。实心钻俗称桯钻，钻杆为实心，钻头一般较尖。孔部常出现外孔大、内孔小的表象，孔眼一般较小，玉佩件上常见这一类小孔。澧县城头山 T3125 出土的绿松石坠（见图 21）即用实心钻钻孔。孙家岗墓群出土的玉笄（见图 36），末端有乳突状的钻头，器中间横穿一孔，可能是用来穿绳绑缚在钻

①荆州博物馆编著：《石家河文化玉器》，文物出版社，2008 年，第 12~13 页。

杆式工具上的玉钻。类似的玉钻湖北枣林岗石家河文化玉器中也有[①]。空心钻又称管钻，工具可以是竹管、木管、骨管。钻孔时，将需要钻孔的玉料固定，定好圆心后，加水添砂进行钻孔。管钻一般应用于较大孔的钻孔。湖南新石器时期的玉璧、玉琮多用管钻法钻孔。

另外个别玉器有改制的痕迹，如怀化高坎垄“高岭软白玉”M26∶1 玉璜可能是玉玦改制[②]。



①荆州博物馆编著:《石家河文化玉器》，文物出版社，2008 年，第 179 页。

②湖南省文物考古研究所、怀化地区文物工作队:《怀化高坎垄新石器时代遗址》,《考古学报》1992 年第 3 期。

# 第二章　夏商西周玉器





在湖南地区，能够被确认的夏代玉器尚未发现。据已发表的资料看，虽然有两处地方的西周地层或墓葬中出土有玉器，但这些玉器并不具有明显的西周风格，更多的是具有商代玉器特点。

一处是宁乡黄材 7 座西周墓出土有玉器 200 多件，器形主要为珠、管（图 44、45），另有少量玉玦、璧、环、鱼形器等①。玉器大部分白化。管，数量最多，均为圆柱形，长一般为 0.5~3 厘米，最长的为 4 厘米，最短的为 0.2 厘米，直径多为 0.8~1 厘米，管两端的切割面多不规整，一般为双面钻孔，孔径 0.25~0.4 厘米。玦，数量较少，截面为直角梯形（图 46）。这些珠、管、玦等器物，均接近于宁乡王家坟山出土的商代同类器物。

一处是新邵栗山两周之际或春秋初期的越人墓葬出土有 2 件玉器②，均为有领玉环（原报告称璧），1 件乳白色，有红褐色和黄色的沁痕，直径 10.2、孔径 5.6、器身厚 0.2、领高 1.6 厘米，与商代有领玉环形制一致；1 件带齿，乳白色，有红褐色和黄色的沁痕，器身外缘带有四处三齿凸起，直径 8、孔径 5.1、器身厚 0.12、领

①向桃初、刘颂华:《宁乡黄材西周墓发掘的主要收获及其意义》,《湖南省博物馆馆刊》第一期,《船山学刊》杂志社，2004 年；湖南省文物考古研究所、长沙市文物考古研究所、宁乡县文物管理所:《湖南宁乡炭河里西周城址与墓葬发掘简报》,《文物》2006 年第 6 期。

②新邵县文物管理所:《湖南新邵栗山发现一批青铜器和玉器》,《湖南考古辑刊》第 9 集，岳麓书社，2011 年。

图 44　玉管　西周（2003-2004 年宁乡黄材 M2 出土）

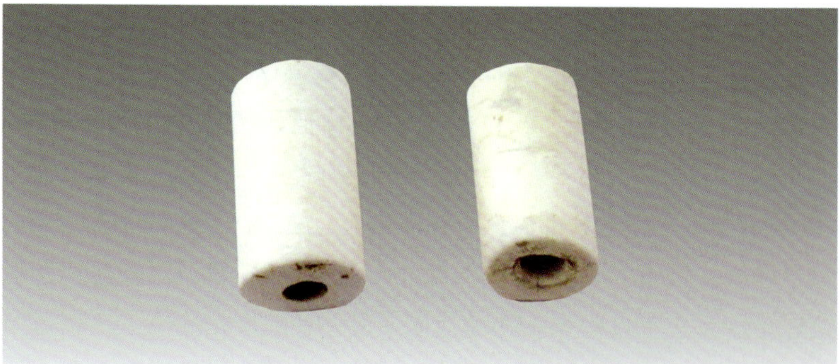

图 45　玉管　西周（2003-2004 年宁乡黄材 M2 出土）

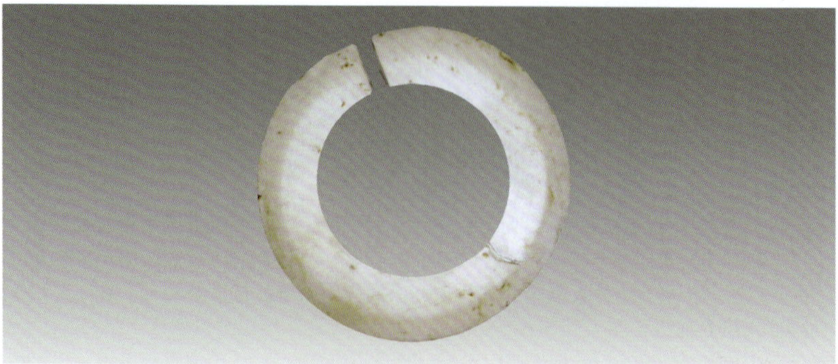

图 46　玉玦　西周（2003-2004 年宁乡黄材 M2 出土）

高 1 厘米，类似器形在成都金沙商代遗址中均可见到[①]。

由于湖南夏代、西周出土玉器极少甚至没有，且时代风格不明显，故夏商西周阶段玉器只阐述商代出土玉器。



## 第一节　考古发现及相关材料

湖南境内目前发表了资料或信息的商代玉器出土地点有 8 处：

1. 宁乡黄材炭河里

1963 年，宁乡黄材炭河里沩水及其支流塅溪河交汇处的河洲里出土了一件兽面纹并刻有“癸冈”铭文的商代青铜提梁卣，卣内满贮玉珠、玉管[②]（图 47）。玉珠、玉管中间均有穿孔，孔径不规整，均通体磨光，素面，两面钻孔。玉管长短不一，最长的 4.9 厘米，直径 0.9 厘米，也有长 4、直径 1.3 厘米的。玉珠最短的仅长 0.3、直径 0.6 厘米。以青白玉居多，亦有极少的青白玉因绺裂多、铜锈锈蚀严重而呈浅绿色或深绿色，另有玛瑙珠 2 件，总计 1174 件[③]。其中长的 262 件，短的 912 件。玉管两端多作斜切面，极少为平面。玉珠有扁圆形、算珠形、椭圆形、不规则形等几种。

2. 宁乡黄材王家坟山

1970 年 2 月，宁乡县黄材公社寨子大队炭河生产队的社员们在王家坟山的一个小山丘上开荒时，在距地面 20 多厘米的土中掘到一件全身满饰鸟兽花纹、底盖内均铸有一“戈”字的商代青铜



①成都文物考古研究所：《金沙玉器》，科学出版社，2006 年。

②高至喜：《湖南宁乡黄材发现商代铜器和遗址》，《文物》1963 年第 12 期。

③原报告称有 1172 颗，现据湖南省博物馆资料改之。

图 50　玉玦　商（1970 年宁乡黄材王家坟山出土）

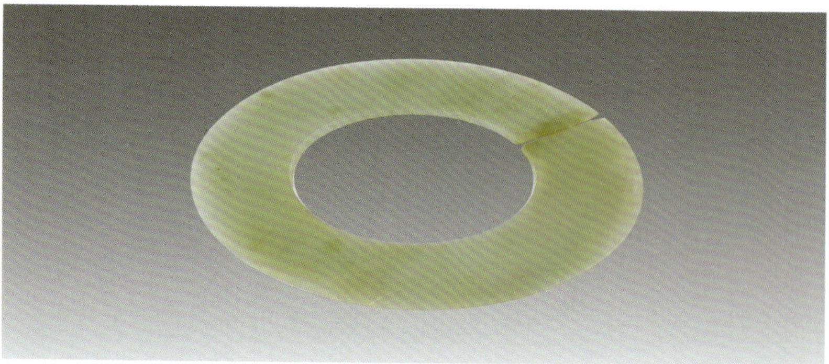

图 51　玉玦　商（1970 年宁乡黄材王家坟山出土）

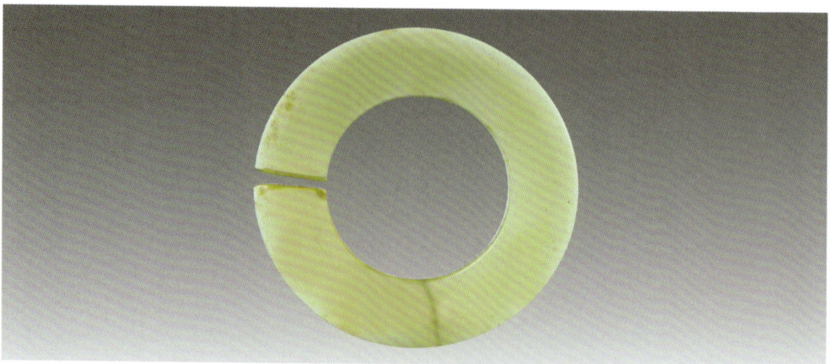

图 52　玉玦　商（1970 年宁乡黄材王家坟山出土）

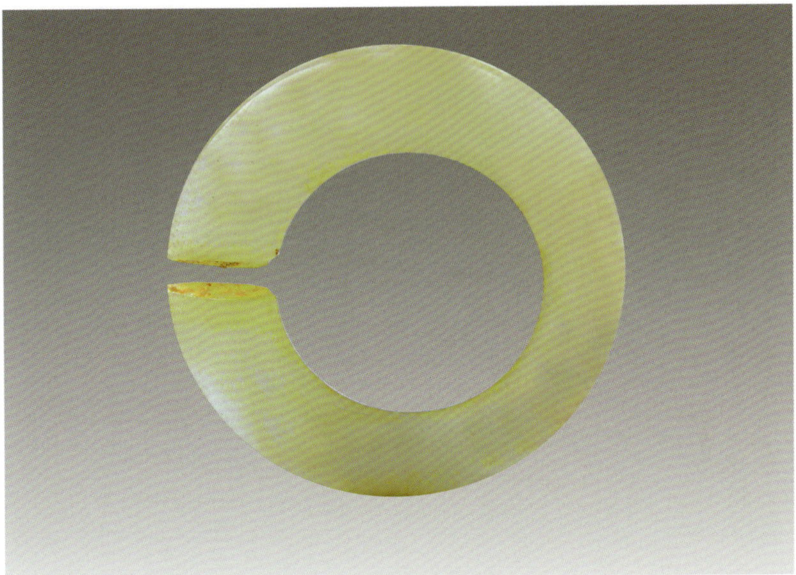

图 53　玉玦　商（1970 年宁乡黄材王家坟山出土）

图 54　玉玦　商（1970 年宁乡黄材王家坟山出土）

图 55　玉璜　2 件　商（1970 年宁乡黄材王家坟山出土）

图 56　玉环　商（1970 年宁乡黄材王家坟山出土）

图 57　玉环　商（1970 年宁乡黄材王家坟山出土）

图 58　玉环　商（1970 年宁乡黄材王家坟山出土）

图 59　玉环　商（1970 年宁乡黄材王家坟山出土）

图 60　玉环　商（1970 年宁乡黄材王家坟山出土）

图 61　圆雕玉兽　商（1970 年宁乡黄材王家坟山出土）

小双耳凸起，嘴部两条阴刻线表示嘴唇，尖形尾部，后两足稍高，前两足稍矮，背部凸出半环形，上有穿孔，打磨光亮（图 62）。

圆雕玉龙 1 件，玉料为青玉，局部有红色浸蚀，整体器形作长方形卧龙状，用阴刻线雕出龙的眼、鼻、嘴轮廓。龙嘴张开，露出锋利牙齿，龙角上翘，背上起脊，尾弯曲内钩，通身饰勾连云纹。龙嘴至龙尾的长穿孔与左右两颊的横穿孔相通，龙下颚另有一象鼻穿，可供佩挂（图 63）。

3. 宁乡县黄材三亩地

1973 年，宁乡县黄材公社三亩地山脚下一个椭圆形坑内出土了 1 件云纹大铙，出土时距地表 30 厘米，铙的附近还出土有环、玦、鱼等精美玉器[①]。笔者对这批玉器进行了核实，查明此批玉器有 70 件，计玉珠、管 43 件，玉环 9 件，玉玦 10 件，小玉饼 1 件，玉鱼 5 件，虎形玉片 1 件，残玉柄 1 件[②]。除残玉柄略显青色外，其他玉器均呈鸡骨白色。

玉珠、管 43 件，多作圆形和扁椭圆状，无纹饰，大部分呈鸡骨白色，另有玛瑙、青白玉珠各一颗（图 64）。

玉环 9 件，分两种形制，一种孔与边齐平，皆为小玉环，共 4 件，直径 1.2~1.8 厘米，中间孔大，呈扁薄环形，皆光素无纹；另一种环作圆形，中有圆孔，孔周两面凸起似环状，共 5 件，断面呈“T”形，打磨光亮，制作规整，其中 4 件无纹饰，孔边凸起不高，1 件环上两面饰有同心圆纹，凸边较高，稍向内斜（图 65~67）。玉环尺寸大小不一，大的直径 10.2 厘米，小的直径 7.2 厘米。

小玉饼 1 件，边薄，中间厚，正中一小圆孔（图 68）。

①湖南省博物馆编:《湖南省博物馆》，文物出版社，1983 年，第 161 页。
②湖南省博物馆资料。

图 62　圆雕玉兽　商（1970 年宁乡黄材王家坟山出土）

图 63　圆雕玉龙　商（1970 年宁乡黄材王家坟山出土）

图 64　玉珠、管　商（1973 年宁乡黄材三亩地出土）

图 65　凸领素面玉环　商（1973 年宁乡黄材三亩地出土）

图 66　玉环　商（1973 年宁乡黄材三亩地出土）

图 67　凸领素面玉环　商（1973 年宁乡黄材三亩地出土）

图 68　小玉饼　商（1973 年宁乡黄材三亩地出土）

玉玦 10 件，为扁体圆形，中有孔，玦口有斜切、直切两种，玦的直径为 1.6 ~ 6.8 厘米，均光素无纹（图 69）。

玉鱼 5 件。第一件鱼作弧状，扁体，头部一穿，身部有勾云纹，尾部饰与鱼尾弧度相同的弧形三角形，两面纹饰相同，打磨光亮，鱼尾部稍残（图 70）；第二件鱼作扁体弧形，头部一穿，身部有勾云纹，尾部用三角形纹装饰，两面纹饰相同，打磨光亮，制作精巧（图 71）；第三件鱼作弧形，上唇上翘，无下唇，圆眼作穿，单面穿孔，下部出棱，表面无纹，打磨光亮，系玉环坏后改琢而成（图 72）；第四件鱼作弧形，嘴张开，圆眼作穿孔，通体有浅阴刻线组成的云纹和直线纹，头下部有棱，尾部一小穿，单面钻孔，打磨光滑，制作精致（图 73）；第五件，长 4.5、宽 1.4 厘米，呈鱼形，头尾部稍残。

虎形玉片 1 件，扁体，作兽形，尾翘卷，身部有勾云纹，尾上一穿，

图 69　玉玦　2 件　商（1973 年宁乡黄材三亩地出土）

图 70　玉鱼　商（1973 年宁乡黄材三亩地出土）

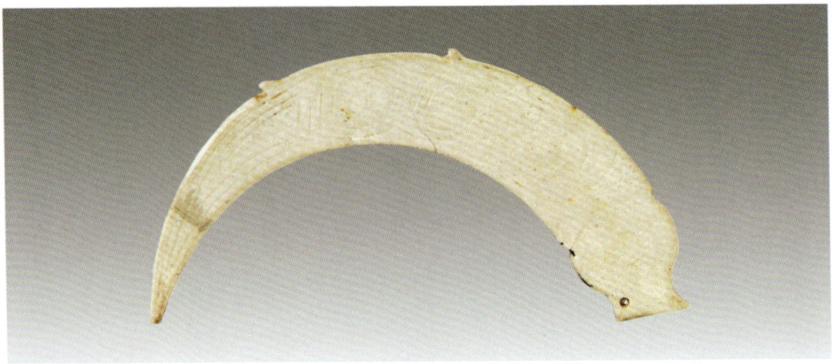

图 71　玉鱼　商（1973 年宁乡黄材三亩地出土）

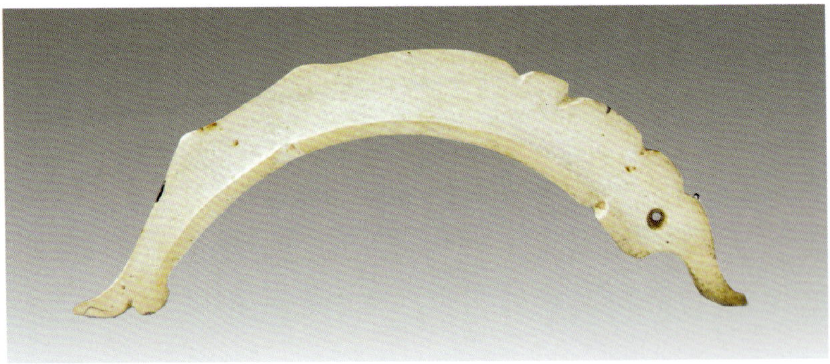

图 72　玉鱼　商（1973 年宁乡黄材三亩地出土）

图 73　玉鱼　商（1973 年宁乡黄材三亩地出土）

两面纹饰相同，制作精细，通体光亮（图 74）。

残玉柄形器 1 件，白中显青色，方形，柄上有弦纹、菱形方格纹等（图 75）。

4. 石门县皂市桅岗村官山

1980 年，考古工作者在石门县皂市桅岗村官山坡顶上的橘林挖掘了编号为石桅 M1 的商代墓葬，墓中随葬品有玉器 4 件，色泽相同，都属高岭玉，呈淡绿色[①]。计有圭 1 件、璋 3 件[②]。

圭　M1：07，窄长方形，一端的侧缘稍残，圭的一面仅在中线处饰一道贯穿上下的划纹，另一面在两端刻画对称的弦纹夹菱形云雷纹。每端的弦纹上下各四组，每组三道；菱形云雷纹亦多为每组三道，一端左右各五组交叉，一端左右各七组交叉。玉圭平面光滑，边棱整齐，纹饰刻画规整均匀，制作十分精致（图 76）。

璋　M1：04，窄长形，有上下稍突出的窄栏，栏后有未穿透的钻孔痕迹，援部狭长，弧形刃，中部稍厚，刃端薄（图 77）；M1：05，后部残，刃部形状与 M1：04 相似，一角已缺，于中线处饰一道划纹（图 78）；M1：06，两端残，仅存身部，但有半个镂孔痕迹，未见栏（图 79）。

5. 衡阳市郊杏花村

1985 年 11 月，湖南祁东县建筑工程队在衡阳市郊杏花村建房施工中，挖出了一件器底内铸有“戈作宝彝”4 字铭文的青铜提梁卣。铜卣埋藏地点位于衡阳市蒸湘南路西侧的杏花村后山腰的黄黏土

①王文建、龙西斌：《石门县商时期遗存调查——宝塔遗址与桅岗墓葬》，《湖南考古辑刊》第 4 集，岳麓书社，1987 年。

②原报告写作璋 1 件、钺 3 件，笔者根据器物分析，似乎璋应改为圭，钺改为璋更合适。

中，土坑距地表深 1.8、直径约 0.5 米，坑内土略呈浅灰色，铜卣出土时内装 170 件玉器，计有珠、管、玦、环、佩、龙、鱼、簪、柄形器及足形器等[①]。

玉珠、管 158 件，长短不一，有灰白、浅绿、淡黄、灰黑相间等色，均通体磨光，素面。两端斜面或一端斜面的较多，少数为平面，中间穿孔，孔径不规整（图 80）。

玉玦 1 件，青白色，边缘斜削，素面，已断为两截，在断裂及缺口处有小孔，表明曾经修复后使用。外径 10、内径 4、厚 0. 2 厘米。

玉环 4 件，分三种形制，第一种有 2 件，形制相同，其中一件青白色，外壁中部有凸棱，光素无纹，外径 6.8、内径 6.6、高 1.2 厘米；第二种有 1 件，白色，内壁凸出环面，外缘有 8 个凸齿（图 81 左）；第三种有 1 件（图 81 右），浅绿色，内壁凸出环面，壁上刻有同心弦纹。



玉佩 1 件，青白色，近椭圆形，饰有镂空的盘龙纹（图 82）。

玉刀 1 件，青白色，近长方形，长 7.4、宽 2.8 厘米。

玉柄形器 1 件，浅绿色，近锥形，较粗的一端上有三个凸形装饰，近中部饰弦纹一周，中间有直径为 0.5~0.9 厘米的穿孔，长 5. 2 厘米。

玉足形器 1 件，灰白色，近圆柱形，一端有凹槽，两端有弦纹及小穿孔，中空，长 3.5 厘米。

玉鱼 1 件，青白色，长条形，尾部分叉，首尾有圆孔相通，长 7.6 厘米。

玉龙 1 件，青白色，为两龙连体，上置两道凸箍，内有穿孔，长 9 厘米。

---

①郑均生、唐先华:《湖南衡阳发现商代铜卣》,《文物》2000 年第 10 期。

图 80　玉珠、管　商（1985 年衡阳市郊杏花村出土）

图 81　玉环　2 件　商（1985 年衡阳市郊杏花村出土）

图 84　玉玦　商（1986 年双峰金川乡月龙村出土）

图 85　玉玦　商（1986 年双峰金川乡月龙村出土）

图 86　玉玦　商（1986 年双峰金川乡月龙村出土）

图 87　玉环　商（1991 年益阳赫山区城建局基建工地战国墓出土）

环内稍卷口,环边有两处破损小缺口。玉呈鸡骨白色,素面,无纹饰。与宁乡黄材三亩地出土的玉环形制是一样的。

8. 安化城埠坪

2008 年安化城埠坪商代遗址出土玉璜 1 件，白色，已残，一端有两面对钻而成的细孔。残长 2.7、厚 0.1 厘米[①]。

此外，1991 年益阳市赫山区城建局基建工地战国墓出土 1 件高领玉环,内缘壁向上凸出,高于外缘壁,素面无纹,色泽润白[②]（图 87）。从这件玉器的形制看，它应属于商代，是早期留下来的器物。

## 第二节　玉器的种类、用途、来源及特点



### 一、种类和用途

从以上的叙述中我们可以看到，湖南出土的商代玉器，种类较少，比较多的为玉珠、管、玦、环、鱼，另有少量的动物形状和其他形状的佩饰，礼仪用玉只有圭、璋。

玉璜　湖南出土的这一类商代玉器较多，玉璜多作玉环、玦的 1/3 或 2/3，不像汉制所称的“半璧曰璜”。璜的两端均有穿孔可系绳，其用途应是源于长江下游马家浜文化的一种人体佩饰用品[③]，而并不像汉儒所言“礼北方”的用器。

玉玦　据文献记载，形如环而不连，作一缺口者称玦。它的用途，古今说法很多，有耳饰、佩饰、信器、刑罚之标志等。而

① 湖南省文物考古研究所:《湖南安化城埠坪遗址发掘简报》,《湖南考古辑刊》第 8 集，岳麓书社，2009 年。

②卜珩一:《益阳市博物馆藏玉鉴识》,《收藏界》2012 年第 12 期。

③牟永抗:《长江下游地区新石器时代玉器》,载《玉器鉴定训练班讲义》油印本,1982 年。

考古发掘出的玉玦，其位置见于人头骨两侧的耳部和颈、肩、胸部，还有含于口中的，可见玉玦的主要用途还是作耳饰和佩饰及代作琀玉。湖南商代玉玦出土之多，实属罕见，关于其用途，本书另辟专节论述。

玉环　其功用《荀子·大略》中说是表示和好的信器，而考古发掘出的玉环，大型者常套于臂，中型者多置于腰的一侧，小型者则套于指骨之上或存于头骨附近，或含于口中。这些情况表明，大型的玉环可代镯用，中型的玉环可作佩饰之用，小型的玉环当是指环、耳饰和代作琀玉用。

各种形制、规格不同的珠、管，应是项饰或装饰用品的部件。

玉鱼　器作鱼形，仅用阴线刻出鱼的主要部位，鱼身不施鳞纹，一穿为眼，亦可系绳，当是佩饰。

圆雕的玉龙、玉熊，造型准确，姿态生动，上均有穿孔，同时适宜于摆放，因此这部分玉器既可当佩饰，又可陈列于案头，是用于观赏把玩的艺术品。

此外，片雕的动物形玉饰、柄形器和其他形状的玉饰，均有穿孔可系挂，应是佩饰。

圭　是上古重要的礼器，是一种上端为三角形或直平，身为长方形的玉器，被广泛用作“朝觐见礼”标明等级身份的瑞玉及祭礼盟誓的祭器。《周礼》有“以青圭礼东方”的记载。圭的形体扁长，底部较平，首尖或平或圆，有的穿孔。山东日照龙山文化发现的玉圭被认为是最早圭的实物[1]。石门出土的玉圭沿袭了龙山文化玉圭的遗风，为平首形，呈扁平长条状，首端有细阴线刻画的菱形云雷纹和平行弦纹装饰，为夏商玉圭的常见形式。玉圭的

①杨伯达主编:《中国玉器全集》第1卷，图五十，河北美术出版社，1993年。

用途可能有二：其一，是其主人某些权力的象征物；其二，可能是奴隶主贵族做“夏社”（夏朝之社祭，见《史记·封禅书》），即祭土地神时所用[①]。因为，圭字从重土，以法地[②]，故古时用圭祀地神[③]。当然，只祀地神还不够，土地需由山川之气(《说文》云字训释）而致时雨，“云行雨施”方能有年，刻饰云（雷）纹的玉圭，似同时兼用于礼云神。

璋　与圭一样，璋也是主要的礼器器类。《诗·大雅·棫朴》:“济济辟王，左右奉璋……周王于迈，六师及之。”在《周礼》中也记载有“赤璋”、“璋邸”、“牙璋”等多种用途、造型各异的璋，《说文解字》将璋解释为“半圭为璋”。但这种半圭形璋在夏商时期少见考古实物发现，而是大体呈扁长条形、方形邸、射部顶端为斜刃或者凹刃、射本处有齿状扉棱的牙璋。石门出土的这件比较完整的璋就属于此种。多数观点认为牙璋起源于新石器时代末期的海岱地区，是龙山文化铲形器的完善化和复杂化，后来流传到中原地区，为二里头文化所吸收，并向外传播。夏鼐称之为刀形端刃器[④]，但从三星堆二号坑出土的两件青铜人像看[⑤]，所谓刀形端刃器就是某种手执的祭祀礼器即牙璋。

总体看来，湖南出土商代玉器从形式上讲，是以装饰玉为主。这类玉在甲骨文中有一专有名字“玗”，连劭名认为此字像手持玉之形，当为“弄”字[⑥]。《说文》云:“弄，玩也。”因此，有学者说，商代墓葬中“出土不少玉鱼、玉鸟、玉龟、玉蝉等动物形象及装饰品，

①《礼记·郊特牲》:“社，所以神地之道也。”
②《说文》圭字段玉裁注。
③《周礼·春官·典瑞》。
④夏鼐:《商代玉器的分类、定名和用途》,《考古》1983年第5期。
⑤四川省文物考古研究所编:《三星堆祭祀坑》，文物出版社，1999年。
⑥连劭名:《甲骨文“玉”及相关问题》,《出土文献研究》,文物出版社,1985年,第241页。

当就是‘弄玉’类”[1]。据此，湖南出土的这类装饰玉，亦均可归入弄玉类。

这里还有一个现象值得注意，湖南出土的这类玉器，绝大多数是与窖藏青铜器同出的，那么，这部分玉器是否还有别的用途呢？要分析这个问题，我们首先来看看这几件与玉器一同出土的青铜器有何作用。

这几件青铜器都是祭祀用的礼乐器，从它们出土的位置看，都位于山腰、山顶、山脚或河岸边，都为单个窖藏。窖藏与殷人好祭祀有关[2]。殷人最迷信鬼神，最重视对祖先和各种自然神的崇拜，而且祭祀繁多，所祀对象有山川、风雨、星辰、河岳、土神、鬼神等，每次祭祀都要用大量的牺牲和礼乐器，湖南出土的这些青铜礼乐器，很可能是南下的中原商族人用作祭祀活动的，而在祭祀之后将它们就地掩埋起来。

那么，这部分与青铜器伴出的玉器又起什么作用呢？

大家都知道，玉在殷人心目中的地位是崇高的，殷人重玉、爱玉、宝玉，不仅如此，在殷人眼中，像璧、环、璜、玦、琮、圭、璋、觿、管、珠、牌和各种动物形佩等玉器，除了可以作为佩戴和服饰外，同时也是一种礼器，是用于祭祀的瑞宝[3]。甲骨文中就有许多关于用玉作祭品的记载，如“□□卜，其烄弄”（《粹》653）。张秉权

①王宇信：《殷人宝玉、用玉及对玉文化研究的几点启示》，《中国史研究》2000年第1期。

②a. 熊传薪：《湖南商周青铜器的发现与研究》，载《湖南省博物馆开馆三十周年纪念文集》，第92~94页；b. 高至喜：《“商文化不过长江”辨——从考古发现看湖南的商代文化》，载《商周青铜器与楚文化研究》，岳麓书社，1999年，第52页；c. 何介钧：《商文化在南方的传播》，载《湖南先秦考古学研究》，岳麓书社，1996年，第117~118页；d. 傅举有：《商代青铜重器之乡——湖南宁乡考古纪事》，台北《故宫文物月刊》第122期。

③北京大学历史系考古教研组商周组编：《商周考古》，文物出版社，1979年，第52页。

先生说:“在甲骨文时代,烄是专门用来求雨的一种风俗。”[①]陈梦家先生在《殷墟卜辞综述》亦解释“烄”字“像人立于火上之形”,认为“烄与雨量显然有直接关系。所以卜辞之烄以求雨,是没有问题的”。这是一条焚烧弄玉,以祭神求雨的记载[②]。

宁乡三亩地云纹大铙附近出土的玉器就类似于此种情况,这批玉器可能是经过焚烧的,因为除残玉柄外,其余玉器全部呈鸡骨白色。据闻广、黄宣佩先生研究,玉器变白与受热有关[③],殷人持玉进行燎祭,在祭祀中使玉受热,促成玉器变白。那么,依据他们的看法,宁乡三亩地出土的玉器应是作为祭品,并在祭前经过焚烧的。但是,目前学术界就玉器变白这一问题,争论颇多,很多人认为玉器变白与玉器的埋葬环境有关。在这里,我们暂且避开玉器变白这一问题,单就玉器的用途分析。笔者认为,宁乡三亩地出土的玉器与其他置于青铜卣内的玉器一样,都应该是祭品,这与殷人的社会生活习俗是分不开的。商代用玉作为祭品,还可能与殷人崇信古老的精气说有关。裘锡圭先生认为:“精气说认为人之外的生物和微生物也都可以有精气”,“这种思想的古老程度,可以从古人对玉的态度上看出来。古人十分重视玉,其重要原因,就是他们认为玉含有的精多”。而“玉经常被用作祭品,或制成种种礼器以用于祭祀等仪式,就是由于它是精物”[④]。显然青铜卣内的这些玉器,就是被视为精物,祭祀神灵的。同样的情况在广汉三星堆祭祀坑中也可以看到,如一号祭祀坑的龙虎尊,二号祭祀坑

---

①张秉权:《殷代的农业与气象》,《历史语言研究所集刊》第42本第二分册,第317页。

②王宇信:《殷人宝玉、用玉及对玉文化研究的几点启示》,《中国史研究》2000年第1期。

③闻广:《鸡骨白与象牙白古玉——古玉丛谈(八)》,台北《故宫文物月刊》第134期;黄宣佩:《良渚玉器变白之研究》,载北京大学文博学院编《中国古代玉器与玉文化高级研讨会论文集》,待刊。

④裘锡圭:《稷下道家精气说的研究》,《道家文化研究》第2辑,上海古籍出版社,1992年。

的喇叭口高圈足尊、罍等礼器就分别盛有海贝、玉环、玉管、玉珠等祭品[①]。

甲骨文的记载还告诉我们，殷人用玉行祭的对象规格是相当高的，祖先中只祭王亥、成唐、大甲、祖乙、南庚、武丁，旧臣只有黄尹，而自然神祇只祭河、山[②]。由此可知，湖南这些伴随青铜器窖藏出土的商代玉器是祭祀山川的礼器。

另外我们还要注意到这样一个社会变化，在新石器时代晚期，玉作为巫觋选择的“神物”，曾经在原始宗教中占据着崇高地位，成为神和神的代言人专享之物；但到了夏商西周时，随着王权崛起，原来的巫觋地位一落千丈，成为服务于王权的卜师。在夏代和早商时期，象征王权及军事权力的钺、戈、刀等玉质兵器成为主要的玉器器类，玉璧、琮、圭、璋等祭祀礼器数量显著减少。自王权取代神权的统治地位后，玉器也从象征“山川精华”、沟通天地的神玉向体现强烈的王权意识和地位分层的礼玉转变，“以玉载礼”成为时代风格。

## 二、来源

众所周知，湖南地区不产玉[③]。据中国地质大学武汉珠宝学院朱勤文教授对宁乡出土的三批商代玉器所作的肉眼鉴定和折射率测试（见表十二），这些玉器质料除个别为蛇纹石玉、玛瑙外，绝大部分属软玉，是晶莹透明、滋润光泽、内孕精光的软玉。那么，湖南出土的这些商代玉器来自哪里呢？只有两种可能，一种是殷人或者商贩来湖南时，从中原或其他地方把玉器带来；另一种可

①四川省文物考古研究所：《三星堆祭祀坑》，文物出版社，1999 年。
②王宇信：《殷人宝玉、用玉及对玉文化研究的几点启示》，《中国史研究》2000 年第 1 期。
③这里指狭义上的软玉和硬玉，广义上的玉如水晶等湖南有产地。

能是殷人或者商贩从中原或其他地方带来了玉料，在湖南本地进行加工制作的。从湖南出土的这些玉器看，这两种可能都存在。我们根据这些玉器的器类、造型和纹样，将其分为三类：第一类玉器有玉珠、管、环、玦。同样形制的器物在商文化区普遍存在，不仅形制相同，而且纹饰、制作方法也相同。这类器物具有典型的殷商文化的特征，应是完全继承中原殷商文化的琢玉技术制造的，甚至就是由中原直接输入的。第二类有玉璜、玉鱼、片雕的虎形玉佩、柄形器、刀形佩、玉簪等。这类玉器在中原殷商文化区能找到类似的器物，但又在某些方面进行了不同程度的加工和改造，因此其在形制和纹样上都带有一定的地域特色。如中原晚期商墓出土的素面玉璜多由环改制而成，一般为环的三分之一，而湖南双峰出土的玉璜则为环的三分之二，此种璜在湖南以外的地方少见。这类玉器应是融合了一定的中原琢玉风格并在本地制作的。第三类有圆雕玉兽、玉龙、足形器佩、镂空的盘龙纹玉佩等。这类玉器在湖南以外的地方少见，表明这些玉器应在湖南本地制作。



## 三、特点

第一，时代特征鲜明。湖南出土的这几批商代玉器，除石门皂市、新宁县飞仙桥出土的玉器出自于墓葬外，其余均系窖藏。

据发掘简报，宁乡、衡阳、双峰、新宁等地出土的玉器，都是商代的。有一点可以肯定,这些玉器的时间下限应该是商代晚期，这可从与这些玉器一同出土的青铜器上得到论证。这几件青铜器，目前大多数学者都认为它们是我国青铜器发展的鼎盛期，即商代晚期窖藏的器物[①]。既然这些青铜器是商代晚期窖藏的，那么，储存在青铜器中的玉器也应该是商代晚期或之前的了。其次，我们再从出土玉器分析，这些玉器绝大部分具有商代晚期玉器的特征，如玉环、玉玦、玉管、玉珠、玉璜、玉鱼、玉柄形器、玉簪等，它们有的和商代晚期的安阳殷墟[②]、江西新干商墓[③]、广汉三星堆商代祭祀坑[④]出土的同类玉器形制风格完全一样，如玉环、玉珠、玉管、玉玦，它们应该为同一时期的。有的虽然和中原商代晚期的玉器具有某些相似的特点，如玉璜、玉鱼、玉柄形器、玉簪等，但同时又具有一定的地方特色，它们也应是继承晚商玉器风格制作的。另有一类玉器情况较复杂，如圆雕玉兽、玉龙、镂空的盘龙纹玉佩等，这类玉器在中原殷商文化区和长江流域的商代遗址和墓葬中都难得发现，而它们本身又具有史前玉器的一些特征，如圆雕玉兽有红山文化玉器的影子，镂空的盘龙纹玉佩又具有石家河文化玉器的遗韵。这类玉器有可能是商代以前遗留下来的，当然也不排除这类玉器就是商代时期的玉工仿照史前时期的玉器风格制作的。

第二，商代时期湖南地区有自己的琢玉业，出现了自己风格独特的玉器，但是琢玉技术不如中原地区发达。这一时期湖南地

①a. 熊传薪：《湖南商周青铜器的发现与研究》，载《湖南省博物馆开馆三十周年纪念文集》，第 92~94 页；b. 高至喜：《"商文化不过长江"辨——从考古发现看湖南的商代文化》，载《商周青铜器与楚文化研究》，岳麓书社，1999 年，第 52 页；c. 何介钧：《商文化在南方的传播》，载《湖南先秦考古学研究》，岳麓书社，1996 年，第 117~118 页；d. 傅举有：《商代青铜重器之乡——湖南宁乡考古纪事》，台北《故宫文物月刊》第 122 期。

②中国社会科学院考古研究所安阳工作队：《安阳殷墟五号墓的发掘》，《1969—1977 年殷墟西区墓葬发掘报告》，分载《考古学报》1977 年第 2 期，1979 年第 1 期；中国社会科学院考古研究所编著：《殷墟妇好墓》，文物出版社，1980 年，第 114~196 页。

③江西省文物考古研究所等：《新干商代大墓》，文物出版社，1997 年。

④四川省文物考古研究所：《三星堆祭祀坑》，文物出版社，1999 年。

区的玉器大多光素无纹，造型简单，种类较少，雕琢手法简练，兽眼不作臣字眼，有纹饰的以单阴刻线为主，刀锋较柔软。而中原殷商文化区出土的玉器以纹饰玉器为主，造型复杂，种类繁多，采用了多种雕琢技法，兽眼多作臣字眼，短直线多，刀锋非常有力，出现了勾撤法，两条阴刻线突出一条阳纹线。

第三，湖南地区的商代玉器受中原商代玉器的影响不如受本地史前以来玉器的影响深。具体表现在玉器大多数无纹饰，很多器形可在湖南史前玉器中找到，如玉玦、玉璜等，衡阳出土的镂空盘龙纹玉佩有石家河龙凤玉佩的余韵等。

第四，湖南出土的商代玉器目前只在几个地方有发现，说明当时湖南地区用玉还不普遍，拥有玉器的人还不多。这一时期的玉器多集中在商代遗址周围或殷人经过的地方，如宁乡出土三批玉器的地点皆在宁乡炭河里晚商遗址四周不到1000米的范围内，衡阳也有商代遗址，双峰、新宁则留有殷人经过的遗迹①。这些表明只是受到商文化影响较强的地区才有玉器出土。再联系到殷人有爱玉、宝玉、重玉的思想和喜欢用青铜礼乐器和玉器祭祀神灵的习惯，我们认为湖南商代玉器的拥有者应该是中原地区来的殷人，而不是当地的土著民族，这一点也可从湖南出土的商代青铜器中看到。在宁乡、衡阳等地出土的青铜器中，有“戈”与“冈”等族徽的铜器，这些铭文和族徽，在中原商代青铜器中都可以找到，而且字体风格、铸造部位也和中原商代青铜器完全一致。这一方面说明了这一类青铜器是中原地区的产品，同时也说明商人的一

①何介钧:《试论湖南出土商代青铜器及商文化向南方传播的几个问题》，载《湖南先秦考古学研究》，岳麓书社，1996年，第128~133页。

支或一部分至迟在商代晚期就到达了宁乡黄材、衡阳一带[①]，他们在带来青铜器的同时，也带来了玉器和玉料。与殷人同来的，应该还有琢玉工匠，玉工们在继承中原琢玉技术的基础上，吸收本地土著民族由来已久的琢玉风格，创造出了既有中原玉雕艺术风格又有浓厚地方特色的玉器。此外，从目前湖南出土的商代玉器情况来看，我们也可以得出这样的结论，南下殷人的重玉习惯还没有被当地土著人接纳。当然，更准确更科学的结论还有待湖南商代考古的新发现。



## 第三节　玉器的造型与工艺



湖南商代玉器造型分为几何造型和动物造型两类，几何造型玉器有珠、管、玦、环、璜、圭、璋、柄形器、刀、簪等，动物造型有鱼、虎、圆雕玉兽、圆雕玉龙等。以小型的片雕器为主，圆雕器数量较少。纹饰造型在玉器上也表现较丰富，有直线纹、斜线纹、菱格纹、弦纹、三角纹、勾云纹、变形龙纹等，圆雕动物形纹饰与器物造型合一。

治玉工艺上较新石器时期先进。如切割成型技术，此时已使用金属工具进行切割。金属工具比之石质工具更能胜任大型器的切割，玉器成型更为规整。而此时期线切割的应用比新石器时期减少很多。例如在玦口的切割中，大多已使用片切割和砣切割，很少见到线切割开口，所以玦口也少见因抖动导致的凸凹不平，

①熊传薪：《湖南商周青铜器的发现与研究》，载《湖南省博物馆开馆三十周年纪念文集》，第98页。

而是宽窄一致且平直规整。如湖南宁乡王家坟山出土的大小不一的玉玦，玦口平直光滑（见图 53），明显是使用金属片切割开口。

管钻技术此时也因有了铜质工具的参与，比新石器时期更为先进。湖南商代玉器的环、玦数量特别多，基本采用的是管钻技法完成；珠、管多为两面管钻。

此时期的线纹雕刻以单阴线为主，如宁乡黄材出土的玉鱼（见图 70），其上刻的阴线比较古朴，深浅不一，似断续的细线构成，推测应是用坚硬的尖锐玉石片形刀具，以手工反复推琢而成。宁乡三亩地出土的残玉柄形器（见图 75），柄部可见阳线浮雕的工艺，它是采用减地、压地的方法，使线条突出，凸起的阳线是高出平面的。这还需要有高超的打磨技术，将线条以外的部分磨平。



湖南商代出土较多的有领玉环，环面常留有阴刻的同心圆圈纹，有些密集，有些稀疏。如宁乡出土的有领玉环（见图 60），在环两面刻划了清晰的 8 圈同心圆圈纹，两面的线纹基本对称，距离相等，深浅相间，线条婉转流畅。像这样精密的同心圆圈纹饰应是由砣具加工完成的。这种工艺估计是将玉环固定于砂盘一类的机械上，用砂岩类磨石工具接触或施压于环面，转动砂盘，玉环上就会旋磨出同心圆痕[①]。

湖南商代圆雕件已有增多的趋势，目前只发现动物形的 3 件，器形较小。除玉龙身上饰以较浅的阴刻线外，另 2 件玉兽光素无纹。但这些立体雕刻比平面片雕要复杂很多，对抛光技术要求也更高。

衡阳出土的镂空玉佩（见图 82）可见商代镂空技艺有一定水平，镂空位置准确，孔眼较平滑，镂空处与纹饰结合，变化自然。

此时的打磨与抛光技术比之史前更为细密，打磨不仅用砂岩

①徐琳：《中国古代治玉工艺》，紫禁城出版社，2011 年，第 86 页。

磨石，也用微粒极细的解玉砂，这就促使抛光更为光润明亮。如湖南宁乡黄材王家坟山出土的玉兽（见图 66），玉质较好，抛光精致，光润滑熟，玉质之美尽显。

湖南商代玉器存在用其他残器玉改制的问题，如宁乡黄材王家坟山出土的一对玉璜（见图 55），从璜两端的制作情况看，很明显是用残缺的环或玦改做的，而且从玉料看，也和王家坟山其他玉器的材料一样，应是用残器改做；双峰出土的玉璜明显也是这种情况（见图 83）。宁乡黄材三亩地出土的玉鱼（见图 72），作半环形，鱼身光素，边缘用凹弧线显示鱼的轮廓，也可看出是玉环做坏后改制的。

# 第三章　春秋战国玉器

## 第一节　考古发现及相关材料

### 一、春秋玉器



湖南出土的春秋时期的玉器分布范围较窄，种类较少。从现有资料来看,只在湘江流域的资兴旧市[①],衡阳赤石[②]、苗圃[③],耒阳师范附小[④]、灶市[⑤],湘乡五里桥[⑥],汨罗高泉山[⑦],桃江腰子仑[⑧],益阳陆贾山热电厂[⑨]等地偶有发现，种类仅有璧、玦、环、管、珠、璜、佩饰等几种（表一），其中以玉玦出土最多，仅资兴旧市春秋墓就出土玉玦 24 件、水晶玦 22 件。

---

①湖南省博物馆:《资兴旧市春秋墓》,《湖南考古辑刊》第 1 集，岳麓书社，1982 年。

②衡阳市博物馆:《湖南衡阳县赤石春秋墓发掘简报》,《考古》1988 年第 6 期。

③衡阳市博物馆:《衡阳市苗圃五马归槽茅坪古墓发掘简报》,《考古》1984 年第 10 期。

④唐先华:《耒阳发现春秋越墓》,《江汉考古》1993 年第 4 期。

⑤湖南省博物馆等:《耒阳春秋战国墓》,《文物》1985 年第 6 期。

⑥湘乡县博物馆:《湘乡县五里桥、何家湾古墓葬发掘报告》,《湖南考古辑刊》第 3 集，岳麓书社，1986 年。

⑦岳阳市文物工作队:《汨罗市高原山东周墓》,《中国考古学年鉴》(1994 年)，文物出版社，1997 年；岳阳市文物考古研究所、汨罗市文物管理所:《湖南省汨罗市高泉山一号墓发掘简报》,《湖南省博物馆馆刊》第五辑，岳麓书社，2009 年。

⑧ 益阳市文物管理处:《湖南桃江腰子仑春秋墓》,《考古学报》2003 年第 4 期。报告记载为玉璧 1、玉环 3。因璧直径 3.5、孔径 1.8 厘米，应归为环类。

⑨ 益阳市文物管理处、益阳市博物馆:《益阳楚墓》,文物出版社,2008 年,第 306~307 页。

表一　湖南出土春秋时期主要玉器资料统计表

| 时代 | 出土地点 | 出土玉器 | 件数 | 玉器质材 |
|---|---|---|---|---|
| 春秋早期 | 资兴旧市 | 玉玦 24、水晶玦 22 | 46 | 玉、水晶 |
| | 耒阳师范附小 | 水晶玦 1 | 1 | 水晶 |
| | 衡阳赤石 | 玉玦 9、玉珠 3、玉管 2 | 14 | 玉 |
| 春秋中期 | 耒阳灶市 | 玉玦 2 | 2 | 玉 |
| | 汨罗高泉山 | 玉环 2、管形器 2 | 4 | 玉 |
| | 桃江腰子仑 | 玉环 1 | 1 | 玉 |
| 春秋晚期 | 衡阳苗圃 | 玉环 1 | 1 | 玉 |
| | 湘乡五里桥 | 玉佩 4 | 4 | 玉 |
| | 桃江腰子仑 | 玉环 3 | 3 | 玉 |
| | 85 益热 M33（陆贾山热电厂） | 玉璜 1、玉管 4 | 5 | 玉 |
| | 85 益热 M46（陆贾山热电厂） | 玉片 1、玉管 1、玉环 1 | 3 | 玉 |

发掘报告根据墓葬形制、随葬器物组合等方面对这些墓主人的族属及墓葬年代进行了分析，认为资兴旧市，耒阳灶市、师范附小，湘乡五里桥，衡阳赤石、苗圃[①]的墓主人均属于越族。资兴旧市、衡阳赤石出土的玉器约为春秋早期，耒阳灶市出土的玉玦为春秋中期，衡阳苗圃、湘乡五里桥 M1 出土的玉器为春秋晚期。桃江腰子仑出土玉器的墓葬有春秋中期和晚期的，从出土器物分析，这类墓大多是越人的，也有楚越文化交混现象同时出现在一个墓中的。益阳陆贾山热电厂两座春秋晚期墓反映最为明显，85 益热 M33、M46 均为狭长形墓坑，均发现有较多的小件玉器及铜

①发掘报告认为衡阳苗圃春秋墓为楚文化墓葬，笔者根据高至喜《楚人入湘的年代和湖南越楚墓葬的分辨》(《江汉考古》1987 年第 1 期）一文的分析，认为衡阳苗圃墓葬为春秋晚期越人墓葬。

刮刀、环首刀之类的越式器物，但两座墓中均出土有典型的楚式铜礼器和楚式兵器。

## 二、战国玉器

战国墓葬中出土的玉器在湖南分布范围较广，几乎遍及湖南全境，尤以长沙、澧县、临澧、益阳、常德出土最多。根据发掘报告和科学研究成果，本书将战国时期玉器分早、中、晚三个时期。

1. 战国早期

湖南战国早期墓葬出土玉器极少，仅在长沙[①]、资兴旧市[②]、靖州团结村[③]、黔阳县黔城镇[④]等地零星发现。器类有璧、琮、璜、环、觿、串饰、蝉[⑤]等几种（表二），其中长沙浏城桥[⑥]M1出土玉器较多，有玉琮1件、玉璜2件、玉璧1件、玉环6件。对该墓的年代学术界争论亦较大，发掘者最初认定此墓年代为春秋末年，但事隔不久，又有学者提出异议。北京大学历史系考古教研室商周组的同志将其定为“春秋晚年”[⑦]。俞伟超先生把它推断在“战国早期”或“初期”[⑧]。张中一、彭青野先生又认为其时代应在战国早期



①湖南省博物馆等:《长沙楚墓》，文物出版社，2002年，第596、600、602页。该报告记载战国早期玉器有3处：1952年黄泥坑乙M19出土玛瑙环1件，1971年长沙浏城桥M1出土玉器10件，1982年长沙浏城桥M4出土玛瑙环1件。

②湖南省博物馆:《湖南资兴旧市战国墓》,《考古学报》1983年第1期。

③怀化地区文物管理处等:《湖南靖州县团结村战国西汉墓》,《考古》1998年第5期。

④怀化地区文物工作队:《黔阳县黔城镇战国墓发掘简报》,《湖南考古辑刊》第5集,《求索》增刊，1989年。

⑤周世荣:《蚕桑纹尊与武士鞭形钺》,《考古》1979年第6期。

⑥湖南省博物馆:《长沙浏城桥一号墓》,《考古学报》1972年第1期。发掘报告称该墓出土璧3件，环4件。笔者核对原物，发现其中有2件璧孔较大，故将其放入环类。

⑦北京大学历史系考古教研室商周组:《商周考古》，文物出版社，1979年。

⑧俞伟超:《关于楚文化发展的新探索》,载《先秦两汉考古学论集》,文物出版社,1985年。

偏晚[①]。尽管有如此多的分歧，但从出土玉器来看，它的数量虽然不是很多，但品种与纹饰都很典型，如这里出土的方体玉琮。这种琮在新石器时代晚期曾流行于黄河流域，但在后来的楚墓和同时代的六国墓中却很少见到。又如它的一件玉璧，体形较大，可能是遵从古制而来，两面均阴刻互相连接的云纹；玉环也是如此。这种变形云纹，在中原地区春秋中晚期的青铜器上表现尤为出色。故笔者同意曲石先生的观点[②]，将长沙浏城桥一号墓出土玉器视为春秋末年战国早期之物。即使浏城桥一号墓为战国早期墓葬也无妨，春秋时期的玉器遗留在战国墓中也是顺理成章的。

**表二 湖南出土战国早期主要玉器资料统计表**

| 出土地点 | 出土玉器 | 件数 | 玉器质材 | 资料来源 |
| --- | --- | --- | --- | --- |
| 1952 年长沙黄泥坑 M19 | 玛瑙环 1 | 1 | 玛瑙 | 《长沙楚墓》第 596 页 |
| 1971 年长沙浏城桥 M1 | 玉琮 1、玉璧 1、玉环 6、玉璜 2 | 10 | 玉 | 《长沙楚墓》第 600 页 |
| 1982 年长沙浏城桥 M4 | 玛瑙环 1 | 1 | 玛瑙 | 《长沙楚墓》第 602 页 |
| 资兴旧市 | 玉璧 1 | 1 | 玉 | 《考古学报》1983 年第 1 期 |
| 靖州团结村 | 玉环 1 | 1 | 玉 | 《考古》1998 年第 5 期 |
| 黔阳县黔城镇 | 玉觿 1、玉串饰 2 | 3 | 玉 | 《湖南考古辑刊》第 5 集 |
| 不详 | 玉蝉 | 1 | 玉 | 《考古》1979 年第 6 期 |

①张中一、彭青野:《论楚人入湘的年代》,《江汉考古》1984 年第 4 期。
②曲石:《楚玉研究》,《江汉考古》1990 年第 3 期。

2. 战国中期

玉器出土地点遍及全省。其中临澧九里出土玉器较为丰富。1979 年至 1981 年在九里发掘了一处楚国封君的家族墓地，1980 年发掘的黄家山大墓，编号 80 九里 M1，该墓规模与江陵天星观一号墓相当，是目前已发掘的最大型楚墓之一。该墓虽早年即严重被盗，仍出有精美的玉环、璜、觿、几何形佩、韘形佩等 24 件[①]。1981 年又清理了 22 座中型楚墓，出土玉璧 2 件、玉鱼 1 件、玉珠 2 件、玛瑙环 5 件、水晶珠、管 12 件[②]。1987 年又对九里双峰包南包大墓进行了清理，出土玉器更为丰富，计有玉俑 1 件、玉龟 1 件、玉璜 4 件、玉环 1 件、双联珠 1 件、玉条 1 件、玉柱 1 件、残片 4 件[③]。此外，在溆浦马田坪[④]、慈利石板冲[⑤]、湘乡牛形山[⑥]、古丈白鹤湾[⑦]、常德德山[⑧]及茅湾[⑨]、桃源三元村[⑩]、耒阳灶市[⑪]、益阳赫山庙、

①熊传薪:《临澧县发掘一座大型战国木椁墓》,《湖南日报》1980 年 12 月 13 日；又见《湖南临澧九里一号大型楚墓发掘简报》,《湖南省博物馆馆刊》第八辑，岳麓书社，2012 年。

②湖南省博物馆:《临澧九里楚墓发掘报告》,《湖南考古辑刊》第 3 集，岳麓书社，1986 年。

③湖南省文物考古研究所:《临澧九里双峰包南包大墓发掘简报》,《湖南考古辑刊》第 6 集，岳麓书社，1994 年。

④湖南省博物馆:《湖南溆浦马田坪战国西汉墓发掘报告》,《湖南考古辑刊》第 2 集，岳麓书社，1984 年。

⑤湖南省文物考古研究所等:《湖南慈利县石板冲战国墓》,《考古学报》1995 年第 2 期。

⑥湖南省博物馆:《湖南湘乡牛形山一、二号大型战国木椁墓》,《文物资料丛刊・3》，文物出版社，1980 年。

⑦湖南省博物馆:《古丈白鹤湾楚墓》,《考古学报》1986 年第 3 期。

⑧湖南省博物馆:《湖南常德德山战国墓葬》,《考古》1959 年第 12 期。

⑨常德市文物事业管理处:《湖南常德德山茅湾战国墓发掘简报》,《江汉考古》1997 年第 3 期。

⑩常德地区文物工作队等:《桃源三元村一号楚墓》,《湖南考古辑刊》第 4 集，岳麓书社，1987 年。

⑪湖南省博物馆等:《耒阳春秋战国墓》,《文物》1985 年第 6 期。

天成垸[①]、永州鹞子岭[②]、汨罗司法局建设工地[③]、汉寿祝家岗[④]、长沙三公里[⑤]和马益顺巷[⑥]都有玉器出土。《长沙楚墓》记载战国中期长沙楚墓出土玉器有16处[⑦]。《益阳楚墓》记载有4处[⑧]。除临澧九里墓葬出土玉器数量较多外，其余数量较少，大多是1~3件，器类有环、璧、璜、玦、觿、韘、带钩、珠管、印、动物形饰、几何形佩饰及剑饰等（表三）。

**表三　湖南出土战国中期主要玉器资料统计表**

| 出土地点 | 出土玉器 | 件数 | 玉器质材 | 资料来源 |
|---|---|---|---|---|
| 临澧九里M1 | 玉璜7、玉环11、玉韘形佩1、玉觿1、长方形玉饰3、三角形饰1 | 24 | 玉 | 《湖南省博物馆馆刊》第八辑 |
| 临澧九里茶场 | 玉璧2、玉鱼1、玉珠2、玛瑙环5、水晶珠10、水晶管2 | 22 | 玉、玛瑙、水晶 | 《湖南考古辑刊》第3集 |
| 临澧九里双峰包 | 玉俑1、玉龟1、玉璜4、玉环1、双联珠1、玉条1、玉柱1、玉棒1、残片4 | 15 | 玉 | 《湖南考古辑刊》第6集 |
| 溆浦马田坪 | 玉璧1、玉剑首1 | 2 | 玉 | 《湖南考古辑刊》第2集 |
| 慈利石板冲 | 玉璧2 | 2 | 玉 | 《考古学报》1995年第2期 |

①湖南省益阳地区文物工作队：《益阳楚墓》，《考古学报》1985年第1期。

②零陵地区文物工作队：《永州鹞子岭战国墓发掘简报》，《湖南考古辑刊》第4集，岳麓书社，1987年。

③汨罗市文物管理所：《湖南省汨罗市司法局建设工地古墓葬发掘简报》，《湖南省博物馆馆刊》第五辑，岳麓书社，2009年。

④ 常德市文物事业管理处、汉寿县文物管理所：《湖南汉寿县祝家岗战国墓发掘简报》，《江汉考古》1996年第4期。

⑤长沙市文物考古研究所：《湖南长沙三公里楚墓发掘简报》，《文物》2007年第12期。

⑥何佳、宋少华：《长沙市马益顺巷一号楚墓》，《考古》2003年第4期。

⑦湖南省博物馆等：《长沙楚墓》，文物出版社，2000年。

⑧ 益阳市文物管理处、益阳市博物馆：《益阳楚墓》，文物出版社，2008年。

| 湘乡牛形山 | 玉环 1 | 1 | 玉 | 《文物资料丛刊》（3），1980 年。 |
|---|---|---|---|---|
| 古丈白鹤湾 | 水晶环 1 | 1 | 水晶 | 《考古学报》1986 年第 3 期 |
| 常德德山 | 龙形玉佩 2 | 2 | 玉 | 《考古》1959 年第 12 期 |
| 常德德山茅湾 | 玛瑙环 1、玛瑙觿 1 | 2 | 玛瑙 | 《江汉考古》1997 年第 3 期 |
| 桃源三元村 | 玉剑格 1 | 1 | 玉 | 《湖南考古辑刊》第 4 集 |
| 1982 年临澧朱家凸 M2 | 玉龙形佩 1 | 1 | 玉 | 《楚文物图典》第 386 页 |
| 耒阳灶市 | 玉璧 2 | 2 | 玉 | 《文物》1985 年第 6 期 |
| 益阳赫山庙、天成垸 | 玉璧 1、玉剑珌 2 | 3 | 玉 | 《考古学报》1985 年第 1 期 |
| 83 益麻 M10 | 玉剑首 1 | 1 | 玉 | 《益阳楚墓》第 294 页 |
| 85 益赫房 M25 | 玛瑙珠、管 7 | 7 | 玛瑙 | 《益阳楚墓》第 302 页 |
| 92 益阳羊粮 M18 | 玉璧 1、玉剑格 1 | 2 | 玉 | 《益阳楚墓》第 328 页 |
| 91 益阳羊电 M28 | 玉印 1 | 1 | 玉 | 《益阳楚墓》第 345 页 |
| 永州鹞子岭 | 玉剑璏 1 | 1 | 玉 | 《湖南考古辑刊》第 4 集 |
| 汨罗市司法局 | 玉玦 2 | 2 | 玉 | 《湖南省博物馆馆刊》第五辑 |
| 汉寿祝家岗 | 残玉环 1 | 1 | 玉 | 《江汉考古》1996 年第 4 期 |
| 1952 年长沙颜家岭乙 M35 | 玉剑首 1、玉剑格 1 | 2 | 玉 | 《长沙楚墓》第 603 页 |
| 1953 年长沙烈士公园 M2 | 玛瑙环 6、水晶条 1 | 7 | 玛瑙、水晶 | 《长沙楚墓》第 606 页 |
| 1953 年长沙仰天湖 M21 | 玉璧 1、玉龙形佩 1、玉璜 1 | 3 | 玉 | 《长沙楚墓》第 607 页 |
| 1953 年长沙仰天湖 M23 | 玉剑璏 1、玉剑珌 1 | 2 | 玉 | 《长沙楚墓》第 607 页 |

| | | | | |
|---|---|---|---|---|
| 1954 年长沙黑石渡 M23 | 玉带钩 1 | 1 | 玉 | 《长沙楚墓》第 611 页 |
| 1954 年长沙新河 M13 | 绿松石管 1 | 1 | 绿松石 | 《长沙楚墓》第 612 页 |
| 1955 年长沙砚瓦池 M1 | 玉璧 1 | 1 | 玉 | 《长沙楚墓》第 615 页 |
| 1955 年长沙汤家岭 M11 | 玉印 1 | 1 | 玉 | 《长沙楚墓》第 615 页 |
| 1957 年长沙小林子冲 M9 | 环形玉器 1 | 1 | 玉 | 《长沙楚墓》第 622 页 |
| 1973 年长沙子弹库 M1 | 玉璧 1 | 1 | 玉 | 《长沙楚墓》第 623 页 |
| 1982 年长沙浏城桥 M1 | 玛瑙环 6、玉管 1 | 7 | 玛瑙、玉 | 《长沙楚墓》第 624 页 |
| 1982 年长沙黄泥坑 M4 | 玛瑙环 2 | 2 | 玛瑙 | 《长沙楚墓》第 624 页 |
| 1983 年长沙张公岭 M25 | 玉环 1 | 1 | 玉 | 《长沙楚墓》第 625 页 |
| 1984 年长沙张公岭 M63 | 玉环 1 | 1 | 玉 | 《长沙楚墓》第 626 页 |
| 1992 年长沙马益顺巷 M1 | 玛瑙环 1 | 1 | 玛瑙 | 《长沙楚墓》第 627 页 |
| 1993 年长沙五一路 M5 | 玉环 1、玉佩 2 | 3 | 玉 | 《长沙楚墓》第 627 页 |
| 2002 年长沙三公里 M1 | 玉璧 1、玉佩 2 | 3 | 玉 | 《文物》2007 年第 12 期 |
| 长沙市马益顺巷 | 玉环 2、玉佩 1、玛瑙环 3 | 6 | 玉、玛瑙 | 《考古》2003 年第 4 期 |

3. 战国晚期

最具代表性的是澧县新洲一号墓出土的 15 件玉器[①]，有佩、璧、环、璜、管、条形饰等六种，以青玉为主，另有白玉和茶色玉。造型图案多为龙形，流行凸起云纹，制作精细，采用减池、阴线

①湖南省博物馆等：《湖南澧县新洲一号墓发掘简报》，《考古》1988 年第 5 期。

刻划、透雕、镂孔等加工技法，体现了这一时期高超的琢玉工艺。这一时期的玉器还在汨罗县汨罗山[①]，益阳赫山庙[②]、桃花仑[③]，郴州市内[④]，湘乡市冻肉厂[⑤]，衡阳公行山[⑥]、蒋家山[⑦]，常德寨子岭[⑧]、沅水下游楚墓[⑨]等地区有出土。据《长沙楚墓》记载，长沙市战国晚期楚墓有48处出土玉器[⑩]，《益阳楚墓》记载有7处[⑪]。器类有璧、环、璜、玦、剑饰、带钩、珠管、印章、龙形玉佩、几何形饰等（表四）。

**表四　湖南出土战国晚期主要玉器资料统计表**

| 出土地点 | 出土玉器 | 件数 | 玉器质材 | 资料来源 |
|---|---|---|---|---|
| 澧县新洲 | 玉佩5、玉璧2、玉璜4、玉环1、玉管1、玉条形饰2 | 15 | 玉 | 《考古》1988年第5期 |
| 汨罗县汨罗山 | 玉璧3 | 3 | 玉 | 《湖南考古辑刊》第3集 |
| 益阳赫山庙 | 玉带钩1、玉印章1 | 2 | 玉 | 《考古学报》1981年第4期 |
| 益阳桃花仑 | 玉璧1 | 1 | 玉 | 《考古学报》1985年第1期 |



①湖南省博物馆:《汨罗县东周、秦、两汉、南朝墓发掘简报》,《湖南考古辑刊》第3集，岳麓书社，1986年。

②湖南省博物馆等:《湖南益阳战国两汉墓》,《考古学报》1981年第4期。

③湖南省益阳地区文物工作队:《益阳楚墓》,《考古学报》1985年第1期。

④郴州地区文物工作队:《湖南郴州东周墓发掘简报》,《文物》1990年第10期。

⑤湘潭市文物工作队:《湘乡市冻肉厂东周墓群》,《中国考古学年鉴》(1987年)，文物出版社，1988年。

⑥ ⑦周世荣:《衡阳战国秦汉墓》，载《湖南古墓与古窑址》，岳麓书社，2004年。

⑧常德市文物处:《湖南常德寨子岭一号楚墓》，载《湖南考古2002》，岳麓书社，2004年；又见龙朝彬:《常德市寨子岭1、2号楚墓》,《中国考古学年鉴》(2000年)文物出版社，2002年。

⑨湖南省常德市文物局等:《沅水下游楚墓》，文物出版社，2010年。

⑩湖南省博物馆等:《长沙楚墓》，文物出版社，2000年。

⑪益阳市文物管理处、益阳市博物馆:《益阳楚墓》，文物出版社，2008年。

| 92益羊砖 M8 | 玉剑珌 1 | 1 | 玉 | 《益阳楚墓》第329页 |
|---|---|---|---|---|
| 92益羊砖 M14 | 玉环 1 | 1 | 玉 | 《益阳楚墓》第330页 |
| 92益羊宁粮 M2 | 玉璧 1 | 1 | 玉 | 《益阳楚墓》第331页 |
| 93益地农 M35 | 玉璧 1 | 1 | 玉 | 《益阳楚墓》第335页 |
| 98益赫科 M6 | 玉璜 1 | 1 | 玉 | 《益阳楚墓》第343页 |
| 99益政协 M1 | 玉璧 1 | 1 | 玉 | 《益阳楚墓》第343页 |
| 81益桃 M1 | 玉璧 1 | 1 | 玉 | 《益阳楚墓》第345页 |
| 郴州市内 | 玉璧 1 | 1 | 玉 | 《文物》1990年第10期 |
| 1986年湘乡市冻肉厂 | 玛瑙环、六角形水晶珠 | 不详 | 玛瑙、水晶 | 《中国考古学年鉴》（1987年） |
| 1954年衡阳公行山 | 玉环 1 | 1 | 玉 | 《湖南古墓与古窑址》第19页 |
| 1954年衡阳蒋家山 | 玉环（报告称瑗）1 | 1 | 玉 | 《湖南古墓与古窑址》第24页 |
| 1999年常德寨子岭 M1 | 玉璧 2 | 2 | 玉 | 《湖南考古2002》（下），第405页 |
| 1999年常德寨子岭 M2 | 玉璧 1、玉环 1 | 2 | 玉 | 《中国考古学年鉴》（2000年） |
| 沅水下游楚墓 | 玉璧、剑格、玉印等 | 19件 | 玉 | 《沅水下游楚墓》第674页 |
| 1952年长沙砚瓦池 M755 | 玉环 1 | 1 | 玉 | 《长沙楚墓》第629页 |
| 1952年长沙蓉园 M864 | 玉璧 1 | 1 | 玉 | 《长沙楚墓》第630页 |
| 1953年长沙黄泥坑 M6 | 玉环 1 | 1 | 玉 | 《长沙楚墓》第631页 |
| 1953年长沙棺材塘 M7 | 玉环 1 | 1 | 玉 | 《长沙楚墓》第633页 |
| 1953年长沙磨子山 M9 | 玛瑙环 2、绿松石珠 8 | 10 | 玛瑙、绿松石 | 《长沙楚墓》第635页 |

| | | | | |
|---|---|---|---|---|
| 1953 年长沙东塘 M12 | 玉环 1 | 1 | 玉 | 《长沙楚墓》第 636 页 |
| 1954 年长沙魏家堆 M10 | 玉剑珌 1 | 1 | 玉 | 《长沙楚墓》第 641 页 |
| 1954 年长沙窑岭 M9 | 玉印 1 | 1 | 玉 | 《长沙楚墓》第 641 页 |
| 1954 年长沙杨家湾 M6 | 玉环 1 | 1 | 玉 | 《长沙楚墓》第 642 页 |
| 1954 年长沙枫树山 M34 | 玉剑首 2、玉剑珌 1 | 3 | 玉 | 《长沙楚墓》第 645 页 |
| 1955 年长沙柳家大山 M1 | 玉剑珌 1 | 1 | 玉 | 《长沙楚墓》第 651 页 |
| 1955 年长沙扫把塘 M2 | 玉带钩 1 | 1 | 玉 | 《长沙楚墓》第 651 页 |
| 1955 年长沙潘家坪 M6 | 玉珠 1 | 1 | 玉 | 《长沙楚墓》第 651 页 |
| 1955 年长沙烈士公园 M2 | 玉环 2 | 2 | 玉 | 《长沙楚墓》第 652 页 |
| 1955 年长沙陈家大山 M9 | 玉环片 1 | 1 | 玉 | 《长沙楚墓》第 653 页 |
| 1955 年长沙下大垅 M20 | 玉璧 1 | 1 | 玉 | 《长沙楚墓》第 654 页 |
| 1955 年长沙魏家大堆 M10 | 玉剑珌 1 | 1 | 玉 | 《长沙楚墓》第 655 页 |
| 1955 年长沙魏家大堆 M14 | 玉环 1 | 1 | 玉 | 《长沙楚墓》第 655 页 |
| 1955 年长沙丝茅冲 CM20 | 玉佩 2 | 2 | 玉 | 《长沙楚墓》第 663 页 |
| 1956 年长沙广济桥银行干校 M5 | 玉环（璧）1 | 1 | 玉 | 《长沙楚墓》第 667 页 |
| 1956 年长沙黄土岭 M40 | 玉玦 1 | 1 | 玉 | 《长沙楚墓》第 668 页 |
| 1956 年长沙子弹库 M29 | 玉璧 1、玉环 1 | 2 | 玉 | 《长沙楚墓》第 673 页 |
| 1957 年长沙雨花亭 M1 | 玉璧 1 | 1 | 玉 | 《长沙楚墓》第 675 页 |
| 1957 年长沙汤家岭 M14 | 玉印 1 | 1 | 玉 | 《长沙楚墓》第 676 页 |

| 1957 年长沙陈家大山 M2 | 玉剑首 1 | 1 | 玉 | 《长沙楚墓》第 677 页 |
|---|---|---|---|---|
| 1957 年长沙陈家大山 M8 | 玉环 1 | 1 | 玉 | 《长沙楚墓》第 677 页 |
| 1957 年长沙左家塘 AM44 | 玉佩 1 | 1 | 玉 | 《长沙楚墓》第 680 页 |
| 1958 年长沙杨家湾 M1 | 玉龙形佩 1 | 1 | 玉 | 《长沙楚墓》第 681 页 |
| 1959 年长沙王家塘 M4 | 玉环 1 | 1 | 玉 | 《长沙楚墓》第 683 页 |
| 1959 年长沙柳家大山 M37 | 玉玦 1 | 1 | 玉 | 《长沙楚墓》第 685 页 |
| 1960 年长沙杨家山 M12 | 玉璧 2、玉璜形龙佩 1、玉璜 1、玉剑璏 1 | 5 | 玉 | 《长沙楚墓》第 685 页 |
| 1964 年长沙下麻园湾 M2 | 玉环 1 | 1 | 玉 | 《长沙楚墓》第 687 页 |
| 1964 年长沙九尾冲水泥电杆厂 M1 | 玉珠 1 | 1 | 玉 | 《长沙楚墓》第 689 页 |
| 1965 年长沙干塘坡地质局 M2 | 玉剑格 1 | 1 | 玉 | 《长沙楚墓》第 691 页 |
| 1975 年长沙火车站酱油厂 M11 | 玉璧 1 | 1 | 玉 | 《长沙楚墓》第 692 页 |
| 1975 年长沙火车站南冲塘 M15 | 玉片 1 | 1 | 玉 | 《长沙楚墓》第 692 页 |
| 1975 年长沙火车站广播器材厂 M25 | 玉璧 1 | 1 | 玉 | 《长沙楚墓》第 693 页 |
| 1976 年长沙火车站酱油厂 M28 | 玉璧 1 | 1 | 玉 | 《长沙楚墓》第 693 页 |
| 1976 年长沙杨家山 M195 | 玉璧 1 | 1 | 玉 | 《长沙楚墓》第 694 页 |
| 1977 年长沙窑岭 M3 | 玉剑格 1 | 1 | 玉 | 《长沙楚墓》第 694 页 |
| 1977 年长沙杨家山 M242 | 云纹玉璧 1 | 1 | 玉 | 《长沙楚墓》第 695 页 |
| 1979 年长沙浏城桥 M1 | 玉环 2 | 2 | 玉 | 《长沙楚墓》第 696 页 |
| 1980 年长沙五里牌 M3 | 玉璧 2 | 2 | 玉 | 《长沙楚墓》第 697 页 |

| | | | | |
|---|---|---|---|---|
| 1981 年长沙工农桥 M3 | 玉龙形佩 2 | 2 | 玉 | 《长沙楚墓》第 698 页 |
| 1984 年长沙解放路 M8 | 玉环 1 | 1 | 玉 | 《长沙楚墓》第 703 页 |
| 1984 年长沙张公岭 M52 | 玉环 1 | 1 | 玉 | 《长沙楚墓》第 703 页 |
| 1986 年长沙火把山 M4 | 玉璧 5（考古年鉴为 6 件，置于椁底板上） | 5 | 玉 | 《长沙楚墓》第 704 页 |
| 1987 年长沙五里牌八一路 M1 | 玉佩 3、玉璜 1 | 4 | 玉 | 《长沙楚墓》第 705 页 |
| 1983 年长沙赤岗冲 | 玉剑珌 1 | 1 | 玉 | 《长沙馆藏文物精华》第 100 页 |

4. 分期不明的战国玉器

湖南战国时期的墓葬有些因器物形制不明，难以分期，有些是因报告简略而笼统归纳，本书将它们统归为战国墓，这些墓葬也出土了一些玉器，其中《长沙楚墓》一书就有 37 处[①]，另湘乡、大庸（今张家界市）、汉寿、龙山里耶、黔阳、沅陵、桃源、汨罗等地均有出土（表五）。器类主要有璧、环、璜、玦、韘、剑饰、带钩、珠管、龙形佩、几何形饰等。

**表五　湖南出土分期不明战国主要玉器资料统计表**

| 出土地点 | 出土玉器 | 件数 | 玉器质材 | 资料来源 |
|---|---|---|---|---|
| 1952 年长沙黄泥坑 M58 | 玉片 1 | 1 | 玉 | 《长沙楚墓》第 707 页 |
| 1952 年长沙黄泥坑 M93 | 玉环 2、玛瑙环 1 | 3 | 玉、玛瑙 | 《长沙楚墓》第 708 页 |
| 1953 年长沙月亮山 M36 | 玉环 1、玉璜 1 | 2 | 玉 | 《长沙楚墓》第 711 页 |
| 1953 年长沙月亮山 M38 | 玉韘形佩 1 | 1 | 玉 | 《长沙楚墓》第 711 页 |

①湖南省博物馆等:《长沙楚墓》，文物出版社，2000 年。

| 1953 年长沙子弹库 M37 | 玉环 1 | 1 | 玉 | 《长沙楚墓》第 712 页 |
| --- | --- | --- | --- | --- |
| 1955 年长沙下大垅 M19 | 玉剑首 1 | 1 | 玉 | 《长沙楚墓》第 718 页 |
| 1956 年长沙汤家岭 M4 | 玉剑格 1 | 1 | 玉 | 《长沙楚墓》第 721 页 |
| 1956 年长沙沙湖桥 M42 | 玉饰 1 | 1 | 玉 | 《长沙楚墓》第 722 页 |
| 1958 年长沙杨家山 M2 | 玉环 1 | 1 | 玉 | 《长沙楚墓》第 724 页 |
| 1958 年长沙九尾冲 M5 | 玉剑首 1、玉佩 1 | 2 | 玉 | 《长沙楚墓》第 725 页 |
| 1959 年长沙柳家大山 M57 | 玉璧片 1 | 1 | 玉 | 《长沙楚墓》第 728 页 |
| 1964 年长沙砂子塘居民点 M5 | 玉璧 1、玉环 1 | 2 | 玉 | 《长沙楚墓》第 729 页 |
| 1964 年长沙砂子塘居民点 M6 | 玉环 1 | 1 | 玉 | 《长沙楚墓》第 730 页 |
| 1964 年长沙下麻园湾 M8 | 玉带钩 1 | 1 | 玉 | 《长沙楚墓》第 730 页 |
| 1965 年长沙梅子山七七0 工地 M17 | 玉璧片 1 | 1 | 玉 | 《长沙楚墓》第 732 页 |
| 1971 年长沙烈士公园博物馆 M1 | 玉环 1 | 1 | 玉 | 《长沙楚墓》第 733 页 |
| 1974 年长沙树木岭 M1 | 玉璧 1 | 1 | 玉 | 《长沙楚墓》第 733 页 |
| 1978 年长沙杜家岭 M1 | 玉佩 1 | 1 | 玉 | 《长沙楚墓》第 740 页 |
| 1978 年长沙杜家岭 M5 | 云纹玉璧 1 | 1 | 玉 | 《长沙楚墓》第 740 页 |
| 1982 年长沙浏城桥 M6 | 玉环 2、玉管 1 | 3 | 玉 | 《长沙楚墓》第 744 页 |
| 1982 年长沙黄泥坑 M2 | 透雕龙纹玉佩 1 | 1 | 玉 | 《长沙楚墓》第 745 页 |
| 1983 年长沙张公岭 M21 | 玉环 1 | 1 | 玉 | 《长沙楚墓》第 748 页 |
| 1983 年长沙张公岭 M38 | 玉环 1 | 1 | 玉 | 《长沙楚墓》第 749 页 |
| 1983 年长沙张公岭 M40 | 玛瑙环 1 | 1 | 玛瑙 | 《长沙楚墓》第 749 页 |
| 1983 年长沙张公岭 M44 | 玉环 1 | 1 | 玉 | 《长沙楚墓》第 749 页 |

| | | | | |
|---|---|---|---|---|
| 1983 年长沙张公岭 M45 | 玉环 1 | 1 | 玉 | 《长沙楚墓》第 749 页 |
| 1984 年长沙二里牌 M1 | 玉环 1 | 1 | 玉 | 《长沙楚墓》第 750 页 |
| 1984 年长沙解放路 M7 | 玉环 1 | 1 | 玉 | 《长沙楚墓》第 750 页 |
| 1987 年长沙八一路 M5 | 玉环 1 | 1 | 玉 | 《长沙楚墓》第 755 页 |
| 1987 年长沙八一路 M6 | 玉环 1 | 1 | 玉 | 《长沙楚墓》第 755 页 |
| 1990 年长沙燕山街 M5 | 玉璜 1 | 1 | 玉 | 《长沙楚墓》第 758 页 |
| 1990 年长沙东岸乡 M11 | 玉璧 1 | 1 | 玉 | 《长沙楚墓》第 758 页 |
| 1991 年长沙留芳岭 M1 | 玉环 1 | 1 | 玉 | 《长沙楚墓》第 759 页 |
| 1992 年长沙张公岭 M1 | 玉剑珌 1 | 1 | 玉 | 《长沙楚墓》第 760 页 |
| 1992 年长沙人民路 M1 | 玉环 1 | 1 | 玉 | 《长沙楚墓》第 761 页 |
| 1993 年长沙乔庄 M34 | 玉环 1 | 1 | 玉 | 《长沙楚墓》第 764 页 |
| 1999 年长沙白沙岭① | 玉器 | 不详 | 玉 | 《中国考古学年鉴》（2000 年） |
| 1979 年长沙出土，地点不详 | “□下”玉印② | 1 | 玉 | 《湖南古代玺印》第 17、43 页 |
| 1955 年长沙南门外魏家堆 | 玉剑璏、玉璧 | 不详 | 玉 | 《文物参考资料》1955 年第 10 期 |
| 1985 年湘乡城关长桥③ | 玉石器 | 不详 | 玉 | 《中国考古学年鉴》（1986 年） |
| 1986 年大庸市城区④ | 玉器 | 不详 | 玉 | 《中国考古学年鉴》（1987 年） |

①长沙市文物考古研究所：《长沙市白沙岭战国及西汉墓葬》，《中国考古学年鉴》（2000 年），文物出版社，2002 年。

②陈松长：《湖南古代玺印》，上海辞书出版社，2004 年，第 17 页。

③湘潭市文物工作队、湘乡县博物馆：《湘乡县城关长桥战国墓群》，《中国考古学年鉴》（1986 年），文物出版社，1988 年。墓葬年代定为战国早、中期。

④湖南省文物考古研究所、湘西土家族苗族自治州文物工作队、大庸市文物管理所：《大庸市城区战国至明代墓葬》，《中国考古学年鉴》（1987 年），文物出版社，1988 年。

| 1986 年汉寿朱木山① | 玉龙纹佩饰 | 不详 | 玉 | 《中国考古学年鉴》（1988 年） |
|---|---|---|---|---|
| 龙山里耶 M45② | 玉叶 | 1 件 | 玉 | 《里耶发掘报告》第 351 页 |
| 1988 年黔阳县兰头坡③ | 玉器 | 不详 | 玉 | 《中国考古学年鉴》（1989 年） |
| 1990 年沅陵太常④ | 玉璧 | 不详 | 玉 | 《中国考古学年鉴》（1991 年） |
| 1992 年黔阳县黔城南头坡⑤ | 玉环 | 不详 | 玉 | 《中国考古学年鉴》（1993 年） |
| 1996 年汉寿聂家桥⑥ | 玉璧 2 | 2 | 玉 | 《中国考古学年鉴》（1997 年） |
| 2001 年汉寿聂家桥武峰山⑦ | 玉璧 5 | 5 | 玉 | 《中国考古学年鉴》（2002 年） |
| 1996 年桃源漳江镇⑧ | 玉石器 | 不详 | 玉 | 《中国考古学年鉴》（1997 年） |
| 91 益赫城医 M1 | 玉环 1 | 1 | 玉 | 《益阳楚墓》第 322 页 |
| 92 益地财校 M5 | 玉璧 1 | 1 | 玉 | 《益阳楚墓》第 328 页 |
| 2004 年汨罗司法局建设工地 M1⑨ | 玉玦 2 | 2 | 玉 | 《湖南省博物馆馆刊》第五辑 |

①常德地区文物工作队、汉寿县文化馆:《汉寿县朱木山战国墓群》,《中国考古学年鉴》（1988 年），文物出版社，1989 年。墓群年代定为战国早、中期。

②湖南省文物考古研究所编:《里耶发掘报告》，岳麓书社，2007 年，第 351 页。

③怀化地区文物工作队、黔阳县芙蓉楼文物管理所:《黔阳县兰头坡战国墓群》,《中国考古学年鉴》（1989 年），文物出版社，1990 年。墓葬年代定为战国早、中期。

④湖南省文物考古研究所、沅陵县文物管理所:《沅陵太常楚汉墓葬》,《中国考古学年鉴》（1991 年），文物出版社，1992 年。

⑤怀化地区文物工作队、黔阳县芙蓉楼文物管理所:《黔阳县黔城南头坡战国墓》,《中国考古学年鉴》（1993 年），文物出版社，1995 年。

⑥湖南省文物考古研究所、常德市文物工作队、汉寿县文物管理所:《汉寿县聂家桥战国墓群》,《中国考古学年鉴》（1997 年），文物出版社，1999 年。

⑦《常德市鼎城区黄土山和汉寿县武峰山战国至唐、宋墓葬》,《中国考古学年鉴》（2002 年），文物出版社，2003 年。

⑧ 常德市文物处、桃源县文物管理所:《桃源县漳江镇战国墓群》,《中国考古学年鉴》（1997 年），文物出版社，1999 年。

⑨汨罗市文物管理所:《湖南省汨罗市司法局建设工地古墓葬发掘简报》,《湖南省博物馆馆刊》第五辑，岳麓书社，2009 年。墓葬年代为战国早中期。

另有一些跨年代较长的商周遗址出土玉器亦列于此，如2008年东安县坐果山商周时期遗址出土有玉玦和玉环[①]；2008年桃江麦子园东周文化遗存出土有玉器[②]。

# 第二节　玉器的种类、用途、来源及特点

## 一、种类

1. 春秋玉器

湖南春秋时期的玉器种类单调，目前只见玦、环、珠、管、佩几种，多为佩饰。其中玉玦出土最多。



玦，数量最多，已发表资料58件，以白玉质和水晶质为多，形制大小不一，光素无纹，最大的直径为4厘米，最小的直径为1.6厘米。分两类，一类玉玦为乳白色，玉质较纯，形体扁平，制作精致，平整光滑，衡阳赤石M227出土的玉玦即为此种形制，直径3.5厘米。一类为白色泛紫或泛青，玉质不太纯，做工不精，未抛光，如衡阳赤石M265出土的玉玦，直径3厘米。

玉环，已知有8件。衡阳苗圃AM11出土1件，光滑，晶莹透明，无纹饰，直径3.5、内宽1.2厘米。汨罗高泉山M1出土2件（图88），已朽碎[③]。

玉管，数量不多。衡阳赤石出土2件，白色，质地较软，出

①柴焕波：《东安县坐果山商周时期遗址》，《中国考古学年鉴》（2009年），文物出版社，2010年。

②莫林恒：《益阳市桃江麦子园商周时期遗址》，《中国考古学年鉴》（2009年），文物出版社，2010年。

③据岳阳市文物考古研究所黄军认介绍，此2件文物出土后就已朽碎。

土时破碎严重。汨罗高泉山 M1 出土 2 件，1 件方柱体，器表刻兽面形，从上至下有一圆孔相通，雕刻较精细（图 89）；1 件略为圆柱体，器表刻兽面纹，口圆张，从上至下有一圆孔相通，雕刻较为随意（图 90）。

玉珠，衡阳赤石出土 3 件，圆形颗粒，形体较小，白色，质地较软，出土时破碎严重。

玉佩，湘乡五里桥 M1 出土 4 件。其中 3 件（09~011）形式大小相同，呈角状，扁平，长 7、宽 2.4、厚 0.25 厘米。两面阴刻云纹，中部接近上缘有一圆孔，一端有一半圆孔和两半圆缺口，玉色灰白。1 件（017）半圆形，直径 4、体宽 0.9、厚 0.2 厘米，一端刻成龙首状，其余部分阴刻三条弧线。

玉璜，只见益阳陆贾山热电厂出土 1 件，白色，表面光亮不

图 88 汨罗高泉山 M1 春秋墓玉环出土照

图 89　管形器　春秋中期（1993 年汨罗高泉山 M1 出土）

图 90　管形器　春秋中期（1993 年汨罗高泉山 M1 出土）

透明。形体短小，扁平状，单首龙形，两面浅浮雕繁密相连的蟠虺纹，首端与中部各有一圆孔（图 91）。

2. 战国玉器

湖南战国时期的玉器根据其用途大体可分为礼玉和装饰玉。战国时期，由于礼崩乐坏，用于礼仪的玉器越来越少，而玉器被儒家学者人格化，故作为佩饰的作用则更为显著，这与当时的“君子比德于玉”、“君子无故，玉不去身”的社会风气有很大关系，佩玉是这一时期的风尚。即使原用于礼仪场合中的璧，在这时也大多用于组玉佩中作为构件在使用。这一时期的玉器种类主要有：

（1）玉琮

只在 1971 年长沙浏城桥 M1 出土 1 件，方柱体，器形较矮，



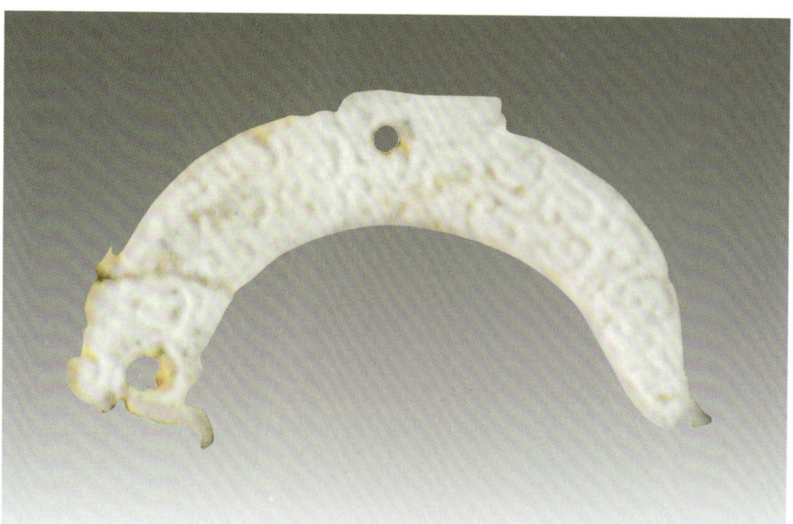

图 91　玉璜　春秋晚期（1985 年益阳陆贾山热电厂 M33 出土）

内圆外方，短射，表面光素无纹[①]（图 92）。

（2）玉璧

数量最多，分布也最广，在湖南各地都有发现，仅《长沙楚墓》就记录有 29 件，出自 25 座墓[②]。根据璧的纹饰，大致可分为五型：

Ⅰ型璧光素无纹，这种璧数量较少，临澧九里 M4 和 M13 中各出土一件，已残，残片无纹饰，直径 8.6~9.6 厘米[③];1955 年长沙下大垅 M20 出土 1 件，青色，光平，有白色斑纹[④]（图 93）；1956 年长沙子弹库 M29 出土 1 件（图 94），青灰色，素面[⑤]。这种璧尺寸较小，应为系璧。

Ⅱ型璧为云纹璧，这类璧数量最多。有的只一面有纹饰，如汨罗县汨罗山东周墓中出土的 3 件玉璧，直径分别为 16、12、10.4 厘米，一面光素，一面饰云纹[⑥]。有的则两面都有纹饰，这种璧在湖南较常见，纹饰有细微差别，如 1971 年长沙浏城桥 M1 出土云纹璧，两面刻相连的阴线卷云纹四圈，内外缘刻凹弦纹一周，两面纹饰相同（图 95）；澧县新洲一号墓出土 2 件玉璧，一大一小，青玉，上有白色或茶色疵斑，周边近三角形，两面饰逗点式云纹。其中一件，体较大，直径 7.3 厘米（图 96）；1956 年长沙广济桥 M5 出土 1 件逗点式云纹玉璧，直径 10.7 厘米[⑦]，扁圆体，表面有深黄色疵斑，微透明，内外缘均以阔边作轮廓线，孔内壁光滑平整，

①湖南省博物馆:《长沙浏城桥一号墓》,《考古学报》1972 年第 1 期。

②湖南省博物馆等:《长沙楚墓》，文物出版社，2000 年，第 315 页。

③湖南省博物馆:《临澧九里楚墓发掘报告》,《湖南考古辑刊》第 3 集,岳麓书社,1986 年。

④湖南省博物馆等:《长沙楚墓》，文物出版社，2000 年，第 320 页。

⑤湖南省博物馆等:《长沙楚墓》，文物出版社，2000 年，第 321 页。

⑥湖南省博物馆:《汨罗县东周、秦、两汉、南朝墓发掘简报》,《湖南考古辑刊》第 3 集，岳麓书社，1986 年。。

⑦湖南省文物管理委员会:《长沙广济桥第 5 号战国木椁墓清理简报》,《文物参考资料》1957 年第 2 期。该璧孔径较大，可归入环类。

图 92　玉琮　战国早期（1971 年长沙浏城桥 M1 出土）

图 93　素面玉璧　战国晚期（1955 年长沙下大垅 M20 出土）

图 94　素面玉璧　战国晚期（1956 年长沙子弹库 M29 出土）

图 95　云纹玉璧　战国早期（1971 年长沙浏城桥 M1 出土）

图 98　云纹玉璧　战国中期（1973 年长沙子弹库 M1 出土）

图 99　云纹玉璧　战国晚期（1992 年益阳宁湖乡粮食局基建工地出土）

图 94　素面玉璧　战国晚期（1956 年长沙子弹库 M29 出土）

图 95　云纹玉璧　战国早期（1971 年长沙浏城桥 M1 出土）

器之两面均琢有凸起云纹，排列有序（图 97）；1973 年长沙子弹库 M1 出土的逗点式云纹玉璧，内外缘稍凸起，肉部划菱形格，每格内刻凸起的云纹，共五圈[①]（图 98）；1992 年益阳宁湖乡粮食局基建工地出土 1 件云纹玉璧，璧呈圆环形，中间一孔，宽沿，正反两面均饰有云纹，云纹分布密集均匀，线条清晰，色泽如同碧玉，外缘有一处稍残缺（图 99）。

Ⅲ型璧为谷粒纹玉璧，两面饰谷纹，郴州市内东周墓、耒阳灶市战国墓、长沙火把山战国墓[②]等出土的玉璧皆为这种形制，但纹饰均有细微区别。1986 年长沙火把山 M4 出土的 1 件谷纹璧[③]，两面饰谷纹七圈，直径 12.2、厚 0.5 厘米；1980 年长沙五里牌邮电大楼 M3 出土 2 件玉璧[④]，两面饰谷纹九圈，并划有菱形格，似为以后出现的蒲纹过渡形态，直径 12.1、厚 0.4 厘米；1957 年长沙雨花亭 M1 出土 1 件玉璧，内外缘有细凹弦纹，划菱形格，在格内饰细小的谷纹，两面纹饰相同[⑤]（图 100）。

Ⅳ型玉璧为圈纹玉璧，1971 年长沙树木岭 M1 出土 1 件[⑥]，白色，主纹为三圈双圆圈纹，肉内外缘有一周弦纹，直径 8.5、好径 3.9 厘米。

Ⅴ型为出廓璧，较少见。1977 年益阳市赫山庙基建工地出土 1 件[⑦]，玉璧色泽乳白，圆形，中有一空，玉璧双面周身琢刻谷纹，呈明显旋涡状，雕刻饱满均一，排列均匀，璧外缘两边对称各附有一透雕凤形神兽饰件，凤首昂起，凤尾舒展微上翘，造型优美，

①湖南省博物馆：《长沙子弹库战国木椁墓》，《文物》1974 年第 2 期。
②长沙市文物工作队：《长沙火把山楚汉墓》，《湖南文物》第 3 集。
③湖南省博物馆等：《长沙楚墓》，图版九二，5，文物出版社，2000 年。
④长沙市文物工作队：《长沙五里牌战国木椁墓》，《湖南考古辑刊》第 1 集，岳麓书社，1982 年。
⑤湖南省博物馆等：《长沙楚墓》，文物出版社，2000 年，第 317 页。
⑥湖南省博物馆等：《长沙楚墓》，文物出版社，2000 年，第 733 页。
⑦高至喜主编：《楚文物图典》，湖北教育出版社，2000 年，第 377 页。

图 96 云纹玉璧 战国晚期（1985 年澧县新洲 M1 出土）

图 97 云纹玉璧 战国晚期（1956 年长沙广济桥 M5 出土）

图 98　云纹玉璧　战国中期（1973 年长沙子弹库 M1 出土）

图 99　云纹玉璧　战国晚期（1992 年益阳宁湖乡粮食局基建工地出土）

图 100 谷纹玉璧 战国晚期（1957 年长沙雨花亭 M1 出土）



保存完好，实为战国时期的玉器精品（图 101）。

（3）玉璜

可分为三型：

Ⅰ型璜光素无纹，1953 年长沙月亮山 M36 出土 1 件，直径 3 厘米[①]。1971 年长沙浏城桥 M1 出土 2 件，扇形面，素面，上下周边琢磨成齐整的凹凸边，上面中部尚存切割痕（图 102）。

Ⅱ型是双头联体躬身龙形璜，澧县新洲一号墓出土 4 件，分二种，每种 2 件。一种淡茶色，夹黑，上有白色疵斑，扁平体，半圆形，作双头连体躬身龙形，头部五官阴线刻画，龙角短小，张嘴，椭圆形眼睛，轮廓分明，身体饰凸起云纹，躬身中央有圆形镂孔（图 103）；一种为青玉，扁平体，半圆形，龙首位于玉璜的两端，头

①湖南省博物馆:《长沙楚墓》,《考古学报》1959 年第 1 期。

图 101　双凤纹玉璧　战国中期（1977 年益阳赫山庙基建工地 M108 出土）

图 102　素面玉璜　2 件　战国早期（1971 年长沙浏城桥 M1 出土）

部五官简略，仅透雕口部，龙的躯体躬曲，上下以阴线纹雕琢出轮廓线，靠近龙首附近的外缘琢成对称的齿边。整体饰逗号式云纹，躬身中央有镂孔（图 104）。1980 年临澧九里 M1 亦出土 1 件，璜身分为三段，用两道宽绳索纹分开，璜身饰旋涡云纹（图 105）。

Ⅲ型是弧形玉璜，局部纹饰有细微差别。1987 年临澧九里双峰包南包大墓出土 4 件，双首为抽象龙形，器物两面均有浅线浮雕卷云纹饰，并有二至三个穿孔，这类孔较多的璜可称为珩，是组玉佩中构件（图 106）；1980 年临澧九里亦出土 1 件，形制基本相同，器身饰逗点式云纹（图 107）。1953 年长沙仰天湖 M21 出土 1 件弧形璜，形体短小，作较抽象的双首龙形，两端和中间各有一圆孔，横断面呈椭圆形，长 6.2、宽 1、厚 0.5 厘米[①]。1960 年长沙杨家山铁路工地 M12 出土的弧形璜，有白色沁，双首龙形，龙张口利齿，龙身上刻菱形格，在格内饰四行谷纹[②]（图 108）。1980 年临澧九里 M1 出土的弧形璜为镂空的双龙纹璜，青玉，色泽青白，局部有点状褐色沁蚀。体扁平，呈弧形，分上下两层，镂空分隔。上面两端雕对称的龙首，以龙口为孔，龙吻前探，向上弯曲，龙首琢有尖角，龙身表面阴刻云纹。下面亦为对称的双首龙，龙头镂空雕琢，龙上颚夸大伸长与上面龙身体相连，身上饰云纹。两龙身上下雕琢弦纹轮廓线。玉璜两面纹饰相同，中部有一穿孔，可供系佩（图 109）。1976 年长沙阿弥岭 M2 出土的弧形璜为其他器改制而来的，青玉，半透明，上有褐色、黑色斑点。体扁平，长弧形，两端稍宽，中腰略细，器表雕琢兽面纹、龙纹，周边有凹弦纹。四边有对称的牙脊。中腰钻一圆孔[③]（图 110）。这类玉璜较常见，1980 年临澧



① ②湖南省博物馆等：《长沙楚墓》，文物出版社，2000 年，第 321 页。

③ 古方主编：《中国出土玉器全集》第 10 卷《湖北湖南卷》，科学出版社，2005 年，第 187 页。

图 103　玉璜　战国晚期（1985 年澧县新洲 M1 出土）

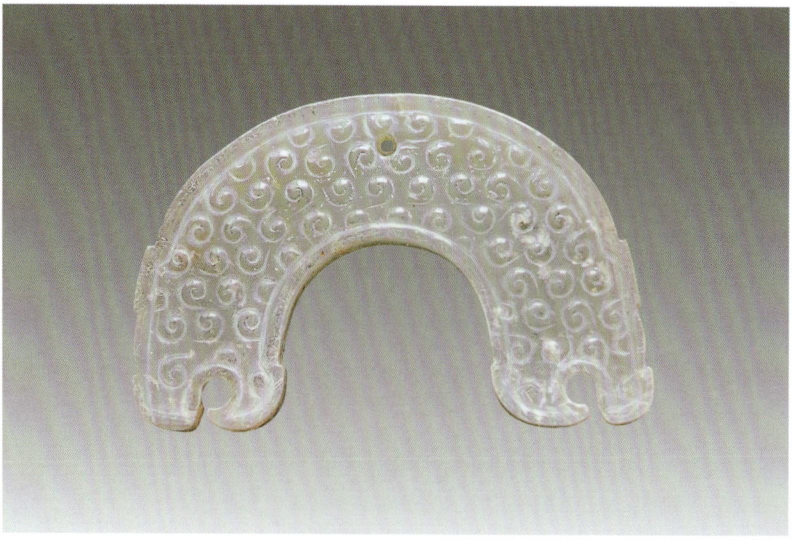

图 104　玉璜　战国晚期（1985 年澧县新洲 M1 出土）

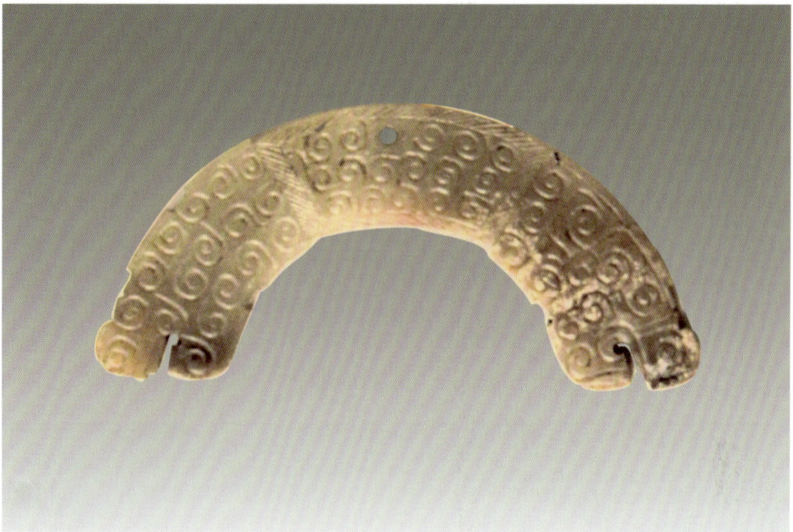

图 105　玉璜　战国中期（1980 年临澧九里 M1 出土）

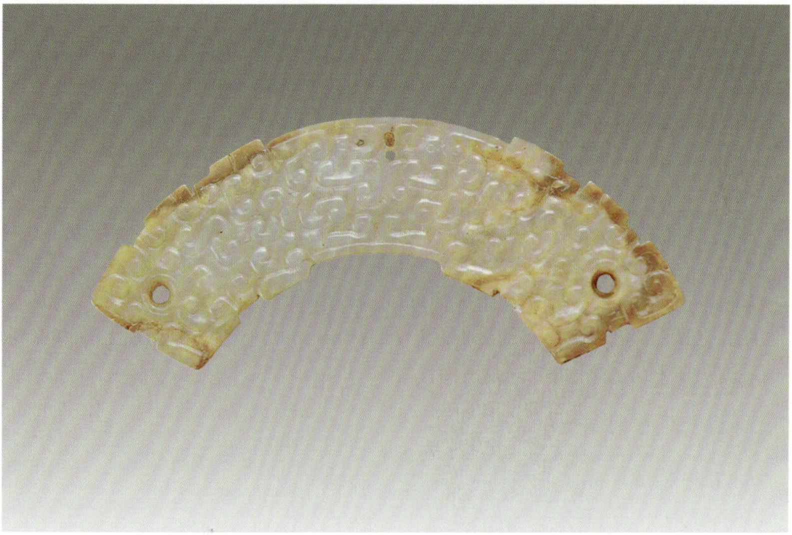

图 106　玉璜　战国中期（1987 年临澧九里双峰包南包大墓出土）

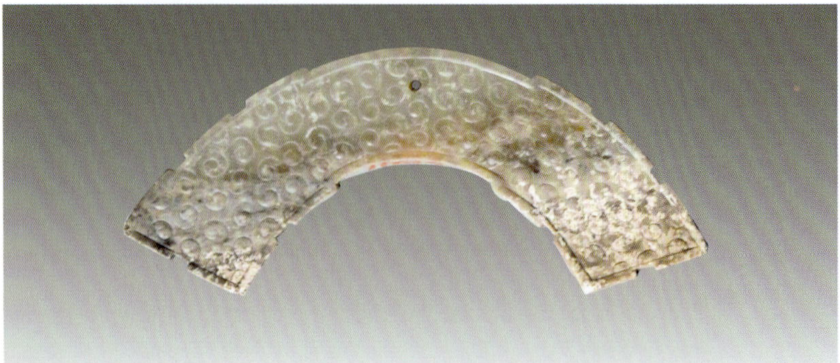

图 107　玉璜　战国中期（1980 年临澧九里 M1 出土）

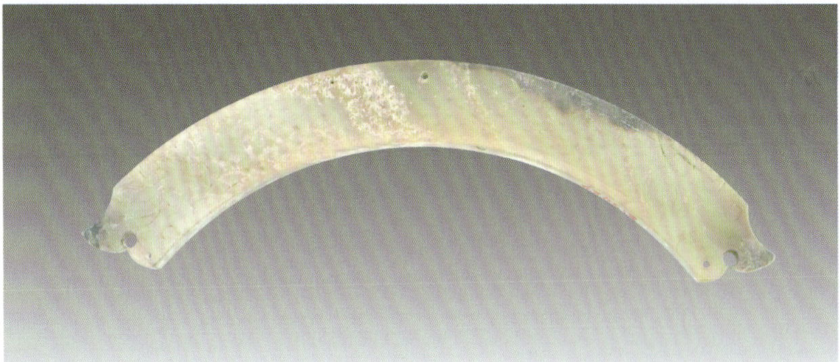

图 108　谷纹龙形玉璜　战国晚期（1960 年长沙杨家山铁路工地 M12 出土）

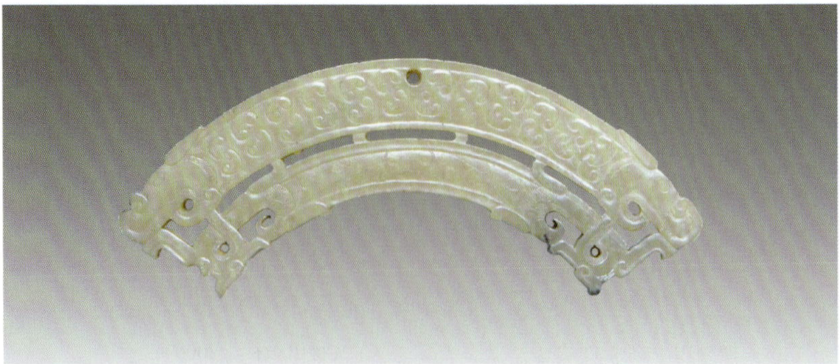

图 109　镂空双龙纹玉璜　战国中期（1980 年临澧九里 M1 出土）

九里M1就出土有4件，器身用阴线弦纹廓边，弦纹内饰以云纹，有的尾部相连（图111、112）。还有一类弧形璜形制也简单，两端尖削，周边有轮廓线，两面饰凸起的云纹，中部有圆孔，1987年长沙五里牌八一路M1出土的1件即为此种形制（图113）。

（4）玉环

关于玉璧、玉环的区别，《尔雅·释器》:“肉倍好谓之璧，好倍肉谓之瑗，肉好若一谓之环。”由于出土玉环的实际情况并不如此整齐画一，我们均将孔大的称为玉环，孔小的称为玉璧。

湖南出土的战国玉环较多，仅《长沙楚墓》一书就记载有48件[①]。形制大小有异，大者外径达9厘米以上，小者只有1厘米多。分四型，Ⅰ型是素面环，有的有两周弦纹；Ⅱ型上面有纹饰，一般饰云纹或菱格形云纹；Ⅲ型为绳索纹环；Ⅳ型为异形环。

Ⅰ型是素面玉环，两面均无纹饰。1971年长沙浏城桥M1出土3件（图114~116）。其中一件深褐色，扁平圆形，较为粗糙，切割痕迹尚存，直径7.3、边厚0.25~0.35厘米[②]；1959年长沙王家塘M4出土的素面玉环形制稍有不同，横断面下平，上面向两侧收杀，直径2、好径1、厚0.2~0.45厘米[③]；1980年临澧九里M1出土的一对素面玉环，圆形，不甚规整，切割技术较落后（图117）；1975年湘乡牛形山M1出土的素面玉环，碧绿中泛白色，器形规整（图118）。

湖南出土的素面玛瑙环较多见，仅《长沙楚墓》一书就记载有17件(图119~121)。1953年长沙烈士公园M2战国墓出土有6件，黄色5件，白色1件，扁平圆形，形制大小均差不多[④]（图122）。

①湖南省博物馆等:《长沙楚墓》，文物出版社，2000年，第317页。
②湖南省博物馆等:《长沙楚墓》，图版九二1-2，文物出版社，2000年。
③湖南省博物馆等:《长沙楚墓》，文物出版社，2000年，第321页。
④湖南省博物馆资料。

图 110　玉璜　战国（1976 年长沙阿弥岭 M2 出土）

图 111　玉璜　2 件　战国中期（1980 年临澧九里 M1 出土）

图 112　玉璜　2 件　战国中期（1980 年临澧九里 M1 出土）

图 113　玉璜　战国晚期（1987 年长沙五里牌八一路 M1 出土）

图 119　玛瑙环　战国中期（1982 年长沙黄泥坑 M4 出土）

图 120　玛瑙环　战国晚期（1953 年长沙磨子山 M9 出土）

图 121 玛瑙环 战国中期（1992 年长沙马益顺巷 M1 出土）

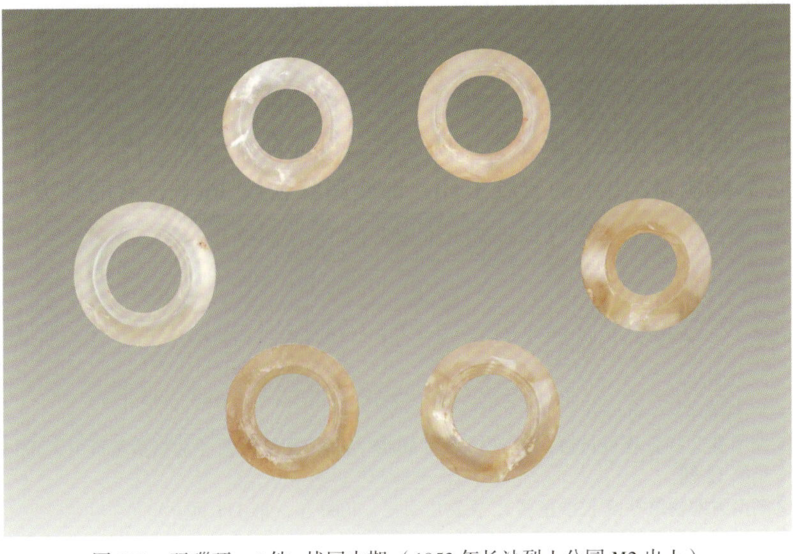

图 122 玛瑙环 6 件 战国中期（1953 年长沙烈士公园 M2 出土）

图 126　云纹玉环　战国晚期（1955 年长沙烈士公园 M2 出土）

图 127　云纹玉环　战国晚期（1955 年长沙烈士公园 M2 出土）

图 128　云纹玉环　战国中期（1980 年临澧九里 M1 出土）

图 129　云纹玉环　战国中期（1980 年临澧九里 M1 出土）

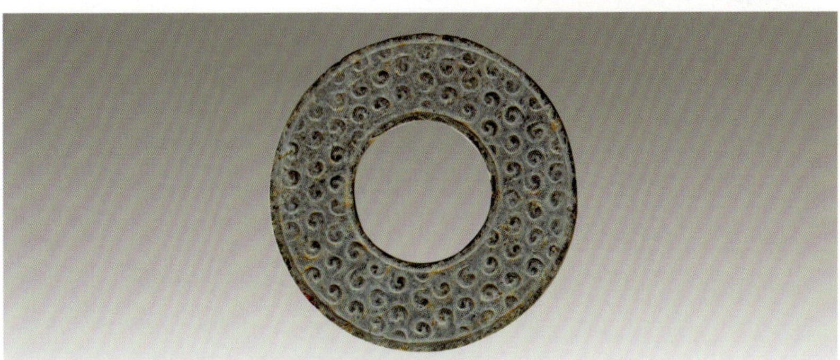

图 130　云纹玉环　战国中期（1980 年临澧九里 M1 出土）

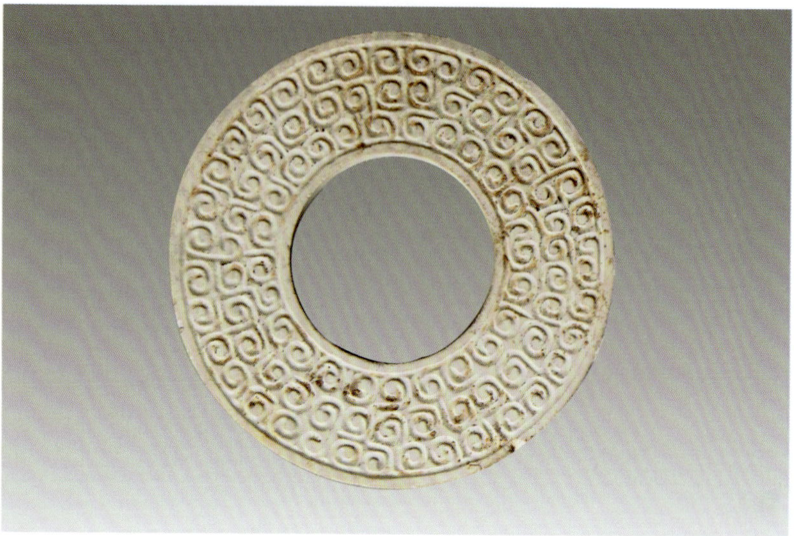

图 131　云纹玉环　战国中期（1980 年临澧九里 M1 出土）

图 132　云纹玉环　战国中期（1980 年临澧九里 M1 出土）

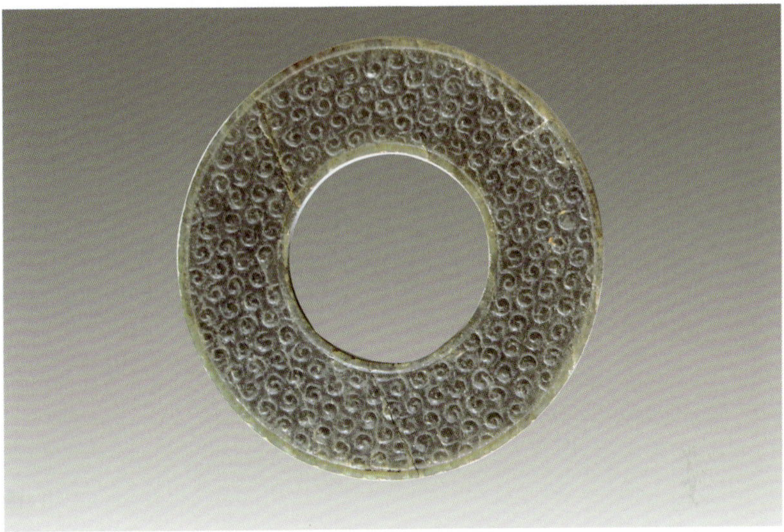
图 133　云纹玉环　战国中期（1980 年临澧九里 M1 出土）

图 134　云纹玉环　战国中期（1980 年临澧九里 M1 出土）

图 135　云纹玉环　战国（1953 年衡阳空军基地 M2 出土）

图 136　玉环　战国（1952 年长沙黄泥坑 M93 出土）

图 137　绳索纹玉环　战国中期（1980 年临澧九里 M1 出土）

两个 S 形纹和两个丫形纹，相间排列（图 136）；1956 年长沙子弹库 M29 亦出土 1 件，青玉，饰两个很浅的 S 形纹，直径 5.6、好径 2.25、厚 0.1 厘米[1]。1958 年长沙杨家山铁路工地 M2 出土的 1 件玉环，纹饰更为奇特，黄色玉，半透明，刻小圆圈 4 个、云纹 9 个，在云纹尾部刻鸡冠花状，内刻小方格纹。直径 3.7、好径 2、厚 0.8 厘米[2]。

Ⅲ型为绳索纹环，较少见。1980 年临澧九里 M1 出土 1 件，青白玉，上有黄白色沁痕。表面琢出较宽的凸起的绳索纹饰，有如长弧状，排列细密，用手摸之有圆润感。整器雕刻精细，打磨光亮（图 137）。

①湖南省博物馆等：《长沙楚墓》，文物出版社，2000 年，第 319 页。
②湖南省博物馆等：《长沙楚墓》，文物出版社，2000 年，第 320 页。

Ⅳ型为异形环，形制不多。1971 年长沙浏城桥 M1 出土 1 件八方形玉环，不甚圆，素面，直径 4.9 厘米（图 138）；1980 年临澧九里 M1 出土 1 件双龙形玉环，玉环呈宽扁体环状，龙首相对，双龙嘴合衔一素面长条形物，龙身相连成环。一条龙的龙尾与另一条龙的龙鳍相连对称地排列在龙身中部，双龙均为叶形角，水滴形眼。龙身饰有网格纹、绳索纹、云纹。中孔呈椭圆形，上窄下宽（图 139）。

（5）玉玦

湖南出土的战国玉玦不常见。《长沙楚墓》记载有 2 件[①]，其中 1 件 1956 年长沙黄土岭 M40 出土，有灰白沁，光平（图 140）。2004 年至 2005 年初，汨罗市司法局建设工地出土 2 件玉玦，乳白色，平面呈圆形，中心有穿孔，孔心至边缘有一喇叭形缺口，器上有裂痕，直径 3.8、厚 0.4、孔径 0.6 厘米。

（6）玉珠、管

珠，有双联珠和单件珠。临澧九里双峰包有 1 件双联珠，白色泛黄，素面，二球体各有穿孔，形制比较特别。1964 年长沙九尾冲水泥电杆厂出土 1 件玉珠，白色，呈扁圆形，中有穿孔。直径 0.8、高 0.4~0.5、孔径 0.2 厘米；1955 年长沙潘家坪 M6 出土的玉珠呈扁圆瓜瓣形，乳白色，中有穿孔，高 0.9、直径 1.5 厘米[②]；1953 年长沙磨子山 M9 出土绿松石珠 8 颗，深绿色，算珠状，中有穿孔[③]（图 141）。

管，澧县新洲一号墓出土 1 件，上小下大，光素无纹。1982 年长沙浏城桥 M1 出土的玉管，灰白色，满身饰云纹，中有穿孔，

①②湖南省博物馆等:《长沙楚墓》，文物出版社，2000 年，第 321 页。
③ 湖南省博物馆等:《长沙楚墓》,文物出版社,2000 年,第 333 页。

图 138　八方形玉环　战国早期（1971 年长沙浏城桥 M1 出土）

图 139　双龙玉环　战国中期（1980 年临澧九里 M1 出土）

图 140　玉玦　战国晚期（1956 年长沙黄土岭 M40 出土）

图 141　绿松石珠　战国晚期（1953 年长沙磨子山 M9 出土）

长 2、直径 1.2 厘米[①]。1985 年益阳赫山房产公司 M25 出土 1 套玛瑙珠、管，7 件，光素无纹，中有穿孔[②]（图 142）。1954 年长沙新河 M13 出土 1 件绿松石管（图 143），浅绿色，椭圆形，有直贯穿孔[③]。

（7）玉印

数量不多。1954 年长沙窑岭 M9 出土“阳缓”玉印 1 件，二层台覆斗纽。印面为正方形，款识刻凿而成，白文，有边框，其印文布局极具匠心，采用了轻重对比的艺术手法，突出“阳”字，有意使其占满右侧空间并顶边，而将“缓”字的形体收紧，上下都留有一定的朱地，这样自然地构成一种大小映衬，轻重对比，有较强的艺术味，因此，该印无论在质地上，还是在艺术构思上，都是战国时期楚国私印中的一枚难得的精品。整器磨制光洁[④]（图 144）。

1955 年长沙汤家岭 M11 出土无字玉印 1 件，二层台覆斗纽，印面方形，琢磨光平，未刻字，高 1.7、印面长 1.1、宽 1.1 厘米[⑤]。

1991 年益阳羊舞岭乡 M28 出土 1 件圆柱形玉印，玉为鸡骨白色，上方一圆形纽，印面阴刻有字，字体模糊（图 145）。《湖南古代玺印》一书释之为“信”[⑥]，这种形制的印章在出土器物中非常少见，但它出土于益阳楚墓中，时代确定，故弥足珍贵。

2003 年湘潭易俗河战国楚墓出土 1 件，《湖南古代玺印》释之

①湖南省博物馆等：《长沙楚墓》，文物出版社，2000 年，第 321 页。

②益阳市文物管理处、益阳市博物馆：《益阳楚墓》，文物出版社，2008 年，第 193 页。

③湖南省博物馆等：《长沙楚墓》，文物出版社，2000 年，第 333 页

④《屈原的故乡——楚文化特展图录》，“国立历史博物馆”（台北），2001 年。

⑤湖南省博物馆等：《长沙楚墓》，文物出版社，2000 年，第 419 页。

⑥陈松长：《湖南古代玺印》，上海辞书出版社，2004 年，第 27 页。

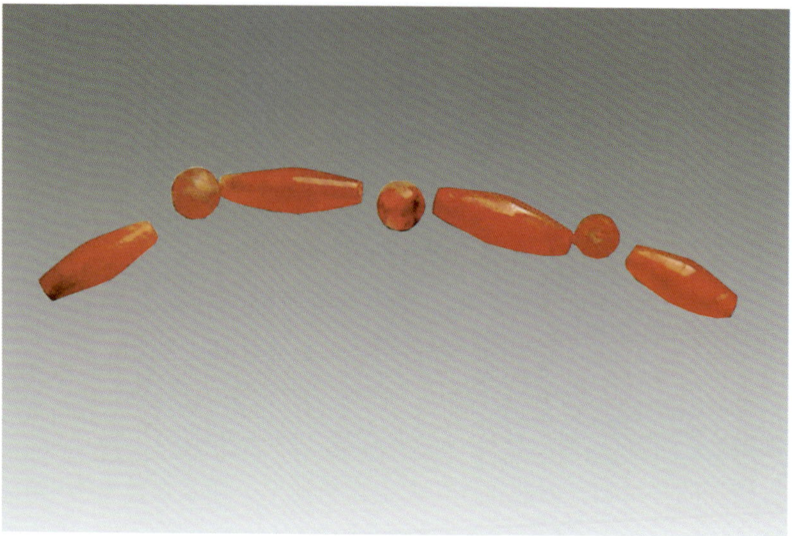

图 142　玛瑙珠、管　7 件　战国中期（1985 年益阳赫山房产公司 M25 出土）

图 143　绿松石管　战国中期（1954 年长沙新河 M13 出土）

图 144 “阳缓”玉印 战国晚期（1954 年长沙窑岭 M9 出土）

图 145 圆柱形玉印 战国中期（1991 年益阳羊舞岭乡 M28 出土）

为“金□”[①]。

1979年长沙战国墓出土的“□下”玉印，鼻纽已残，边长1.3×1.1厘米，通高1.7厘米，此印带有边框[②]。

（8）带钩

钩头多作动物形，或为鸭首，或为马首，或为龙首，钩身多为琵琶形，钩腹上面多刻纹饰。1964年长沙下麻园湾M8出土1件，作回首鸭形（图146），扣为长方形，光素无纹[③]；1964年长沙五里牌M5出土1件马首云纹玉带钩，玉器局部受沁有黄白色斑。钩作马首形，短颈，用浮雕的手法雕琢出眼、鼻、耳和嘴。钩纽为椭圆形，钩面饰勾连云纹，两侧饰双“S”纹[④]（图147）；永州市芝山区文管所发掘出土1件龙首玉带钩，钩身呈琵琶形，钩身上有三道凹槽，打磨规整[⑤]（图148）；1977年益阳县赫山庙基建工地出土1件玉带钩，玉呈粉白色，有土黄色沁。钩首为龙首形，龙首刻琢简约，嘴短宽，圆眼外凸，仅见轮廓，钩尾部呈梯形，表面饰有几何纹，背部弯曲处有圆形钩纽。造型奇特[⑥]（图149）。

（9）佩

玉佩饰是湖南出土战国玉器中最富特色的一种，它们大都构思新颖，造型别致，工艺精巧。可分为韘形佩、觹形佩、几何形佩、动物形佩四大类。

韘形佩数量较少，1953年长沙月亮山M38出土1件，作心形，

①陈松长：《湖南古代玺印》，上海辞书出版社，2004年，第28页。

②陈松长：《湖南古代玺印》，上海辞书出版社，2004年，第43页。

③湖南省博物馆等：《长沙楚墓》，文物出版社，2000年，第327页。

④古方主编：《中国出土玉器全集》第10卷《湖北湖南卷》，科学出版社，2005年，第193页。

⑤陈建明主编：《湖南省博物馆》，中西书局，2012年，第133页。

⑥卜珩一：《益阳市博物馆藏玉鉴识》，《收藏界》2012年第12期。

图 146 鸭首玉带钩 战国（1964 年长沙下麻园湾 M8 出土）

图 147 马首云纹玉带钩 战国（1964 年长沙五里牌 M5 出土）

图 148　龙首玉带钩　战国（永州芝山区文物管理所发掘出土）

图 149　龙首玉带钩　战国（1977 年益阳赫山庙基建工地出土）

上有一小孔，中间有大圆孔，长 1.9、宽 1.4、孔径 0.55 厘米[①]；1980 年临澧九里 M1 出土 1 件[②]，略呈椭圆形，中央有一大圆孔，上下两端较厚，上端一侧凸出一纽，略呈长方体，整器光素无纹（图 150）。

觿形佩，黔阳县黔城镇出土玉觿 1 件，身扁平呈方锥状，整体为鸟形，头端为镂空凤形首，其余光素无纹，长 6.9、厚 0.5 厘米[③]。另外在常德德山茅湾战国墓也出土一件玛瑙觿，通长 9.5 厘米，截面呈椭圆，前端有尖，另一端加工粗糙，可能是套于骨、角质器上使用的[④]。1980 年临澧九里 M1 亦出土 1 件鸟形玉觿（图 151），鸟作低头状，钩喙，头上有角，身上刻云纹，鸟尾呈尖角状，形象生动。

几何形玉佩饰，澧县新洲一号墓出土 2 件长条形玉佩，正面边缘减地略低，中间稍隆起，四周侧面有凹槽，两端槽内有镂孔，并与正面的倒“8”字形镂孔相连，器物上有云纹装饰（图 152）。1980 年临澧九里 M1 亦出土 3 件云纹长方形玉佩，四周侧面有凹槽，边缘不齐整，器后两端槽内有镂孔，器身饰云纹，两面纹饰相同（图 153）；1 件三角形玉佩（图 154），器身光素，三角形顶部有一孔。

动物形玉佩饰，这类玉佩多呈片状，并且直接雕出所要表现的动物原形，然后再用阴线刻画出细部。战国时期湖南出土的动物形玉佩大部分为龙形佩、龙凤形佩，另有玉鱼、玉龟等。





---

①湖南省博物馆等:《长沙楚墓》，文物出版社，2000 年，第 322~324 页。

②熊传薪:《湖南临澧九里一号大型楚墓发掘简报》，《湖南省博物馆馆刊》第八辑，岳麓书社，2012 年。

③怀化地区文物工作队:《黔阳县黔城镇战国墓发掘简报》，《湖南考古辑刊》第 5 集，《求索》增刊，1989 年。

④常德市文物事业管理处:《湖南常德德山茅湾战国墓发掘简报》，《江汉考古》1997 年第 3 期。

图 150　玉韘形佩　战国中期（1980 年临澧九里 M1 出土）

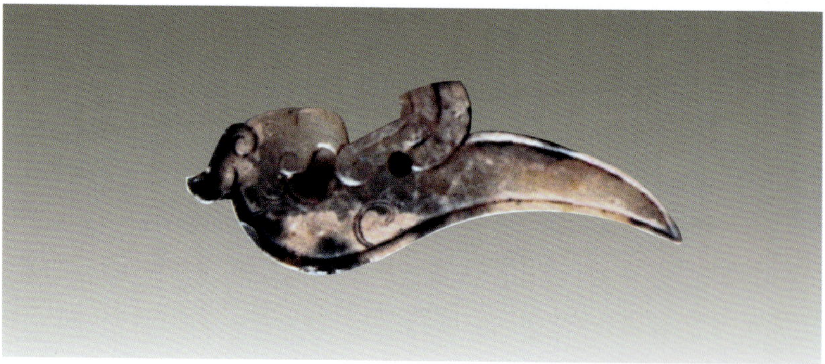

图 151　玉觿形佩　战国中期（1980 年临澧九里 M1 出土）

图 152　长条形玉饰　战国晚期（1985 年澧县新洲 M1 出土）

图 153 玉长方形佩 3 件 战国中期（1980 年临澧九里 M1 出土）

图 154 玉三角形佩 战国中期（1980 年临澧九里 M1 出土）

图 156　龙形玉佩　2 件　战国晚期（1981 年长沙工农桥长沙酒厂 M3 出土）

图 157　云纹璜形玉龙佩　战国晚期（1960 年长沙杨家山铁路工地 M12 出土）

图 158　龙形玉佩　战国晚期（1958 年长沙杨家湾 M1 出土）

图 159　龙形玉佩　战国晚期（1987 年长沙五里牌八一路 M1 出土）

稍薄[①]（图 160）;1985 年澧县新洲 M1 出土 1 件连体双首龙形玉佩，玉器受沁后有浅黄及褐色斑痕。扁平体，半圆形，器形略有残缺。透雕连体龙形，龙首位于两端，细部及身体轮廓用阴线纹刻画，表面雕琢凸起云纹，并有圆形小镂孔八个，可供系佩（图 161）;单首的透雕龙形佩澧县新洲 M1 出土 2 件，青玉，玉器受沁后有白色疵斑。体扁平，透雕蜷曲平卧颔首龙形，龙首低垂，独角。龙的躯体边缘用单或双阴线雕刻轮廓线，或以多条阴线纹装饰龙的足爪。龙的躯体表面雕琢凸起涡纹。除镂空装饰以外，龙头、龙身和龙尾各有圆形镂孔三个，可供系佩（图 162、163）。

龙凤形玉佩，数量不多。1987 年长沙市八一路 M1 出土 2 件，透雕连体龙凤，两面纹饰相同。一端作回首龙形，龙身弧曲，满饰谷纹，龙背穿一孔。一端为凤形，作 S 形弯曲，喙部连胸，凤冠上翘，颈部丰满，体饰羽毛。龙凤形态生动，纹饰流畅，雕琢精美[②]（图 164、165）。

（10）玉剑饰

玉剑饰在湖南战国时期的玉器中较多见。有剑首、剑格、剑璏、剑珌四种。

剑首是装饰在剑把端上的一种装饰，均作圆饼形，正面琢有弦纹、云纹、谷纹、涡纹等。背面光素有穿孔。一种穿孔是在器背中央钻一较大圆穿，供剑柄直接插入；第二种是在中央一周分别琢出二三对隧孔，还有的是在中央琢一圈形沟槽，内心有一对穿孔。其形式多样，主要目的是使剑与柄结扎嵌缀。目前湖南已发表资料的有 8 件，有两种形式：一种上刻卷云纹，1978 年湖南

①古方主编:《中国出土玉器全集》第 10 卷《湖北湖南卷》,科学出版社,2005 年,第 194 页。
②古方主编:《中国出土玉器全集》第 10 卷《湖北湖南卷》,科学出版社,2005 年,第 189 页。

图 160　双面透雕龙纹玉佩　战国（1982 年长沙黄泥坑 M2 出土）

图 161　连体龙形玉佩　战国晚期（1985 年澧县新洲 M1 出土）

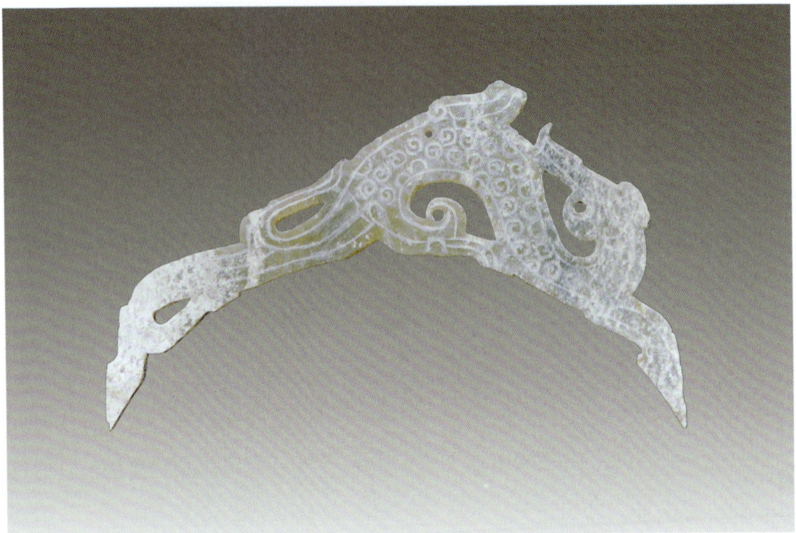



图 162　双面透雕龙纹玉佩　战国晚期（1985 年澧县新洲 M1 出土）

图 163　透雕龙形玉佩　战国晚期（1985 年澧县新洲 M1 出土）

图 164 透雕龙凤纹玉佩 战国晚期（1987 年长沙八一路 M1 出土）

图 165 透雕龙凤纹玉佩 战国晚期（1987 年长沙八一路 M1 出土）

省溆浦马田坪21号战国墓出土1件，正面饰卷云纹，直径3.4厘米；一种纹饰分内外两区，内区饰变形的云纹或涡纹，局部加刻细方格纹，外区饰谷纹或谷芽纹，整个内区稍稍凸起。湖南省益阳楚墓出土1件（图166），纹饰分内外区，内区为云纹，外区为谷纹两圈，出土时安装在铁剑柄端①。1958年长沙市九尾冲5号战国墓出土1件玉剑首，直径3.8厘米，正面内区饰旋涡纹，局部加小方格纹，外区饰凸起的谷芽纹②。

剑格，镶于剑柄与剑身相交处，有隔之意。正视略呈长方形，中部逐渐凸起一脊，侧视为菱形断面，穿孔有长方形、椭圆形和菱形。由于当时穿孔工艺，是先用管钻钻孔，再用线锯拉丝而成，故孔中常留有制作时的管钻痕和线锯的拉丝痕。湖南目前已发表资料的玉剑格有7件，有的饰有纹饰，有的光素无纹。1956年长沙汤家岭M4、1965年长沙干塘坡地质局M2出土的玉剑格均光素无纹③（图167、168）。1992年益阳市赫山区羊舞岭M18及沅水下游楚墓出土玉剑格双面饰云纹（图169、170）。1985年桃源三元村战国墓中发现1件，位于铜剑剑把尾端。白玉质，正视为扁菱形，侧视呈条状，两面浮雕变体蟠螭纹，中凿长方形穿孔，长4.9、宽2、厚1.2厘米。

剑璏，是镶嵌于剑鞘上，供穿带佩系之用，俗称“昭文带”。湖南目前发现的战国剑璏有4件，正视为长方形，其上雕琢谷纹、谷芽纹、勾连谷纹或竹节纹等纹饰。底下有一方框，便于革带穿过，可固定剑于腰带上。分一端出檐和两端出檐两种形制。1953年长沙市仰天湖25号战国墓出土1件，青白色，长方形，面平，一端

---

①益阳市文物管理处、益阳市博物馆:《益阳楚墓》，文物出版社，2008年，第197页。

②湖南省博物馆等:《长沙楚墓》，文物出版社，2000年，第324页。

③湖南省博物馆等:《长沙楚墓》，文物出版社，2000年，第691、721页。

图 166　玉剑首　战国中期（1983 年益阳麻纺厂 M10 出土）

图 167　玉剑格　战国（1956 年长沙汤家岭 M4 出土）

图 168　玉剑格　战国晚期（1965 年长沙干塘坡地质局 M2 出土）

图 169　玉剑格　战国中期（1992 年益阳赫山区羊舞岭 M18 出土）

图 170　玉剑格　战国晚期（沅水下游楚墓 M1452 出土）

平齐，一端向外伸出，面下有长方形大穿孔，可供穿带。面饰谷芽纹，长 4 厘米，宽、厚均为 1.7 厘米，穿孔宽 1、长 1.7 厘米[①]。1960 年长沙市杨家山 12 号战国墓出土 1 件。灰白色，长方形。两端均向外出檐，一檐内卷。上面饰谷纹 6 行 20 排，在谷纹之间用横、竖短线隔开[②]（图 171）。1984 年永州鹞子岭战国墓出土的剑璏呈乳白色，质地较软，面两端均向外出檐，一檐内卷，上饰勾连谷纹。出土时紧贴于剑鞘之上。长 5.6、宽 2.1 厘米，长方形穿孔长 2.6、宽 0.8 厘米。1977 年益阳县赫山庙基建工地出土的玉剑璏，呈长方形，两头呈弧形，有长方形孔，正面有三条宽带竹节纹。表面平整光滑，色为粉白[③]（图 172）。

剑珌，是安在剑鞘尾端的玉制品。湖南目前发表资料的战国剑璏已有 12 件，多呈梯形，直身、体圆、较厚，部分光素无纹，有纹饰的多为简化的几何兽面纹、几何纹和云纹，剖面为橄榄形，一端有一个或三个（一大二小）垂直的穿孔。1954 年长沙枫树山 M34 出土的玉剑珌为素面，梯形，上窄下宽，上薄下厚，横断面作梭形，上面中央有直径 0.7、深 1.3 厘米的圆孔供剑鞘榫头插入（图 173）；1954 年长沙市魏家堆 10 号战国墓出土的剑珌，白色，梯形，横断面为梭形，两面刻简化几何纹兽面（图 174）[④]；1973 年长沙桐梓坡 M1 出土的剑珌，玉质受沁有褐色斑块。器略呈梯形，一角稍缺。上端侧面有三个小孔，两面均阴刻兽面纹、勾连云纹[⑤]（图 175）；1981 年湖南省益阳市赫山镇 36 号战国墓出土 1 件，长

①湖南省文物管理委员会:《长沙仰天湖第 25 号木椁墓》,《考古学报》1957 年第 2 期；湖南省博物馆等:《长沙楚墓》，文物出版社，2000 年，第 325 页。

②湖南省博物馆等:《长沙楚墓》，文物出版社，2000 年，第 325~327 页。

③卜珩一:《益阳市博物馆藏玉鉴识》,《收藏界》2012 年第 12 期。

④湖南省博物馆等:《长沙楚墓》，文物出版社，2000 年，第 327 页。

⑤古方主编:《中国出土玉器全集》第 10 卷《湖北湖南卷》,科学出版社,2005 年,第 192 页。

图 171　玉剑璏　战国晚期（1960 年长沙杨家山铁路工地 M12 出土）

图 172　玉剑璏　战国（1977 年益阳赫山庙基建工地出土）

图 173　玉剑珌　战国晚期（1954 年长沙枫树山 M34 出土）

图 174　玉剑珌　战国晚期（1954 年长沙政治干校魏家堆 M10 出土）

图 175　云纹玉剑珌　战国（1973 年长沙桐梓坡 M1 出土）

2.6、宽 5.5 厘米，乳白中透淡绿色，梯形。两面饰简化几何纹兽面。一端有孔供鞘之榫头插入[①]；1977 年益阳赫山庙基建工地出土 2 件，1 件长 4.7 厘米（图 176），1 件长 5.7 厘米（图 177），均呈矮梯形，两面均饰有变形兽面纹，纹饰清晰，线条规整。上端截面为椭圆形，中间有一圆孔，底部打磨平整，表面光洁，粉白色泽[②]；1992 年益阳羊舞岭 M8 出土 1 件剑珌则呈高梯形，两面均饰有云雷纹，纹饰因受土沁而稍显模糊。色泽粉白，有杂质，上端截面呈椭圆形，正中有一圆孔，表面光滑[③]（图 178）；1983 年长沙市赤岗冲出土的玉剑珌呈矮梯形，鸡骨白色，边缘薄，四角硬挺。一端侧面正中有一圆形孔，以供剑鞘尾部之榫头插入。两面纹饰相同，均饰图案化几何兽面纹，纹饰左右对称，单线弦纹饰边[④]（图 179）。



除以上介绍的外，还有玉俑、玉柱、玉棒、玉蝉、玉叶等。玉俑出土于临澧九里双峰包，灰白色，不透明，磨制成条状，略作人形。与玉俑同时出土的还有玉柱、玉棒。玉柱作不规则圆柱形，上端略小，圆柱一侧磨出近梯形平面，分格刻饰卷云纹。玉棒作圆柱形，中部各有二个穿孔，两端略有卷杀，两端圆心各有钻孔。玉叶出土于龙山里耶麦茶战国墓地 M45，淡黄褐色，叶梗白色有穿，叶正面右旋，饰叶脉纹，背面平滑。长 3.9、宽 2.4 厘米。

## 二、用途

先秦玉器，按其用途不同，大体可分为礼玉、佩玉、葬玉三大类。但从湖南出土的春秋战国玉器看，属礼玉、葬玉的玉器很少，

---

①湖南省益阳地区文物工作队：《益阳楚墓》，《考古学报》1985 年第 1 期。

②卜珩一：《益阳市博物馆藏玉鉴识》，《收藏界》2012 年第 12 期。

③益阳市文物管理处、益阳市博物馆：《益阳楚墓》，文物出版社，2008 年，第 197 页。

④王立华主编：《长沙馆藏文物精华》，湖南美术出版社，2007 年，第 100 页。

图 176　玉剑珌　战国（1977 年益阳赫山庙基建工地出土）

图 177　玉剑珌　战国（1977 年益阳赫山庙基建工地出土）

图 178 玉剑珌 战国晚期（1992 年益阳羊舞岭 M8 出土）

图 179 玉剑珌 战国（1983 年长沙赤岗冲出土）

而佩玉却占绝大多数。

礼玉是指璧、琮、璜、圭、琥、璋六瑞器物；而春秋战国时期这一类器物在湖南境内目前仅见璧、琮、璜。

关于玉璧的用途，《周礼》有“子执谷璧，男执蒲璧”；“以苍璧礼天”，“圭璧以祀日月星辰”和“疏璧琮以敛尸”的记载。即玉璧是作为爵位、身份的凭证，是祀天的礼器和殓尸的葬玉。从湖南出土的玉璧看，它一般出于规模较大，随葬品较丰富的木椁墓中，且多数出于内棺，墓主人生前拥有一定的社会地位或经济地位。一般每墓出璧一块，最多的有在一座墓中出五六块的。每一墓出一块璧的时候，都是放在人头部的地方，或平放或立置；平放的当是放在棺内或椁内，而立置的则当是放在（或倚在）棺椁之间的空隙处。如果一座墓内出五六块璧时，则就不仅仅放在头部了，有置于足下的，有置于胸腹之上的，还有位于腰畔一侧的。如长沙五里牌 406 号墓共随葬玉璧 6 块，在头顶前方一块，两肩下各一块，两腿的膝盖下面各压一块，在内棺和外棺之间的空隙处立置一块[①]。这些现象除作为礼玉未能充分反映出来外，其他则与《周礼》所说的用途吻合。即玉璧是作为爵位、身份的凭证以及殓尸葬玉之用。此外，玉璧在战国时期也常作为组玉佩中的构件使用。

玉琮，仅在长沙浏城桥 M1 出土一件。这件琮与殷商妇好墓出土的 594 号玉琮很相似，属于短筒形琮。玉琮是新石器时代良渚文化的代表器物，中原商周之际虽有延续，但到春秋战国时期，由于礼制衰落，玉琮等瑞玉、祭玉的形制已不再严谨。玉琮形制均为内圆外方，大多短小，纹饰不若商周或良渚文化时期繁复，大

①中国科学院考古研究所：《长沙发掘报告》，科学出版社，1957 年。

多光素无纹。关于玉琮用途，学术界众说纷纭。有学者认为，商周玉琮非商人或周人的崇拜物，也不完全是沟通天地的宗教法器。它们与别的玉器一样，也具有财富的象征或标志意义①。还有的学者认为，琮反映了中华民族融合统一的过程。如果说璧纹饰经历了从素面开始，由简到繁的过程，琮纹饰则经历了一个相反的过程：由繁到简再到光素无纹。究其原因，在于琮的具体纹饰涉及到具体部族。把敌对部族图腾物献祭到自己祖先神灵面前，对于改朝换代之后的部族就不适用了。到了周代，天子以“明德”、“重民”为统治方略，任何部族都有生存下去的权利。于是琮成了光素无纹、外方内圆的样子。东周以后，琮消失，璧盛行，璧上又加琢了龙凤。龙是夏人的祖先，凤是殷人的祖先。琢有龙凤的璧和光素无纹的琮，正是华夏各部族逐渐融合统一的过程的历史见证②。总体来说，到战国时，玉琮形制短小，琮上的纹饰减少，作为礼器的功能减弱，但其在墓葬中还是有不少发现，还具有一定的祭祀神灵和敛尸的作用。

玉璜，据文献上说是“礼北方”的六器之一，又是古人“以玉比德”的主要佩玉。从湖南出土的春秋战国玉璜来看，没有依据可以证明它作为礼器使用。璜无论是何种形式都有着共同的特点，它们都有一至三个甚至更多穿孔，这些穿孔是系绳用的。再从考古遗存来看，玉璜大多出于内棺，位于尸骨周围，有的仍存于骷髅之上，这种现象表明它们曾为墓主生前所用。可见，春秋战国时期璜主要仍是充当佩饰之用。战国时期组玉佩兴盛，璜多用来作为组玉佩中的珩，起连缀其他玉饰的作用，这也是其上有

①高西省:《商周玉琮功用初探》,《文博》1996 年第 5 期。

②臧振、潘守永:《中国古玉文化》，中国书店，2001 年，第 225 页。

一孔或多孔的原因。如果细分的话，我们可以把中央只有一个孔的称之璜，有三孔或多孔的称之为珩。

佩饰玉在春秋战国时期得到了极大发展，这与当时的社会背景有关。由于连年战争，社会动荡，周王室权威和尊严荡然无存，礼崩乐坏，礼玉衰落，同时，由于儒家学者的提倡，社会上崇玉爱玉风气盛行，将玉器人格化，玉器的功用由服务于王权向服务于人发展，这些因素客观上促进了制玉业的蓬勃发展，促使佩饰玉器大为盛行。

佩玉在湖南春秋战国玉器中也占有重要地位，不仅数量较大，品种较多，而且琢磨精致，纹饰华丽，具有相当高的艺术价值。主要类别有环、玦、觿、褋形佩、带钩、玉印、几何形佩、串饰及各种动物形佩饰等。澧县新洲 M1 出土的 15 件玉器在棺内保存完好，有璧、环、璜、龙形佩、管、条形饰，另棺内还有 4 枚琉璃珠，它们组合在一起，应是一套完整的组玉佩。

从考古遗存看，玦、环大多作为佩玉使用。玉玦多见于春秋中前期的越人墓葬中，多遗留在头骨一侧，当为耳饰。玉环多出于尸骨周围，当为佩饰，如长沙杨家湾 M6 出土的一件玉环，就位于死者腰部的右侧①。玉环出土位置各不相同，大型者常套于手臂代镯使用；中型者位于腰胯两侧，为衣带佩器；小型者则滞留耳畔以代玦，或垂于项下当坠饰，或套于指骨当戒指，或含于口中为葬玉。同时，它也是组玉佩中的重要构件，近年来的考古发掘表明，玉环在两周时期的组玉佩中发挥着重要作用。

玉觿，也是作为佩饰使用的。觿是一种角形器，弯曲、下端

①湖南省文物管理委员会:《长沙杨家湾 M006 号墓清理简报》,《文物参考资料》1954 年第 12 期。

尖锐，古人用以解绳结。《说文》:“觿，配角锐耑可以解结，从角巂声。《诗·芄兰》:‘童子佩觿。’”吴大澂云:“古觿多用角、用象骨为之，故玉觿传世甚少。《诗·芄兰》:‘童子佩觿。’《传》:‘觿所以解结，成人之佩也。’《礼记·内则》:‘左佩小觿，右佩大觿。’注:‘小觿解小结也。觿貌似锥,以象骨为之。’陈氏《诗疏》云:‘郑谓小觿解小结，则大觿解大结欤？’”此器可能是从原始社会佩带兽角或兽牙的习俗演变而来，作为一种佩饰具有解结的实用功能。战国玉觿仍保持锥状的祖型，虽不能排除解绳结的用途，但其实用价值已经衰退，形状也由瘦长尖锐而向宽而圆钝演变，且多穿有圆孔,从而成为象征贵族身份、地位的一种佩饰品。《礼记·内则》云:“左佩小觿,右佩大觿。”注:“小觿解小结也。”当时凡能佩戴大、小觿者，取释疑解难、决断烦乱之意。所以,《说苑·修文篇》云:“能治烦决乱者，佩觿。”实用功能减退，但也可用于解结；多作为人身上的佩玉，象征意义增大，象征着佩戴者高贵的身份和决断疑难的能力和魄力。



韘，后世又称扳指，为古代辅助射箭之用具。射手将右拇指套入韘内，在射箭时用于控弦的器具。“韘”字，最早见于《诗经·卫风》:“芄兰之叶,童子佩韘；虽则佩韘,能不我甲。”汉刘向《说苑·修文》:“能射御者佩韘。”《说文解字》:“韘，射决也。所以拘弦，以象骨，韦系，著右巨指。从韦枼声。《诗》曰:‘童子佩韘。’失涉切。弽，韘或从弓。”早期人们谋生手段就是射猎，最初“佩韘”的意义在于实用，而非为审美装饰，后来佩韘就成为能射御者的象征。

带钩，是实用的装饰玉。古代服饰没有纽扣，一般用丝带系结，然后束系在腰间。束带常见有两种：直接束系的丝质带，兽皮制作的革带。革带因质地较硬无法直接系束，便用带钩连接，即用带钩钩住另一端的环或孔眼，故带钩相当于今天的皮带扣，常出土于墓主腰部。带钩由钩首、钩身、钩纽三部分组成，钩纽起固定作用。玉带钩最早见于5000多年前的良渚文化[①]。春秋时期有玉襟钩，是上衣交领下方的小钩，相当于现代的纽扣。战国玉带钩是春秋时襟钩的改进型，形体加长而更便于腰部应用，并基本定型，且玉带钩数量多，制作较精，形式千变万化，史称“满堂之坐，视钩各异，于环带一也”，正是当时的真实写照。

玉印，根据文献记载，春秋时期就出现了玺印。《左传·襄公二十九年》:“公还，及方城，季武子取卞，使公冶问玺书，追而与之。”可知春秋时即已有玺印之用，及至战国，则更为发达。当时的玺印多作封泥之用，并是身份地位和符信的表征。湖南战国中晚期墓葬中出土了数枚玉印，有私印，如“阳缓”；有吉语印，如“信”。吉语印又叫成语印，是一种闲章，反映了当时人们的思想意识和情感。战国时期，孔子主张人要修身正行，孟子提出的仁、义、礼、智、信等儒家思想，已经成为上层阶级的行为准则，并在后世封建社会里广为人们所信奉。因此，常刻有一些警醒世人的词语，“信”就是其中之一，义为要讲诚信、信用。除此以外，还有一类是祈福吉语印，祈望自己及家族能吉祥昌盛。如湖南省博物馆即藏有一方“吉”玉印，原大1.3×0.6×1.6厘米[②]；另也有无字印。

龙形佩是湖南春秋战国玉器中最引人注目的一种佩饰，出现于春秋晚期，战国时期全速发展，数量众多，形态不一，多作蜷身回首状，造型较为生动。龙，是中国吉祥的象征，也是“四灵”之一。《易·乾》有“九二，见龙在田，利见大人”之句，王弼注曰:“出潜离隐，故曰‘见龙’，处于地上，故曰‘在田’，德施周普，

①杨伯达主编:《中国玉器全集》第1卷，图208，河北美术出版社，1993年。

②陈松长:《湖南古代玺印》，上海辞书出版社，2004年，第41页。

# 第四章　秦汉玉器

## 第一节　考古发现及相关材料



秦代由于历史时期只有短短的 15 年，故这一时期的玉器不多。湖南地区已报告被确认为出土秦代玉器的墓葬目前有四处。一处是长沙左家塘秦代木椁墓[①]，出土有带铭文的铜戈和 3 件玉器等文物。铜戈一面刻有“四年相邦吕工寺工龙承”，“相邦吕”应是秦吕不韦的简称。玉器有玉璧 1 件（图 180），呈淡绿色，两面饰云纹，在璧的侧面阴刻铭文“四百十七”四字，“四”字完全是秦代小篆的体例，这也可以说明此墓是秦代墓葬。璧上所刻的铭文应是器物的编号，可见当时玉璧的数量很多。玉剑首 1 件（图 181），呈乳白色，中央部分隆起，正面以阴线将纹饰分成内外两区，内区为勾连云纹，外区为带芽谷纹；背面正中有阴刻圆形沟槽。玉剑璏 1 件（图 182），局部有黄色沁蚀和粘附的铁锈。俯视呈长方形，璏面有阴刻线一周，内饰以勾连谷纹。侧视上部呈拱形，下部一端有长方形穿孔。一处是溆浦马田坪秦墓出土 1 件玉璧[②]，呈浅绿色，边缘有一周弦纹，两面有旋涡云纹，直径 11.7 厘米。一处是衡阳

①湖南省文物管理委员会：《长沙左家塘秦代木椁墓清理简报》，《考古》1959 年第 9 期。

② 湖南省博物馆、怀化地区文物工作队：《湖南溆浦马田坪战国西汉墓发掘报告》，《湖南考古辑刊》第 2 集，岳麓书社，1984 年。

图 180　云纹玉璧　秦（1957 年长沙左家塘 M1 出土）

图 181　玉剑首　秦（1957 年长沙左家塘 M1 出土）

图 182　勾连谷粒纹玉剑璏　秦（1957 年长沙左家塘 M1 出土）



公行山秦墓出土的 1 件玉璧[①]，璧面饰云涡纹，灰白色，外径 17.6、好径 4 厘米。一处是里耶古城遗址 J1 井中出土 1 件玉玦，略残，加工规整，扁平环状，其上有一个对钻而成的小孔，质地细腻均匀，呈半透明淡青色，外径 4.7、内径 2.5、厚 0.15 厘米[②]。

汉代是中国玉器发展史上的一个繁荣时期。湖南出土的这一时期的玉器亦为数不少，上起王侯，下至一般中小型贵族的墓葬均出土有玉器。从目前发表的考古资料看，湖南出土的汉代玉器主要集中在长沙地区。仅长沙咸家湖曹𡟰墓就出土玉器 46 件，玛瑙水晶器 26 件[③]。另外，岳阳、衡阳、茶陵、耒阳、邵阳、邵东、益阳、零陵、大庸、泸溪[④]、沅陵、古丈、湘乡、永州、常德、慈利、津市、龙山、资兴等地也有一些发现（表六），不过其数量不能与长沙地区相比。

①周世荣:《衡阳公行山秦墓》，载《湖南古墓与古窑址》，岳麓书社，2004 年，第 30 页。
②湖南省文物考古研究所:《里耶发掘报告》，岳麓书社，2007 年，第 222 页。
③长沙市文化局文物组:《长沙咸家湖西汉曹𡟰墓》，《文物》1979 年第 3 期。
④湘西自治州文物管理处、泸溪县文管所:《泸溪桐木垅战国、汉墓发掘报告》，载《湖南考古 2002》，岳麓书社，2004 年。

## 表六 湖南出土汉代主要玉器资料统计表

| 时代 | 出土地点 | 出土玉器 | 资料来源 |
| --- | --- | --- | --- |
| 西汉 | 长沙马王堆 | 玉璧 1、玉印 1、铜镶玉樽 1、玉管 1、绞索纹玉环 1、璜形玉饰 1、双龙首玉饰 1 | 《文物》1974 年第 7 期《湖南省博物馆馆刊》第 1 期 |
| | 长沙桐梓坡 | 玉璧 3 | 《考古学报》1986 年第 1 期 |
| | 长沙象鼻嘴 | 玉璧 2、玉嵌饰（剑首）1 | 《考古学报》1981 年第 1 期 |
| | 长沙近郊 | 玉剑饰、玉璧、玉珰、蝉形玉琀、玛瑙珠 | 《文物参考资料》1952 年第 2 期 |
| | 长沙北郊 | 玉环 1 | 《文物参考资料》1954 年第 10 期 |
| | 长沙蓉园 | 玉璧 2、玉环 2、玉剑首 1、玉剑格 1、玉剑璏 1、玉剑珌 1、玉韘形佩 1 | 《考古通讯》1958 年第 5 期 |
| | 长沙南门外魏家堆 | 玉璧、玉印、玉剑格、玉带钩、玉剑璏、玉剑珌 | 《文物参考资料》1955 年第 10 期 |
| | 长沙 | 玉璧 2、玉琀 1、玉珰 2、玉佩 3、玉剑璏 1 | 《长沙发掘报告》，科学出版社，1957 年 |
| | 长沙五里牌五一路 | 玉璧 1、玉韘形佩 1、玉剑璏 2、玉剑格 1 | 《文物》1960 年第 3 期 |
| | 长沙咸家湖曹嫫墓 | 玉印 1、玛瑙印 2、玉带扣 2、玉韘形佩 2、玉璧 12、玉环 3、玉璜 6、玛瑙水晶珠 24、小玉条 2、玉棍 1、玉剑璏 1、玉贝 12 | 《文物》1979 年第 3 期 |
| | 长沙岳北乡银盆岭 | 玉璧、玉环、玉剑珌、玉剑首、玉印共 7 件 | 《文物参考资料》1957 年第 11 期 |
| | 长沙侯家塘 M18 | 透雕龙纹玉佩 1 | 《文物参考资料》1956 年第 10 期 |
| | 长沙东北郊 | 玉衣片 57、玉印 1、玉璧 1、玉璜 2 | 《考古》1959 年第 12 期 |
| | 长沙左家塘 | 玉印 1 | 《文物参考资料》1957 年第 8 期 |
| | 长沙沙湖桥 | 玉璧 1 | 《考古学报》1957 年第 4 期 |

| | | | |
|---|---|---|---|
| | 长沙汤家岭 | 绿松石小羊 1、玛瑙珠 3 | 《考古》1966 年第 4 期 |
| | 长沙县黄花机场 | 玉佩 | 《中国考古学年鉴》（1987 年） |
| | 长沙杨家山 M304 | 玉剑璏 1 | 《考古学集刊》第 1 集 |
| | 长沙望城坡 | 玉璧、玉环等 23 件 | 《中国文物报》1993 年 8 月 22 日 |
| | 长沙阿弥岭 | 谷纹玉璧残片 3 | 《中国考古学年鉴》（1999 年） |
| | 望城风篷岭 | 玉璧 2、玉圭 1、玉衣片 32、水晶珠 5 | 《文物》2007 年第 12 期;《湖南省博物馆馆刊》第四辑 |
| | 望城风盘岭 M1 | 玉璜、玉具剑 | 《中国考古学年鉴》（2009 年） |
| | 长沙谷山被盗西汉长沙王室墓 | 玉印 1、玉剑格 1、玉剑璏 1、玉璧 5、玉璜 1、玉韘形佩 3、玉带钩 1、水晶珠 14、水晶管 1、琥珀虎形饰 2 | 《湖南省博物馆馆刊》第六辑 |
| | 长沙谷山窑圹山 | 玉组佩 1 组（韘形佩 1、条形玉饰 3、瓶形玉饰 1） | 《湖南考古辑刊》第 9 集 |
| | 长沙汉墓 | 玉剑首 1 | 《湖南省博物馆馆刊》第七辑，第 205 页，图三十六 |
| | 1958 年长沙南门太公寺 M15 | 玉剑首 1 | 《中国出土玉器全集》第 10 卷《湖北湖南卷》，第 216 页 |
| | 岳阳 | 玉环 1 | 《湖南考古辑刊》第 4 集 |
| | 1983 年岳阳洞庭苎麻纺织厂 | 玉璧 | 《中国考古学年鉴》（1984 年） |
| | 大庸城区 | 玉剑璏 2、V 形玉饰 1 | 《湖南考古辑刊》第 5 集 |
| | 泸溪桐木垅 | 玛瑙梭形管 1 | 《湖南考古 2002》 |
| | 沅陵虎溪山 | 玉印 1、残玉璧 1 | 《中国文物报》1999 年 9 月 15 日 1 版 |
| | 古丈白鹤湾 | 玉珠 | 《中国考古学年鉴》（2004 年） |

| | | | |
|---|---|---|---|
| | 湘乡义冢山 | 玉璧 1、玉印 1 | 《文物资料丛刊》1978 年第 2 集 |
| | 湘乡可心亭 | 水晶珠、玛瑙珠 | 《考古》1966 年第 5 期 |
| | 永州鹞子山 | 玉剑格 2、玉剑璏 1、玉塞 1、玉璧 1 | 《考古》1990 年第 11 期 |
| | 常德县灌溪乡樟树山 | 玛瑙带钩 1 | 《考古》1987 年第 5 期 |
| | 常德德山 | 玉璧 1 | 《湖南考古辑刊》第 7 集 |
| | 1991 年常德德山第二纺织机械厂 | 玉璧 | 《中国考古学年鉴》（1992 年） |
| | 1992 年常德德山莲花村 | 玉佩 | 《中国考古学年鉴》（1993 年） |
| | 常德市穿紫河 | 玛瑙、水晶珠（西汉中晚期至东汉早期） | 《中国考古学年鉴》（1997 年） |
| | 常德南坪 | 玉印 1、玉带钩 2、玉佩 | 《湖南省博物馆馆刊》第八辑 |
| | 慈利十板 | 谷纹玉璧 | 《中国考古学年鉴》（2004 年） |
| | 衡阳赤石（新莽墓） | 玛瑙玦 | 《中国考古学年鉴》（1989 年） |
| | 1956 年衡阳市凤凰山 | 玉剑珌 1、玉环 1 | 《湖南古墓与古窑址》第 47 页，岳麓书社，2004 年 |
| | 龙山里耶清水坪 M243 | 玉玦 1 | 《里耶发掘报告》第 525 页 |
| | 龙山里耶大板汉墓 M14 | 玉蝉 1 | 《里耶发掘报告》第 633 页 |
| | 资兴旧市 | 玉剑珌 1 | 《考古学报》1995 年第 4 期 |
| 东汉 | 长沙五里牌 | 玉猪 2、水晶珠 34、莲瓣形玉饰 2、玛瑙珠 79 颗、八方形玉珠 1 | 《文物》1960 年第 3 期 |
| | 长沙伍家岭杨家公山 | 琥珀、玛瑙、绿松石等制成的小珠 | 《文物参考资料》1955 年第 4 期 |
| | 长沙汉墓 | 红色玛瑙珠 13、琥珀珠 11、绿松石小狮 | 《文物参考资料》1956 年第 2 期 |

| | | | |
|---|---|---|---|
| | 长沙沙湖桥 | 玉印 1 | 《考古学报》1957 年第 4 期 |
| | 长沙黄土岭 | 水晶珠 3、玛瑙珠 5 | 《考古通讯》1957 年第 4 期 |
| | 长沙南塘村 | 玉猪 3 | 《考古通讯》1958 年第 3 期 |
| | 长沙左家塘 | 玛瑙珠 33 粒 | 《湖南省博物馆文集》第一集 |
| | 长沙小林子冲 | 玛瑙珠 11、水晶珠 1 | 《考古通讯》1958 年第 12 期 |
| | 长沙东屯渡 | 玛瑙、琥珀珠 16 | 《文物》1960 年第 5 期 |
| | 1985 年长沙桐荫里 | 玉璧 1 | 《长沙馆藏文物精华》第 113 页 |
| | 长沙县黄花机场 | 玉璧 | 《中国考古学年鉴》（1987 年） |
| | 零陵东门外 | 玉璧 1、玉饰 5（圆柱形器 2、扁平椭圆形器 2、扁平不规则长方形器 1）、 韘形玉佩 1、 琥珀珠 9、水晶珠 6、玛瑙珠 5、玛瑙剑珌 1、琥珀印 1 | 《考古通讯》1957 年第 1 期 |
| | 永州南津渡 | 玉璧 | 《湖南文物地图集》第 314 页 |
| | 永州河西区 | 水晶珠 2、玛瑙珠 4、琥珀珠 9 | 《考古》1964 年第 9 期 |
| | 永州粮子岭 | 玉璧 | 《湖南文物地图集》第 313 页 |
| | 1985 年永州鹞子岭 M30 | 水晶、玛瑙珠 | 《中国考古学年鉴》（1986 年） |
| | 常德鼎城区南坪 | 玉璧 1、玉环 1、玉琀蝉 1、玉剑璏 1、玉猪 2、玉八面体条 1、玉叶形片 1、水晶珠 6、琥珀圆形小珠 4、琥珀小动物（虎、狮）饰 2 | 《考古学集刊》第 1 集 |
| | 津市市新洲豹鸣 | 玉印 | 《中国考古学年鉴》（1999 年） |
| | 衡阳市郊新安乡 | 水晶珠 1 | 《考古》1994 年第 3 期 |

| | | | |
|---|---|---|---|
| | 衡阳苗圃蒋家山 | 鞢形玉佩 1、玉剑格 1、玉剑璏 1、水晶珠 9、琥珀珠 18、玛瑙珠 7 | 《文物参考资料》1954 年第 4 期；《文物参考资料》1954 年第 6 期；《湖南古墓与古窑址》第 66 页 |
| | 衡山县江东乡 | 玉璧 | 《湖南文物地图集》第 124 页 |
| | 茶陵县衡炎高速路段 | 玉琀 | 《中国考古学年鉴》（2007 年） |
| | 耒阳东汉墓 | 玛瑙耳珰 1 对，琉璃、水晶、玛瑙、琥珀等 1 串 12 粒 | 《考古通讯》1956 年第 4 期 |
| | 耒阳竹园 | 玛瑙管 2 | 《南方文物》1993 年第 1 期 |
| | 益阳羊舞岭 | 玉玦 1 | 《湖南考古辑刊》第 2 集 |
| | 益阳赫山庙 | 水晶珠 6、玛瑙珠 4 | 《考古学报》1981 年第 4 期 |
| | 湘乡近郊 | 玛瑙耳珰 1① | 《湖南文物》第 3 辑 |
| | 资兴 | 玉剑璏 1、玉珠 23、水晶珠 2、水晶璜 1、绿松石珠 15、玛瑙珠 41、玛瑙珰 7、琥珀椭圆形珠 1、琥珀扁长方束腰形饰 1 | 《考古学报》1984 年第 1 期 |
| | 邵阳鸡笼乡 | 采集有玉器 | 《湖南文物地图集》第 280 页 |
| | 邵东县湾泥乡 | 采集有玉璧 | 《湖南文物地图集》第 286 页 |
| | 大庸 | 玉带钩 1、玉珰 1、琥珀司南佩 1 | 《考古》1994 年第 12 期 |

① 湘乡市文物工作队:《湘乡市近郊发现纪年东汉墓》,《湖南文物》第 3 辑。

## 第二节　玉器的种类、用途、特点及来源

由于秦代玉器过少，本节只讨论汉代玉器。

### 一、种类和用途

湖南考古出土的汉代玉器，根据其用途，大体可分为仪礼用玉、装饰用玉、丧葬用玉和日常用玉。这只是大致的分类，因为有些玉器具有多种用途，可以互为通用，如玉璧，但它的主要作用是用于礼仪，故把它归入仪礼用玉类。

（一）“以玉事神”的仪礼用玉

从文献记载和考古资料考察，两汉用于仪礼的玉器和先秦时期有所不同。根据《周礼》记载，先秦的仪礼用玉是指璧、琮、圭、璜、琥、璋。至汉代，这六种礼玉除璧、圭两种继续用于仪礼外，其余四种，或不存在，或已改作它用。如玉璜，虽然有时也用作礼玉，但其主要功能发生改变，已不属于礼仪用玉范畴。根据《史记》《汉书》等文献记载，西汉时期祭祀上帝、宗庙用玉圭，祭天神太（泰）一用玉璧，祭黄河、汉水等大川及诸祠用玉璧、玉圭。湖南出土的汉代仪礼用玉，目前多见玉璧，它也是湖南汉墓出土玉器最多的一种。根据其形制、纹饰，大致分为四种：

第一种是素面玉璧，较少见。长沙马王堆 2 号墓出土 1 件，光素无纹，直径 11.4、厚 0.4 厘米[①]。

第二种是谷纹璧或云纹璧，谷纹璧是在璧面琢磨出排列有序的凸起的小乳丁，看上去好像一颗颗的粟粒，长沙西郊桐梓坡出

①喻燕姣:《从马王堆汉墓出土简帛文献看古人观念中的玉》，彩图二二，《湖南省博物馆馆刊》第一期，《船山学刊》杂志社，2004 年。

土的 3 件玉璧，即为典型的带芽谷纹玉璧[①]。永州鹞子山西汉“刘彊”墓亦出土 1 件此种形制的玉璧[②]，直径 16、孔径 5.6、厚 0.5 厘米。云纹璧是璧表面雕琢卷云纹，各璧纹饰均有细微区别。2008-2009 年在长沙岳麓区及望城县交界范围内的谷山被盗长沙国王室成员墓葬中出土 3 件云纹璧，两面纹饰相同，每面边缘及内侧各饰一周阴刻弦纹，弦纹之间饰卷云纹[③]（图 183）。1958 年长沙五里牌 M1 汉墓亦出土一件，双面饰云纹[④]（图 184）。

第三种是在璧两面多施以密集的蒲纹和谷纹，并配以网纹、云纹等。一般在肉好的边缘都各起弦纹一周，形成较厚的内、外廓。1978 年长沙象鼻嘴一号西汉墓出土的一件玉璧即在肉上雕刻菱形网纹，网纹内饰有谷纹[⑤]（图 185）。1985 年长沙市桐荫里出土 1 件蒲纹玉璧，青绿色，双面纹饰相同。近肉、好边缘各 0.7 厘米处阴刻浅弦纹一周，内外弦纹之间先刻 30 条交错阴线组成菱形方格纹，方格内再减地半浮雕六角形蒲纹，六角形不规整。肉、好边缘打磨光滑，好边外圈打磨呈六角形，肉厚于肉边、好边。因打磨不规整，磨去圈内部分蒲纹。应为礼仪玉[⑥]（图 186）。这类璧在湖南汉墓中常有发现，是较普遍的一种形制。

第四种璧是复合纹璧，这类璧在湖南汉墓出土最多。璧表面用同心圆绳纹分区，一般分为内外两区，内区饰蒲纹、谷纹、云纹，外区饰龙纹、凤鸟纹或兽面龙凤纹。长沙西汉曹嫘墓出土的一件





①长沙市文物工作队:《长沙西郊桐梓坡汉墓》,《考古学报》1986 年第 1 期。

②零陵地区文物工作队:《湖南永州鹞子山西汉“刘彊”墓》,《考古》1990 年第 11 期。

③长沙市文物考古研究所:《长沙“12・29”古墓葬被盗案移交文物报告》,《湖南省博物馆馆刊》第六辑，岳麓书社，2010 年。

④湖南省博物馆资料。

⑤湖南省博物馆:《长沙象鼻嘴一号西汉墓》,《考古学报》1981 年第 1 期。

⑥王立华主编:《长沙馆藏文物精华》，湖南美术出版社，2007 年，第 113 页。

图 183　青玉云纹璧　西汉（2008-2009 年长沙谷山被盗西汉长沙王室墓 M11 出土）

图 184　双面云纹玉璧　西汉（1958 年长沙五里牌 M1 出土）

图 185 谷纹玉璧 西汉（1978 年长沙象鼻嘴 M1 出土）

图 186 蒲纹青玉璧 东汉（1985 年长沙桐荫里 M1 出土）

玉璧，内区为蒲纹，外区为双线阴刻三凤纹，是典型的凤鸟纹蒲璧。这件玉璧两面雕琢相同的纹饰，三凤大小相等，形状相同，突出凤头和凤爪，形象已近图案化（图 187）；同样的玉璧 1976 年长沙杨家山 M91 也出土 1 件[①]（图 188）。1959 年长沙市五里牌七号汉墓出土的一件玉璧则为龙凤纹谷纹璧，此璧玉色青中泛黄，有褐色沁。两面纹饰相同，以斜线组成的圆圈将纹饰分为两组，外圈为龙凤纹，内圈为稍凸的谷纹（图 189）[②]。1993 年长沙市省财经专科学校出土夔龙纹玉璧 1 件，扁平圆形，微沁。两面纹饰相同，均为四组首尾相交夔龙纹，内外周缘均刻弦纹一道（图 190）；同墓还出土 1 件夔龙蒲纹玉璧，一边受沁为棕褐色，扁平圆形，两面纹饰相同，璧面中部刻弦纹一周，将其分作内外两圈，外圈琢刻五组变形夔龙纹，内圈琢刻蒲纹，在内周缘刻弦纹二道，外周缘刻弦纹一道（图 191）[③]。2006 年长沙市望城风篷岭汉墓（长沙国某王后墓）出土龙纹蒲纹玉璧 1 件，青玉，呈深绿色。两面纹饰相同，每面纹饰分两层，外层琢刻四组变形螭龙纹，内层琢刻蒲纹。此玉璧形制较大，器体厚重，在汉代玉璧中十分少见[④]（图 192）。2008–2009 年长沙谷山被盗西汉长沙王室墓 M8 出土青玉龙纹璧 1 件，两面饰相同纹饰，每面阴刻弦纹分隔纹饰为内外两部分，外圈饰变形龙纹，内圈饰蒲纹（图 193）。

---

①湖南省博物馆资料。

②湖南省博物馆:《长沙五里牌古墓葬清理简报》,《文物》1960 年第 3 期。

③曹砚农、宋少华:《长沙发掘西汉长沙王室墓》,《中国文物报》1993 年 8 月 22 日第 1 版；长沙市文物工作队:《西汉长沙王室墓》,《中国考古学年鉴》（1994 年），文物出版社，1997 年，第 247~249 页；古方主编:《中国出土玉器全集》第 10 卷《湖北湖南卷》，科学出版社，2005 年，第 209、210 页。

④长沙市文物考古研究所、望城县文物管理局:《湖南望城风篷岭汉墓发掘简报》,《文物》2007 年第 12 期；何旭红:《湖南望城风篷岭汉墓年代及墓主人考》,《文物》2007 年第 12 期。

图 187　三凤蒲纹玉璧　西汉（1975 年长沙咸家湖曹嫘墓出土）

图 188　三凤蒲纹玉璧　汉（1976 年长沙杨家山 M91 出土）

图 189　龙凤纹谷纹玉璧　西汉（1959 年长沙五里牌 M7 出土）

图 190　夔龙纹玉璧　西汉（1993 年长沙省财经专科学校出土）

图 191　夔龙蒲纹玉璧　西汉（1993 年长沙省财经专科学校出土）

图 192　夔龙蒲纹玉璧　西汉（2006 年长沙望城风篷岭汉墓出土）

图 193　青玉龙纹璧　西汉（2008–2009 年长沙谷山被盗西汉长沙王室墓 M8 出土）

汉代玉璧的用途非常广泛，它不但用于祭祀、馈赠、聘礼、婚礼、朝会等仪礼场所，而且可以用于佩饰、室内悬挂和陈设以及丧葬中。这是玉璧为什么是汉代出土玉器较多的原因。一般来说，颜色比较纯正，形体较大，两面刻有纹饰的青玉璧（汉代称之为苍璧）都可能是仪礼中用的璧。汉代文献对此均有记载，如《独断》云："正月朝贺，三公奉璧上殿，向御座北面，太常赞曰：'皇帝为君兴。'三公伏，皇帝坐，乃进璧。"《史记·梁孝王世家》、《史记·平准书》均记载诸侯王朝觐时都必须"奉皮荐璧"。《汉书·食货志》中亦有"今王侯朝贺以仓（苍）璧"的记载，说明考古发现的青玉璧也作礼玉使用。

在湖南出土的汉代玉璧中，长沙望城坡"渔阳"墓出土的一件较为独特，此璧遍体经高温烤灼，璧体上发现鎏金，这一特殊的饰玉工艺尚属首次见到[①]。此璧置于棺盖板上，推测它是用于丧葬的。



玉圭在湖南汉墓出土较少见，2006年长沙市望城风篷岭汉墓（长沙国某王后墓）出土1件玉圭[②]，尺寸较大，上端呈三角形，下端呈长方形，底部有一圆孔，是典型的汉代玉圭形制。玉圭是古代重要的礼器，从汉代文献记载及出土实物考察，汉代玉圭最为常见的是作为祭祀盟誓的祭器（图194）。

（二）代表身份等级的装饰用玉

湖南出土的汉代装饰玉，按其用途可以分为人身佩戴的装饰品和器物上的装饰品两大类。

---

①何介钧：《湖南省考古工作五十年》，载《新中国考古五十年》，文物出版社，1999年。

②长沙市文物考古研究所、望城县文物管理局：《湖南望城风篷岭汉墓发掘简报》，《文物》2007年第12期；何佳、黄朴华、何旭红：《望城风篷岭一号汉墓简介》，《湖南省博物馆馆刊》第四辑，岳麓书社，2007年。

图 194 玉圭 西汉（2006 年长沙望城风篷岭汉墓出土）

人身上的装饰玉是指人们日常穿着打扮时用的各种玉器，其作用是为了美观和显示身份地位。西汉继承了春秋战国时期“君子无故玉不去身”的佩玉传统，故佩玉的种类仍较多，造型和纹饰仍保留战国时期的风格。湖南汉代常见的人体装饰玉有下列几种，它们或单独为佩件，或与其他玉佩构成组玉佩使用。

1. 玉璜。主要有三种形制，一种是半璧式玉璜，这在长沙西汉曹𡟰墓中发现 6 件，玉呈青色，半圆形，两面雕琢相同的纹饰。纹饰分为两部分，内为蒲纹，被磨损仅隐约可见；外为阴刻双线凤纹，突出凤的头、爪。原器似为璧对剖为璜，上无孔供系挂，此处可能是作为礼器使用（图 195、196）；2008-2009 年长沙谷山被盗西汉长沙王室墓 M7 也出土 1 件，青黄玉，呈半璧状，中厚外薄。两面纹饰相同，内外边缘各饰一细凹弦纹，中间饰云纹（图 197）。第二种为弧形璜，纹饰以凸起的谷纹为主。1958 年长沙五里牌出土两件，黄白色，两面有凸起的谷纹，一端窄而角钝，另一端稍宽而角锐[①]。第三种为透雕龙纹璜，长沙杨家山汉墓 M131 出土一件，玉质受沁多呈白色，上有褐色、黑点沁。器作璜形薄片状，璜体



①湖南省博物馆：《长沙东北郊古墓发掘简报》，《考古》1959 年第 12 期。

图 195　凤纹玉璜　西汉（1975 年长沙咸家湖曹娱墓出土）

图 196　凤纹玉璜　西汉（1975 年长沙咸家湖曹娱墓出土）

图 197 云纹玉璜 西汉（2008-2009 年长沙谷山被盗西汉长沙王室墓 M7 出土）



双面透雕双龙，两端雕成龙首形，龙作吐云状，龙体卷曲，龙首瘦长，脑后有一长角，龙身饰有鱼鳞纹和阴线纹，璜体上下有卷云纹装饰。造型别致，线条流畅柔和，雕琢非常精美[①]（图 198）。

玉璜在通常情况下是作为玉组佩中的构件，但半璧形无孔玉璜当作为祭器使用。

2. 玉环，数量较多，主要作为佩环使用，有三种形制。一种为透雕玉环，长沙西汉曹嫘墓出土一件。玉色青白相杂，双面透雕曲缠盘绕的变体龙凤纹，四周环以流动的云气纹，线条流畅，玲珑剔透（图 199）。第二种为谷纹环和云纹环，1956 年长沙岳麓山裕乡纱厂 68 号汉墓出土一件，青白玉，双面浮雕谷芽纹，内外缘有弦纹各一周[②]（图 200）；岳阳 M72 西汉墓亦采集一件玉环，青

① 古方主编:《中国出土玉器全集》第 10 卷《湖北湖南卷》,科学出版社,2005 年,第 233 页。
②古方主编:《中国出土玉器全集》第 10 卷《湖北湖南卷》,科学出版社,2005 年,第 211 页。

图 198　透雕双龙玉璜　新莽（1976 年长沙杨家山 M131 出土）

图 199　双面透雕龙凤纹玉环　西汉（1975 年长沙咸家湖曹嫫墓出土）

色粉玉精琢而成，形体小巧精美，“肉”、“好”各一半，直径6.9厘米[①]；长沙西汉曹嫘墓出土的一件带芽谷纹玉环保存较完整，玉呈青色，双面浮雕带芽谷纹，近沿及好部均起凸棱为廓，纹饰简而不疏，谷纹分布均匀，大小匀称适当，色泽晶莹悦目（图201）。第三种为云雷纹环，常德东汉南坪M10出土一件[②]，玉环为浅绿色，肉宽4.1、好径6厘米，肉的边缘及好的周围有弦纹一周，环面为凸起的云雷纹。

3. 玉玦，数量不多，益阳羊舞岭东汉墓出土一件[③]，直径6.7、厚0.3厘米，颜色白中泛青，出土于后室铜镜附近，从尺寸看，不可能为耳环，或是作为手镯用。

4. 耳珰，亦称耳瑱，悬于冠或发髻的两侧，垂于耳际。一般一端较大，一端较小，中腰内凹，如喇叭状，中有一穿孔，可系珠或耳坠。汉代妇女有戴玉耳珰的习俗，《释名·释首饰》认为：“穿耳施珠曰珰。”并认为：“此本出于蛮夷所为也。蛮夷妇女轻淫好走，故以此琅珰锤之也，今中国人效之耳。”根据考古出土的实物，耳珰并非都以成对出现，说明汉代既可佩戴双珰，又可佩戴单珰，并无严格限制。这类器物在湖南汉墓出土较多。大庸东汉砖室墓出土一件[④]，喇叭状，一端大，一端小，通高1.1厘米，应为耳珰。1956年长沙左家塘M21也出土1对（图202），长2.5厘米。关于这类喇叭形器物，高至喜先生以长沙汉墓出土的63件器物，从名称、质地、型式、年代、用途及演变等方面作了全面论述，他认

①张中一：《岳阳西汉墓》，《湖南考古辑刊》第4集，岳麓书社，1987年。

②湖南省博物馆：《湖南常德东汉墓》，《考古学集刊》第1集，中国社会科学出版社，1981年。

③益阳地区文物工作队：《益阳羊舞岭战国东汉墓清理简报》，《湖南考古辑刊》第2集，岳麓书社，1984年。

④湖南省文物考古研究所：《湖南大庸东汉砖室墓》，《考古》1994年第12期。

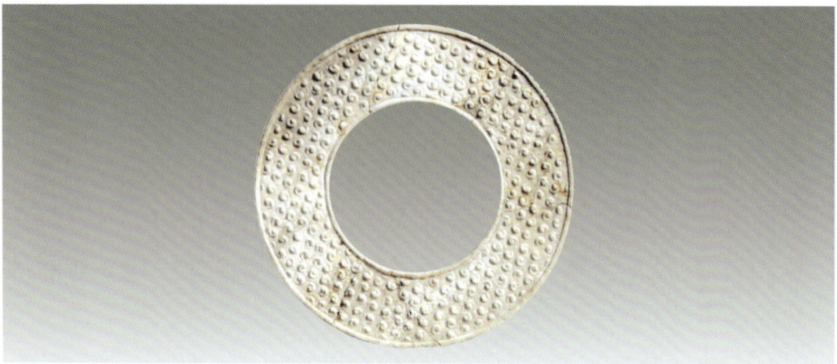

图 200　双面谷芽纹玉环　西汉（1956 年长沙岳麓山裕湘纱厂 M68 出土）

图 201　带芽谷纹玉环　西汉（1975 年长沙咸家湖曹娱墓出土）

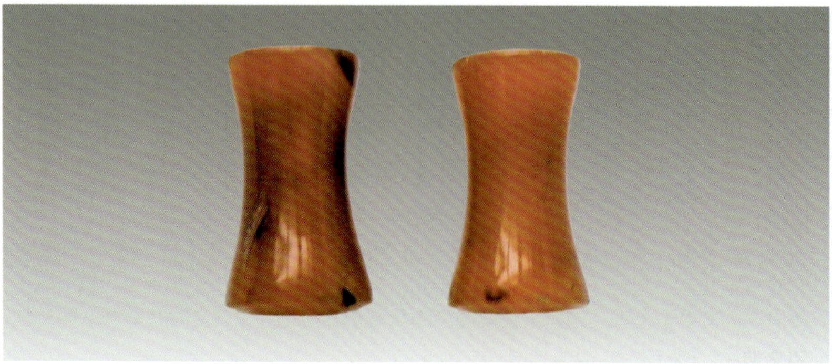

图 202　喇叭形玛瑙耳珰　东汉（1956 年长沙左家塘 M21 出土）

为，长沙汉墓所出喇叭形器有玻璃、肉红石髓（玛瑙）、琥珀三种质地，始见于西汉中期，流行于东汉。新莽时期以前的喇叭形器仅用作装饰品，从东汉早期开始用做耳珰，到东汉中晚期主要用做耳珰[①]。

5. 韘形佩，到汉代已演变成形状像心、中部为片状、近似于盾牌或鸡心的装饰品。其特征是中心有一孔，外部镂雕不对称的螭龙、龙、凤等动物形象，或变体的流云纹或卷云纹，故又称鸡心佩、心形佩。湖南考古发现的汉代韘形佩，数量不少，形制多样，为最有特色的汉代玉器之一，主要有如下几类：一为螭龙纹韘形佩。在心形四周，附加透雕螭龙。1959 年长沙东郊五里牌西汉墓出土一件螭龙纹韘形佩，黄白玉，透雕双螭，线雕五官和腿爪，在心形上下左右缠绕，非常精美[②]（图 203）。衡阳苗圃蒋家山东汉墓出土的透雕双螭韘形佩也特别精致，玉色黄白，略有黑、褐点沁。片形镂雕，主体略呈椭圆形，中间呈鸡心形，一端尖，一端圆浑。两侧镂雕螭龙，螭身用阴刻线毛片纹装饰。纹饰优美，线条流畅，雕琢规整，抛光细腻[③]（图 204）。二为龙凤韘形佩，在心形四边，透雕龙凤和云纹，表示龙凤出没于云间。1976 年长沙杨家山 131 号汉墓出土一件，青白玉，在心形上端透雕龙纹，龙尾横卧在心形的左边，右边透雕凤鸟纹，具有剪影式的效果。器身上饰有极细的阴线纹[④]（图 205）；2008-2009 年长沙谷山被盗西汉长沙王室

①高至喜：《长沙汉墓出土喇叭形器研究》，《湖南省博物馆馆刊》第八辑，岳麓书社，2012 年。

②古方主编：《中国出土玉器全集》第 10 卷《湖北湖南卷》，科学出版社，2005 年，第 221 页；湖南省博物馆：《长沙五里牌古墓葬清理简报》，《文物》1960 年第 3 期。

③李正光：《湖南衡阳苗圃蒋家山发现战国及东汉时代墓葬》，《文物参考资料》1954 年第 4 期。

④古方主编：《中国出土玉器全集》第 10 卷《湖北湖南卷》，科学出版社，2005 年，第 234 页。

图 203　玉韘形佩　西汉（1959 年长沙五里牌 M7 出土）

图 204　螭龙纹玉韘形佩　东汉（1953 年衡阳苗圃蒋家山 M4 出土）

墓 M7 出土 3 件韘形佩，其中 1 件残损。完整的 2 件形制大体一致，体扁平，呈心形，上端尖状，中央有一圆孔，下端为圆形，1 件一侧镂雕龙纹，一侧镂雕云纹，心形上端阴线雕成花蒂纹，下端浮雕盘曲龙纹（图 206），1 件一侧镂雕龙纹，龙头伸至心形上端，一侧镂雕云纹，心形下端阴线雕成凤鸟纹（图 207）。三为凤纹韘形佩，长沙咸家湖西汉曹嫘墓出土 2 件，1 件玉白色，扁平心形，中部有一圆孔，两侧饰不对称透雕卷云纹。此卷云纹其实为变形凤纹，似凤又似云。中心孔上部雕琢成三角形心尖状，下部呈片状，一面孔周边隐起，另一面平整，孔下 0.5 厘米处有一未穿透小孔，两面均阴刻细线卷云纹（图 208）。另 1 件玉白色，扁形，整体造型为椭圆心形，中心有一直径 1 厘米的圆孔，圆孔旁侧有一小穿，上部雕琢成三角形心尖状，下部呈片状。佩的一侧雕琢一只修长的凤鸟。两面器表通体均阴刻细线卷云纹（图 209）。



汉代韘形佩在考古报告中名称不一，被称之为“鸡心佩”或“心形佩”、“玦”、“羡璧”和“扁面形玉饰片”等。杨建芳先生认为东周以来的韘和韘形佩都应称为韘形玉饰[①]。黄曲认为，战国以前只见韘，而西汉早中期韘形佩兴起，两者共存，西汉中后期韘形佩完全取代韘[②]。圆筒状和有纽的称为韘，有附饰的称为韘形佩。其说可从。

6. 司南佩，只在大庸东汉砖室墓发现 1 件琥珀制作的，长 2.6、宽 2.2、厚 1.5 厘米[③]，从发表的线图看，呈工字形，顶上有一长方形物。玉司南佩是汉代一种形态特殊的器形，造型为两长方柱相

---

①杨建芳:《玉韘及韘形玉饰——一种玉器演变的考察》,《中国文物世界》1989年第7期。

②黄曲:《浅论“韘”及“韘形佩”》,《考古与文物》2011 年第 2 期。

③湖南省文物考古研究所、湘西自治州文物工作队、大庸市文物管理所:《湖南大庸东汉砖室墓》,《考古》1994 年第 12 期。

图 205　透雕龙凤纹韘形玉佩　新莽（1976 年长沙杨家山 M131 出土）

图 206　云龙纹韘形玉佩　西汉（2008-2009 年长沙谷山被盗西汉长沙王室墓 M7 出土）

图 207　龙凤纹韘形玉佩　西汉（2008–2009 年长沙谷山被盗西汉长沙王室墓 M7 出土）

图 208　凤纹韘形玉佩　西汉（1975 年长沙咸家湖曹嫘墓出土）

图 210　玛瑙带钩　西汉（1985 年常德灌溪乡樟树山出土）

图 211　龙首玉带钩　西汉（2010 年常德南坪出土）

图 212　鹅首玉带钩　西汉（2010 年常德南坪出土）

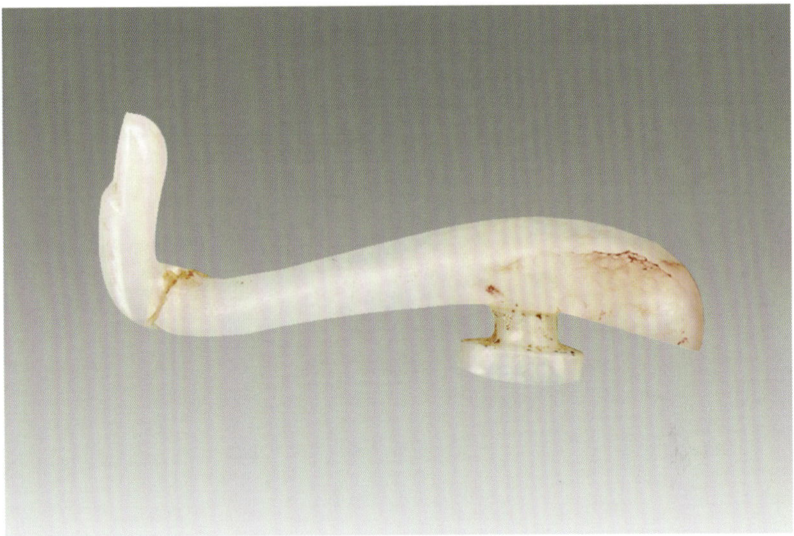

图 213　鸭首玉带钩　西汉（2008–2009 年长沙谷山被盗西汉长沙王室墓 M7 出土）

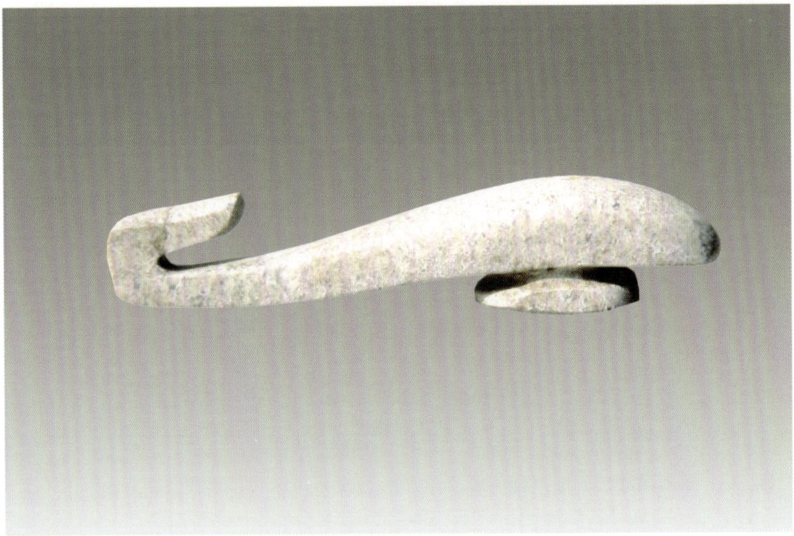

图 214　鸭首玉带钩　西汉（1965 年长沙树木岭 M1 出土）

图 215　单面透雕长方形兽纹玉带扣　2 件　西汉（1975 年长沙咸家湖曹嫘墓出土）

216）。长沙汉墓出土有绿松石小羊[①]、绿松石小狮[②]，均雕琢大致轮廓，仅以数刀即勾勒出兽的眼、鼻和四肢，颈上有贯孔，小巧玲珑。孙机先生认为这些小动物都是系臂之物，在平时可以佩戴，属于《急就篇》中所说的"系臂琅玕虎魄龙"，"射魃辟邪除群凶"，是简化了的辟邪。

10. 珠、管。玉珠和玉管是常见的人身装饰玉，但形制比较单调。湖南出土的汉代玉珠、管较多，质地多为玛瑙、水晶、绿松石、琥珀。长沙市咸家湖西汉曹嫘墓出土玛瑙、水晶珠 24 粒，皆晶莹剔透，光泽莹润。长沙五里牌东汉墓葬出土水晶珠 34 颗、玛瑙珠 79 颗。最精致的是长沙五一路西汉墓出土的花斑纹玛瑙管项链，玛瑙管呈橄榄形，琢磨光洁，圈状颜色纹带清秀雅美[③]（图 217）。2008-2009 年长沙谷山被盗西汉长沙王室墓 M7 出土的水晶珠管亦很精美，水晶珠呈珠状，略带浅蓝色，透明，中间有穿孔，大小不一（图 218）；水晶管亦为浅蓝色，透明，中间有穿孔（图 219）。另外出土玉珠、管数量较多的有资兴东汉墓[④]、衡阳苗圃蒋家山东汉墓等，形状有圆形、扁圆形、方形、椭圆形、长鼓形、六棱形、枣形、兽形、长柱体、束腰长柱体等等。这些珠、管有的是组玉佩中的构件，数量较少的可组成串珠作手链，数量较多的可串起来做成项饰。

11. 玉贝。西汉中晚期的墓葬中，还出土了一些玉贝。长沙咸家湖西汉曹嫘墓中发现 12 件玉贝。玉贝形同海贝，玉质洁白，中部雕出一条窄长的缝隙，两边琢成齿状纹，两端各有一穿孔，应



① 湖南省博物馆：《长沙汤家岭西汉墓清理报告》，《考古》1966 年第 4 期。
②高至喜：《长沙汉墓中发现瓷质饰物》，《文物参考资料》1956 年第 2 期。
③古方主编：《中国出土玉器全集》第 10 卷《湖北湖南卷》，科学出版社，2005 年，第 219 页。
④湖南省博物馆：《湖南资兴东汉墓》，《考古学报》1984 年第 1 期。

图216　琥珀虎形饰（一对）　西汉（2008-2009年长沙谷山被盗西汉长沙王室墓M7出土）

图 217　花斑纹玛瑙珠管串饰 1 串（38 颗）　西汉（长沙五一路出土）

图 218　水晶珠　西汉（2008-2009 年长沙谷山被盗西汉长沙王室墓 M7 出土）

图 219　水晶管　西汉（2008-2009 年长沙谷山被盗西汉长沙王室墓 M7 出土）

当也是用作佩戴的玉饰（图 220）。

12. 玉组佩，2008 年在长沙岳麓区谷山村窑圹山长沙国王陵区域内发掘了 5 座西汉至新莽时期的墓，发掘报告认为 M5 出土的一组佩饰应为组玉佩，由 1 件韘形玉佩、3 件条形玉饰、1 件瓶形玉饰组成[①]（图 221）。韘形佩，体扁平，呈心形，上端尖状，中央有一圆孔，下端为圆形，两侧分别镂雕变形龙凤纹，心形上阴线雕成游丝流云纹；条形玉饰均作长条形，侧面有两小孔，形制略有差别，或两端为圆角，或两侧内凹，或两端有小凹槽；瓶形玉饰似罐，中部和侧面各有一小穿孔。从器物的形制和钻孔分析，这些玉饰是可以组合在一起成为组玉佩的。湖南汉墓由于多数被盗过，玉器出土时往往非常散漫，很难对其进行复原，因此一般发掘报告都是单独对某件玉器进行介绍，这也是湖南报道组玉佩极少的原因。如果我们置身于当时的社会环境考虑，组玉佩在西汉还是很盛行的，这个方面的研究还有待今后加强。如马王堆 2 号汉墓出土了一组玉饰，有玉璜、玉管、绞索纹玉环，笔者认为它们都是组玉佩中的构件。

湖南出土的人身上的装饰玉，除上述提及的以外，还有长条形玉佩[②]、透雕龙纹佩[③]、“V”形佩[④]、莲瓣形佩[⑤]等。常德东汉墓还出土有八面体条和叶形片佩。

---

①长沙市文物考古研究所：《湖南长沙窑圹山汉墓发掘简报》，《湖南考古辑刊》第 9 集，岳麓书社，2011 年。

②湖南省博物馆：《长沙发掘报告》，科学出版社，1957 年。

③湖南省文物管理委员会：《被盗掘过的古墓葬，是否还值得清理——记 55 长、侯、中 M018 号墓发掘》，《文物参考资料》1956 年第 10 期。

④湖南省文物考古研究所等：《1986-1987 年大庸城区西汉墓发掘报告》，《湖南考古辑刊》第 5 集，《求索》增刊，1989 年。

⑤湖南省博物馆：《长沙五里牌古墓葬清理简报》，《文物》1960 年第 3 期。

图 220　玉贝　西汉（1975 年长沙咸家湖曹𡟰墓出土）

图 221　玉组佩　西汉（2008 年长沙岳麓区谷山村窑圹山 M5 出土）

装饰在器物上的玉饰，湖南汉代考古发现最多的是玉剑饰。佩剑在汉代非常流行。《晋书·舆服志》说："汉制自天子至于百官，无不佩剑。"汉代佩剑是各级官吏权力的象征，佩带玉具剑者多为皇室贵族或富家子弟。佩剑是一种新的时代风尚，无论是铜剑或铁剑，最高贵的制品是装玉剑具。文献记载，汉代皇帝曾以玉剑具作为贵重礼品赏赐给匈奴，如《汉书·匈奴传下》所载："单于正月朝天子于甘泉宫，汉宠以殊礼，位在诸侯王上，赞谒称臣而不名。赐以冠带衣裳、黄金玺戾绶、玉具剑。"一套完整的玉剑具通常共有4件，但并不是每一把剑上4件齐备。而拥有4件齐备玉具剑的人，其身份地位必然更为尊贵。玉剑饰在湖南的战国墓已发现较多，但没有出土过4种剑饰完整的玉具剑。目前湖南发现的一套完整的玉具剑，是在长沙蓉园M13汉墓出土的[1]，剑首作圆饼形，正面中间稍凸，阴刻卷云纹，底部中心刻一圈凹槽，光素无纹（图222）；剑格侧视呈菱形，中心有椭圆形穿孔，以纳剑柄。正面浮雕一四足卷尾的螭龙，头已断缺。背面浅刻兽面纹（图

图222　玉剑首　西汉（1955年长沙蓉园M13出土）

①周世荣：《长沙蓉园两汉、六朝、隋、唐、宋墓清理简报》，《考古通讯》1958年第5期。

图 223　螭龙纹玉剑格　西汉（1955 年长沙蓉园 M13 出土）

图 224　螭龙纹玉剑璏　西汉（1955 年长沙蓉园 M13 出土）

223）；剑璏呈长方形，两端向下卷曲，正面浮雕一雄健卷曲的螭龙，其首尾悬于器表之外，具有较强的装饰艺术效果。背面光素无纹，有长方形銎（图 224）；剑珌上窄下宽略呈梯形，正面为阴刻的兽面纹和镂雕的螭龙，螭龙的身躯以阴刻线条勾勒轮廓，背面为变形云纹。剑珌上端中央有三小孔，两侧小孔斜向中心，三孔相通，以接剑鞘（图 225）。

湖南出土的汉代玉剑首发表资料的已有 5 件，均为圆饼形，圆心饰涡纹或云纹，周缘饰谷纹、谷芽纹等，剑首较战国厚度变小，正面凹塌，背面有一个圈槽，圈内有二三个斜穿孔，光素无纹，正面比背面的直径略大，形成斜坡状。1958 年长沙南门太公寺 M15 汉墓出土的玉剑首即为此种形制，器作圆饼形，纹饰分为内外两区，内区稍凸，饰涡纹，外区饰以凸起的谷粒纹。背面有圆槽，与三小孔相连[①]（图 226）。长沙象鼻嘴一号汉墓出土的玉饰件，器呈椭圆形，透雕龙、凤、熊以及云纹，并用浅浮雕手法，刻出各种动物的眼、耳、鼻、嘴等，单面工。器心镶嵌一圆绿松石，背有短柱，也应是做剑首用[②]（图 227）。

湖南出土的汉代玉剑格已发表资料的有 7 件，形制大同小异，大多正视略成长方形，中部逐渐凸起一脊，侧视为菱形断面，穿孔有长方形、椭圆形和菱形。格上除个别素面外，大多数有纹饰，常见的有高浮雕的螭龙纹、兽面纹或勾连云纹。永州鹞子山西汉“刘彊”墓出土 2 件玉剑格，其中之一则为素面，一件饰兽面纹和卷云纹。1953 年衡阳空军基地 M4 汉墓出土的剑格，双面饰兽面勾连云纹[③]（图 228）。1959 年长沙五里牌 7 号汉墓出土的玉剑格，其上则

①古方主编：《中国出土玉器全集》第 10 卷《湖北湖南卷》，科学出版社，2005 年，第 216 页。
②湖南省博物馆：《长沙象鼻嘴一号西汉墓》，《考古学报》1981 年第 1 期。
③ 湖南省博物馆资料。

图 225　螭龙纹玉剑珌　西汉（1955 年长沙蓉园 M13 出土）

图 226　云纹玉剑首　西汉（1958 年长沙南门太公寺 M15 出土）

图 227　透雕动物纹玉嵌饰（剑首）　西汉（1978 年长沙象鼻嘴 M1 出土）

图 228　兽面纹玉剑格　东汉（1953 年衡阳苗圃蒋家山空军基地 M4 出土）

图 229　螭龙纹玉剑格　西汉（1959 年长沙五里牌 M7 出土）

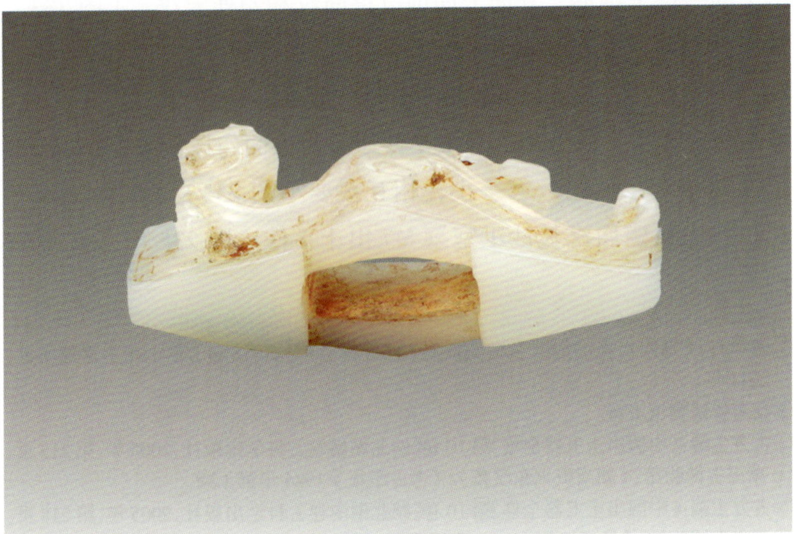

图 230　白玉浮雕螭龙纹剑格　西汉（2008-2009 年长沙谷山被盗西汉长沙王室墓 M8 出土）

图 232　螭龙纹玉剑璏　西汉（1959 年长沙小林子冲 M5 出土）

图 233　兽面云纹玉剑璏　西汉（1978 年长沙杨家山 M304 出土）

图 234　螭龙纹玉剑璏　西汉（1959 年长沙五里牌 M7 出土）

图235　浮雕螭龙纹玉剑璏　西汉（2008-2009年长沙谷山被盗西汉长沙王室墓M7出土）



温润，为和田玉，用线雕、高浮雕、圆雕、透雕等技法，雕琢一条蜿蜒爬行的螭龙，有很高的艺术性。大庸城区西汉墓出土的2件玉剑璏纹饰较特别，其中一件背上饰涡纹八组，每组六个涡纹，分别用长方形凸线框隔开，长5.8、宽2、厚0.4厘米；另一件出土时与铁剑锈结在一起，长9.5、背宽2.8、侧宽1.7厘米，背部饰勾连云纹三组，每组四个，组间饰树叶一片，共20片。（4）呈桥形，两端向下弧形弯曲，这类剑璏较少见。1953年衡阳空军基地M4汉墓出土1件，表面饰兽面纹和勾连云纹，下面有一略近长方形穿孔，器身局部有点状和块状铁锈沁[①]（图236）。1953年长沙蓉园M6出土的玉剑璏和1977年长沙杨家山M297出土的剑璏均为兽面纹云纹剑璏（图237、238）。

湖南出土的玉剑珌已发表资料的有7件，主要形制是梯形，剖面呈橄榄形，纹饰主要有变形勾连云纹、兽面纹及高浮雕的螭龙纹。资兴西汉墓出土的一件玉珌，呈扁平梯形，中有圆形贯孔，

①古方主编:《中国出土玉器全集》第10卷《湖北湖南卷》,科学出版社,2005年,第217页。

图 236 兽面云纹玉剑璏 东汉（1953 年衡阳苗圃蒋家山空军基地 M4 出土）

图 237　兽面云纹玉剑璏　西汉（1953 年长沙蓉园 M6 出土）

图 238　兽面云纹玉剑璏　西汉（1977 年长沙杨家山 M297 出土）

两面镌刻变形勾连云纹和兽面纹图案，长 3.7、上宽 4.9、下宽 5.5 厘米[①]。1953 年长沙月亮山 M54 出土的玉剑珌,两面饰变形勾连云纹[②]（图 239）；湖南零陵东汉墓出土的一件玛瑙珌，则形制特殊，它略作菱形,饰以高浮雕的螭龙纹,并使用了俏色技法[③]（图 240）。

（三）助亡者尸体不朽的丧葬用玉

汉代人继承并发展了先秦儒家“贵玉”的思想，皇室贵族生前佩玉，死后也以大量的玉器随葬。同时汉代人迷信玉能寒尸，可保护尸体不朽。《抱朴子·对俗篇》说:“金玉在九窍，则死人为之不朽。”汉武帝时学黄老之术的杨王孙说：死人“口含玉石，欲化不得，郁为枯腊，千载之后，棺椁朽腐，乃得归土，就其真宅。”[④]意思是说，口中含玉能使尸体千年不朽，身体九窍塞玉，可使人精气不漏，肉体长存。由于以上原因，用于丧葬的玉器在汉玉中占有重要地位。湖南出土的汉代葬玉除前面已叙述的玉璧之外，主要有下列几类：

1. 玉衣片。玉衣是上层统治者专用的葬服。它是由各种造型的薄玉片，在其边缘钻上数个小孔，用金丝、银丝、铜丝或丝穿系，编成完整的人体套状，可将尸骨放入玉衣套内殓葬。根据缀连所用丝线的不同，分为金缕、银缕、铜缕、丝缕玉衣，不同的等级穿不同的玉衣。湖南汉墓没有出土完整的玉衣，但现有两处发现有玉衣片。1958 年长沙杨家山铁路工地 1 号墓出土了玉衣残片。其中长方形玉片 13 片，长 5、宽 4 厘米，四角有小孔。此外还有三角形、刀形、不等边形的玉片共计 57 片，它们的边上都有

①湖南省博物馆等:《湖南资兴西汉墓》,《考古学报》1995 年第 4 期。

②湖南省博物馆资料。

③湖南省文物管理委员会:《湖南零陵东门外汉墓清理简报》,《考古通讯》1957 年第 1 期。

④《汉书·杨王孙传》。

图 239　玉剑珌　西汉（1953 年长沙月亮山 M54 出土）

图 240　螭龙纹玛瑙剑珌　东汉（1956 年零陵东门外文庙 M1 出土）

图 241　玉衣片　西汉（1958 年长沙杨家山铁路工地 M1 出土）

图 242　玉衣片　西汉（2006 年长沙望城风篷岭汉墓出土）

小圆穿孔。玉片出土时分成两层，一片搭一片，中间的以正方形、长方形较多，边缘以斜形片较多。这些玉片是放在墓内偏近石壁的中间，估计为缀玉葬服上的玉片[①]（图 241）；2006 年长沙市望城风篷岭汉墓也出土玉衣片 32 片，多为长方形，一面阴刻几何纹，内贴金箔片或云母薄片，四角有的有穿孔，有的无穿孔。出土时部分玉衣片以金缕相连，玉衣片下粘连有极薄的云母片（图 242）。该墓因早年被盗，玉衣片应是金缕玉衣残留下来的。

2. 玉琀，"琀"亦作"含"。"琀"是指古时入殓时放在死者口中的玉。我国在新石器时代就出现了在死者口中放置含物的做法。到周代，这一习俗非常流行，曾侯乙墓出土时，在死者口中就发现有 21 件玉动物形含物。《周礼》一书已将含玉作为丧葬制度规定下来。《周礼·天官·玉府》："大丧共（供）含玉。"大丧，指皇帝丧，其余则有含璧、含珠、含琄、含米、含贝等，因死者身份不同而有所区别。含玉，多为蝉形，故又称"含蝉"。据徐广称："蝉，取其清高，饮露不食。"《史记·屈原传》："蝉蜕于浊秽，以浮游尘埃之外，不获世之滋垢。"《说文》："蜕，蛇蝉所解皮也。"由此可解玉含作蝉形，似是借蝉的生理习性赋予死者特定的意义，意即人死后，不食和饮露，脱胎于浊秽污垢之外，不沾污泥浊水，这是战国以来死者含玉蝉的用意。有学者认为，可能是由于人们看到蝉生活史中的循环，其幼虫在地下生活许多年后才钻出地面，蜕变为成虫，口琀雕琢成蝉形，象征死者灵魂的复活[②]。湖南最常见的汉代玉琀为玉蝉。长沙汉墓 M217 出土一件玉琀，白色，无光泽，正面呈弧形略为凸起，有线纹表示蝉的眼和翼等，反面平齐，

① 湖南省博物馆:《长沙东北郊古墓葬发掘简报》,《考古》1959 年第 9 期。
②夏鼐:《汉代的玉器——汉代玉器中传统的延续和变化》,《考古学报》1983 年第 2 期。

但亦有线纹。长 4.5、宽 2.7、厚 0.4 厘米[①]。常德南坪东汉墓 M10 出土的一件蝉形玉琀则更为精致，正面用阴刻线条刻出头和双翼等，反面用阴刻线条刻出腹部，眼睛是浮雕出来的，长 7、宽 3.2、厚 1 厘米。龙山里耶大板汉墓 M14 出土 1 件玉蝉，头磨成三角形，浅刻双眼，二道弧形雕刻将头尾分开。双翅为二个斜形磨面，尾部略上翘，整器酷似蝉外形，表面光滑[②]（图 243）。

3. 玉握，为死者手中所握之玉。古人认为人死后不能空手而去，要握着财富及权力。西汉早期，死者手中设握的丧葬习俗开始盛行，既有丝织物制成的握，也有玉握。湖南长沙马王堆一号汉墓墓主手中就各握一个绣花绢面香囊。湖南汉代最常见的玉握是玉猪，它可能象征死者生前的财富。玉猪皆呈圆柱形，头部尖细，用几道简单的直线和弧线表示猪腿与眼、鼻，表面有玻璃光。1956 年长沙公安仓库 M2 出土一件玉猪，稍瘦，两头平齐，作伏卧状。造型简单，刀法简练，寥寥数刀，便具神韵，后人将这种粗豪风格的作品称为“汉八刀”。此器是汉八刀的典型作品[③]（图 244）。1959 年长沙五一路 M9 出土一对玉猪，均较胖，其中之一作伏卧状，无尾，圆雕而成，阴线刻出双眼（图 245）。另一件，作伏卧状，无尾，圆雕而成，头部尖细，用几道简单的直线和弧线表示猪腿与眼、鼻，线条简练，形象逼真。器身琢磨光滑，表面有玻璃光（图 246）。

湖南出土的丧葬玉还有九窍塞，但没有一套完整的。如永州鹞子山的 1 件玉塞，出土于棺中部略偏足端，形状为圆柱形，一端略细，圆头，大端为平头，长 5 厘米，应为肛塞。1956 年零陵东门外出土的 5 件玉饰，根据图版看，有圆柱形器 2 件、扁平椭





①湖南省博物馆:《长沙发掘报告》，科学出版社，1957 年。

②湖南省文物考古研究所编著:《里耶发掘报告》，岳麓书社，2007 年，第 633 页。

③古方主编:《中国出土玉器全集》第 10 卷《湖北湖南卷》，科学出版社，2005 年，第 232 页。

图 251　“曹嫫”玉印　西汉（1975 年长沙咸家湖曹嫫墓出土）

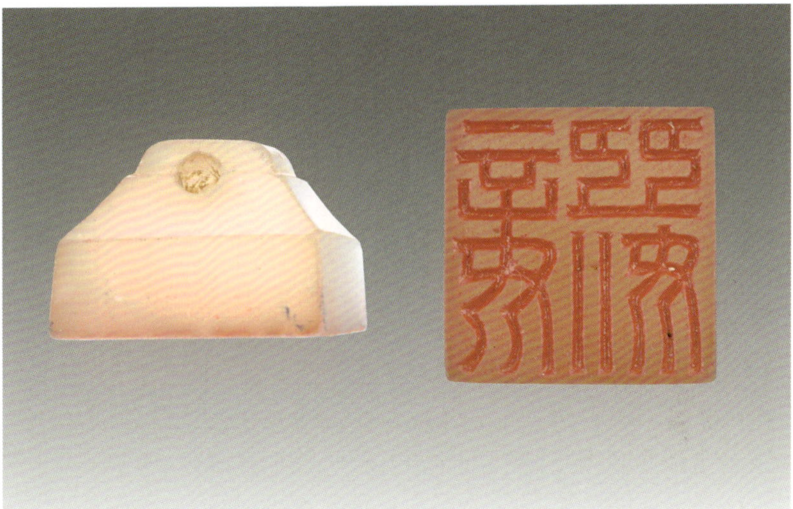

图 252 “妾嫘”玛瑙印 西汉 （1975 年长沙咸家湖曹嫘墓出土）

图 253 “曹嫘”玛瑙印 西汉 （1975 年长沙咸家湖曹嫘墓出土）

图 258　“陈间”玉印　西汉（1957 年长沙左家塘 M1 出土）

图 259　“刘说”玉印　西汉（1977 年长沙杨家山 M244 出土）

图 260 “石贺”玉印 西汉（1956 年长沙黄土岭 M29 出土）

图 261 “廖宏”玉印 西汉（2010 年常德南坪 D3M26 出土）

图 262　青玉无字龟纽印　西汉（2008-2009 年长沙谷山被盗西汉长沙王室墓 M8 出土）

图 263　“齐”玉印　西汉（1957 年长沙裕乡纱厂 M8 出土）

贺”玉印，这是较为典型的西汉早期的鸟虫书玉印。两印相比，“刘说”玉印更具有鸟虫篆的特点，其笔画构形中的鸟头和虫体的刻画，可谓精到而传神，它直承战国楚文字中的鸟虫书的意趣，具有婉转多姿、妩媚可人的风采。至于“石贺”玉印，其佳处则似乎不在鸟虫的刻画上，而主要是其布局上的大胆挪让和巧妙的饰笔，从而避免了“石”字的过分单薄，有着很好的艺术效果[①]。

**表七 湖南出土汉代主要玉印资料统计表**[②]

| 墓葬号 | 时代 | 印文 | 质地 | 印章出土位置 |
| --- | --- | --- | --- | --- |
| 1973年长沙马王堆M2 | 西汉 | 利苍 | 玉 | 头箱 |
| 1957年长沙左家塘M18 | 西汉 | 陈间 | 玉 | 腰部 |
| 1956年长沙黄土岭M27 | 西汉 | 周诱 | 玉 | 靠近头部左侧 |
| 1958年长沙杨家山M3[③] | 西汉 | 陈平 | 玉 | 腰部偏左 |
| 1956年长沙黄土岭M29 | 西汉 | 石贺 | 玉 | 腰部 |
| 1959年长沙左家塘M1 | 西汉 | 桓启 | 玛瑙 | 靠近头部 |
| 1959年长沙魏家堆M3 | 西汉 | 谢李 | 玉 | 腰部 |
| 1977年长沙杨家山M244 | 西汉 | 刘说 | 玉 | |
| 1960年长沙杨家山M6 | 西汉 | 苏郢 | 玉 | 腰部 |
| 1975年长沙咸家湖曹嫫墓 | 西汉 | 曹嫫 | 玉 | 椁室内 |
| 1975年长沙咸家湖曹嫫墓 | 西汉 | 妾嫫 | 玛瑙 | |
| 1975年长沙咸家湖曹嫫墓 | 西汉 | 曹嫫 | 玛瑙 | |
| 1965年湘乡义冢山M1[④] | 西汉 | 梅野 | 玉 | 头部左侧 |
| 1957年长沙裕乡纱厂M8 | 西汉 | 齐 | 玉 | 腰部 |
| 1999年沅陵虎溪山M1 | 西汉 | 吴阳 | 玉 | |
| 常德南坪 | 西汉 | 廖宏 | 玉 | |

①陈松长：《湖南古代玺印》，上海辞书出版社，2004年，第221页。

②玉印未注明资料来源的均见陈松长著《湖南古代玺印》，上海辞书出版社，2004年。

③湖南省博物馆：《长沙市东北郊古墓葬发掘简报》，《考古》1959年第12期。

④原韶山灌区文物工作队：《湖南湘乡汉墓》，《文物资料丛刊·2》，文物出版社，1978年。

图 268　谷纹玉璧　汉（1991 年安乡黄山镇西晋刘弘墓出土）

图 269　镂雕螭龙纹玉璧　汉（1991 年安乡黄山镇西晋刘弘墓出土）

图 270　玉璜　晋（1991 年安乡黄山镇西晋刘弘墓出土）

图 271　四神纹韘形玉佩　汉（1991 年安乡黄山镇西晋刘弘墓出土）

图 272　双龙纹韘形玉佩　晋（1991 年安乡黄山镇西晋刘弘墓出土）

图 273　云形玉佩　晋（1991 年安乡黄山镇西晋刘弘墓出土）

图 274　云形玉佩　晋（1991 年安乡黄山镇西晋刘弘墓出土）

图 275　玉猪　晋（1991 年安乡黄山镇西晋刘弘墓出土）

图 276 玉带钩 汉（1991 年安乡黄山镇西晋刘弘墓出土）

图 277 玉带钩 汉（1991 年安乡黄山镇西晋刘弘墓出土）

图 278 玉剑璏 汉（1991 年安乡黄山镇西晋刘弘墓出土）

图 281　玛瑙珠、管　2 件　晋（1958 年长沙金盆岭新生电机厂 M8 出土）

图 282　玛瑙管饰　西晋（1964 年长沙黄泥坑汽修厂 M3 出土）

图 283　玛瑙管　2 件　西晋（1964 年长沙黄泥坑汽修厂 M3 出土）

图 284　琥珀小动物　6 件　晋（1958 年长沙王公塘 M1 出土）

沙隋代墓葬出土玉头银脚发钗1件（图285），玉戒指1件（图286）[①]。发钗残长5.5厘米，戒指为米白色，直径2.5厘米；一处是1964年长沙南郊野坡M4出土白玉钗1件[②]，残长3.9厘米，玉质较佳，光素无纹（图287）。

唐代玉器发表资料的目前只见于1987年发掘的长沙中南工大唐墓，出土镶银边玛瑙杯1件（图288）、水晶蝉形饰1件[③]。另湖南省博物馆收藏有2件唐代玛瑙管，一是1964年长沙左家塘窑厂唐墓M7出土了1件玛瑙管，呈橄榄形（图289）；一是1958年长沙赤岗冲唐墓M14出土1件玛瑙管，作橄榄形（图290）[④]。

五代时期的玉器有1987年长沙岳麓山发掘的石椁墓，出土嵌银宝相花座白玉盏1件[⑤]。



1952—1957年长沙隋唐五代墓出土有水晶珠1件、玛瑙珠1件、玉饰1件[⑥]，形制不详。

宋代玉器发表资料的已有四处：一处是黔阳地区文物工作队收集到的琢有“宣和”年号的玉带钩1件[⑦]，长7、最宽处4、头径1、头长2厘米，青玉，质地坚硬，钩头为螭首，带钩背面的扣环上刻有篆书“宣和”二字；一处是1984—1986年耒阳城关宋墓出

①湖南省博物馆：《长沙两晋南朝隋墓发掘报告》，《考古学报》1959年第3期。

②湖南省博物馆：《长沙南郊的两座南朝隋代墓葬》，《考古》1965年第5期。

③湖南省文物局：《1979年以来湖南省的考古发现》，载《文物考古工作十年》（1979—1989），1991年。

④ 湖南省博物馆资料。

⑤长沙市文物工作队：《长沙岳麓山五代石椁墓》，《中国考古学年鉴》（1988年），文物出版社，1989年。

⑥周世荣：《长沙隋唐五代墓》，载周世荣编著《湖南古墓与古窑址》，岳麓书社，2004年，第248、253、260页。

⑦向开旺：《琢有宣和年号的玉带钩 》，《文物》1982年第8期。

图 285 玉头银脚发钗 隋（1958 年长沙陆家冲 M3 出土）

图 286 玉戒指 隋（1958 年长沙陆家冲 M3 出土）

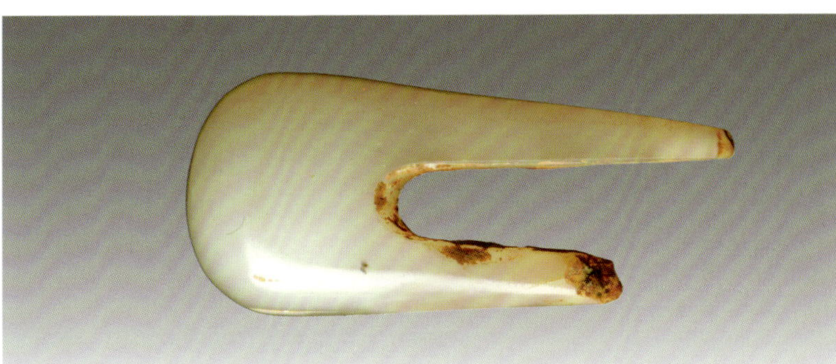

图 287 白玉钗 隋（1964 年长沙野坡矿山设计院 M4 出土）

图 291　镂空玉佩　北宋（1955 年长沙廖家湾 M36 出土）

图 292　水晶珠　宋（1964 年长沙赤岗冲汽车公司 M26 出土）

图 293 金镶绿松石耳环（一对） 元（1978 年临澧新合乡龙岗村出土）

图 294 金镶绿松石耳环 元（1978 年临澧新合乡龙岗村出土）

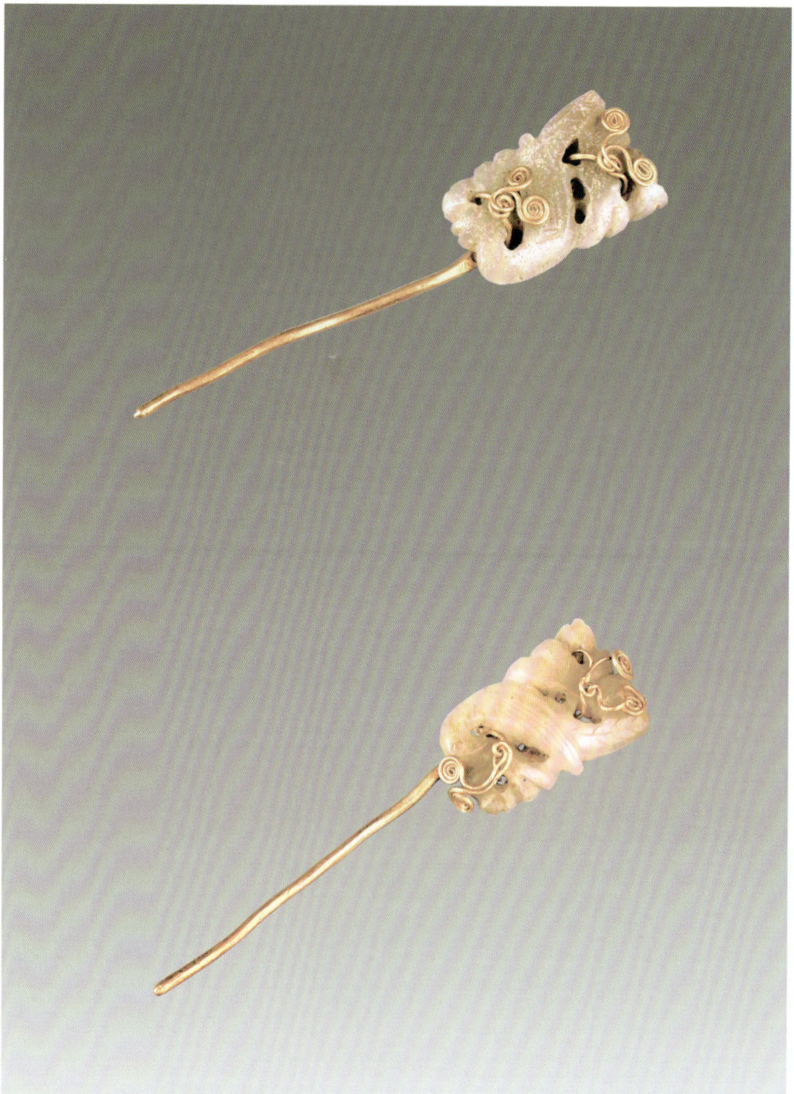

图 295　金穿玉山石孔雀纹耳环（一对）　元（1978 年临澧新合乡龙岗村出土）

图 296　金摩羯托玉凤簪　元（1985 年沅陵“元代夫妇合葬墓”M1 出土）

图 297　金穿玉慈姑叶耳环（一对）　元（1985 年沅陵“元代夫妇合葬墓”M1 出土）

直径 2.5 厘米[①]。

1958年长沙袁家岭M1明墓出土琥珀串珠1颗，圆球形，无纹饰，直径 1 厘米[②]。

1959 年在凤凰县西郊明嘉靖三十二年湖广道直隶五寨长官司彭氏墓出土了一批有玉石装饰的金质装饰品，其中嵌紫色玉饰 1 粒的金花饰 2 件；凤形金饰 1 件，其头颈尾、背饰彩色玉石 11 颗；叶形金饰 2 件，其上附彩色玉石 10 颗[③]。

1973 年常德德山 M1 明墓出土琥珀珠 1 串 41 粒，分算珠形和扁圆形两种[④]，光素无纹（图 298）。

1984 年城步苗族自治县在县档案馆发现了一颗米黄色玉石印章，系明代城步千户所正千户张昇的关防印[⑤]，印长 9.5、宽 5.5、厚 3.5 厘米，印把高 5.5 厘米。印面阳刻“湖广靖州卫守御城步正千户所千户张关防”十八个篆字，按三行排列，每行六个字。印把上阴刻“鼎日正千户张九箴请”九个小字。



2005 年在望城县含浦镇白鹤村蚂蚁山发掘了明代一座大型砖室墓，出土玛瑙珠 1 件[⑥]，黄色，有酱黄色斑纹，算珠状，中有穿孔（图 299）。

目前湖南暂没有辽、金、清代出土玉器资料的发表。湖南省博物馆收藏 1 件长沙鹅羊山出土的翡翠带钩（图 300），可以说是清代玉器的精品。

---

①②周世荣：《长沙两宋元明墓》，载《湖南古墓与古窑址》，岳麓书社，2004 年，第 220 页。

③张中一：《湖南省湘西凤凰县五寨长官司彭氏墓调查》，《文物》1962 年第 1 期。

④湖南省博物馆资料。

⑤丁中炎、魏人栋：《湖南城步苗族自治县发现明代玉印》，《考古》1986 年第 1 期。

⑥长沙市文物考古研究所、望城县文物管理局：《湖南望城蚂蚁山明墓发掘简报》，《文物》2007 年第 12 期；何佳、黄朴华：《望城蚂蚁山一号墓葬》，《湖南省博物馆馆刊》第三期，岳麓书社，2006 年。

图 298　琥珀珠一串　明（1973 年常德德山 M1 出土）

图 299　玛瑙珠　明（2005 年望城含浦镇白鹤村蚂蚁山出土）

图 300　翠玉带钩　清（长沙鹅羊山出土）

另有一些跨年代较长的墓葬群也出土有玉器，如2001年永州羊角井至马家墓群发掘了西汉中期至三国时期的墓葬165座，出土有玉璜、水晶饰物、玉佩饰、琥珀等[①]。

## 第二节　玉器的种类、用途、特点及来源

### 一、种类和用途

湖南出土的三国魏晋南北朝至清代的玉器，以佩饰玉为主，其中珠、管为最多，另有玦、璜、环、韘形佩、云形佩、动物形饰件、牌形佩、镂空玉佩及一些嵌玉石的饰件等，数量都不多；实用的装饰玉有发钗、戒指、带钩、剑璏等；日常生活用器目前只见樽、卮、杯、盏、印；丧葬用玉有玉猪；礼仪玉器只见璧。

除了西晋刘弘墓出土的玉器具有多种功能外，其他出土玉器主要是作为佩饰玉和装饰玉在使用，如各种形状的珠管、动物形小饰件、发钗、戒指、镂空玉佩等，鉴于这些玉器的用途相对比较简单，本书只是略微带过，重点介绍刘弘墓出土玉器。

刘弘，西晋名将，字和季，沛国相人，生于公元236年，于公元306年病逝于湖北襄阳军中，享年70岁。据《晋书·刘弘传》及《资治通鉴》等文献记载，刘弘“少家洛阳”，与晋武帝“同居永安里，又同年，共研席”，以旧恩起家，累官侍中、荆州刺史、镇南将军、车骑大将军等职，爵封宣成公。葬于湘鄂两省交界处的安乡黄山头主峰东南麓的南禅湾。墓中出土玉器16件，且雕琢



①周能:《永州羊角井至马家汉墓群》,《中国考古学年鉴》(2002年)，文物出版社，2003年。

精美，保存完好，是魏晋南北朝出土玉器最丰富的一个墓葬之一，也为湖南出土玉器增色不少。这 16 件玉器，除 1 件蒲纹璧出土于棺板之上外，其余均出土于墓室前部。

玉璧 4 件：1 件为镂空螭龙纹玉璧，另有两件超过 10 厘米的大璧和一件小璧。从图片看，其中两件大璧所装饰的应是常见的蒲纹，小璧则是典型的谷纹璧。这 4 件玉璧出土时，除 1 件大璧平置棺床上外，其余几件出于棺床前部，这被发掘者认为是葬具向墓门方向倒塌所致[①]。小型玉璧极有可能是随身佩带之物，而大型玉璧自战国汉代时期就大量用于棺内籍（垫）尸[②]，刘弘墓中那件棺床上平置的玉璧也应是用于丧葬之礼。

从形制看，镂雕龙纹玉璧、2 件蒲纹璧和 1 件谷纹璧应是汉代遗留下来的器物，它们具备典型汉代玉璧的样式：一是璧面饰简化蒲纹，边缘有凸起棱边，这类玉璧通常形体较大，玉料质地和制作工艺也较粗糙，多用于丧葬礼仪中；另一类是小型的谷纹玉璧，一般选择玉质晶莹且完好的玉料制作。不过这些玉器在南方红土的常年侵蚀下多变为灰白。镂雕螭龙纹玉璧，璧面镂雕二大二小螭龙纹，规整典雅，玲珑剔透，刚直有力，玉器的镂空与螭龙的造型，这些都是西汉时最常见的纹饰特征[③]。

大型玉制容器 2 件：龙凤勾连云纹玉卮与仙人神兽云纹玉樽，它们均出土于棺床前部。其中玉卮被公认是一件战国晚期到西汉时期的酒器。西汉早期漆器上自铭“卮”的器物，使令人知道了

①安乡县文物管理所:《湖南安乡西晋刘弘墓》,《文物》1993 年第 11 期。

②“籍尸”一词见于“以白玉璧三十枚籍尸”语,《三国志 · 吴书 · 孙休传》裴松之注引葛洪《抱朴子》，中华书局，1982 年，第 1162 页。

③相同类型的镂空玉璧考古发现于广州南越王墓（《西汉南越王墓》图版一五四：1）、江苏泗阳陈敦汉墓（《江苏泗阳陈墩汉墓》图三五）当中。

太守侯府君，棺内近身处发现2件[①]；东晋初期的临沂洗砚池M1[②]、镇江四摆渡M18[③]、南京富贵山东晋初年M2、M4[④]则各发现1件。这些剑璏或是琢刻高、浅浮雕的螭龙，或平面琢制兽面卷云纹，具有典型的汉代剑璏特征。刘弘墓出土的这件剑璏也具有同样的特征，应是汉代遗留下来的作品。考古发掘表明，佩剑之风在魏晋南北朝已趋向衰落，因此期间墓中出土金属剑已很少。我们对上述几例剑璏的出土方位、粘接痕迹进行分析，发现除富贵山M2剑璏出土时仍紧密地粘接在一把铁剑身侧，其余几例均没有与刀剑等实用武器相连。且璏背用以与剑鞘连接的平整面上均无发现与铁锈胶结的状况，这可证明这些玉剑璏的使用很可能与当时新兴的"朝服木剑"现象有关联，因有机质剑体容易腐朽不易保存，而玉质剑饰却能完好地保留下来。

云形佩3件、玉璜1件：云形佩分别为飞蝶状，素面，有三孔（见图273）；蝙蝠状，素面，有四孔；磬形，素面，有一孔（见图274）。玉璜，半璧形，素面，一侧有一孔，一侧有二孔（见图270）。我们对这4件器物进行分析，认为它们是组玉佩中的构件，如果还有1件三孔璜和垂珠，完全可以组合成一个完整的组玉佩：以四孔的"蝙蝠状"云形佩作为上珩引领，中珩是三孔的飞蝶状云形佩，下珩是一孔的磬状云形佩，半璧形立璜系于上珩之下。云形佩是魏晋时期新出现的玉器器形，主要作为魏晋时期新式组玉佩中的构件使用。而半璧璜上有三孔，无纹饰，它与早期璜横

①南京市文物保管委员会:《南京板桥镇石闸湖晋墓清理简报》,《文物》1965年第6期。
②山东省文物考古研究所、临沂市文化局:《临沂洗砚池晋墓》,《文物》2005年第7期。
③镇江市博物馆:《镇江东晋墓》,《文物资料丛刊·8》，文物出版社，1983年，第16页。
④南京市博物馆、南京市玄武区文化局:《江苏南京市富贵山六朝墓地发掘简报》,《考古》1998年第8期。

向使用状态不同，它在新形式的组玉佩中是侧立于中珩的两侧，两端的穿孔不是用来固定横向的系佩，而是纵向连接上珩与垂珠。故这类璜和云形佩均应是当时的产物。

韘形佩2件：韘形佩亦有文献称之为“玦”。如《诗·国风·芄兰》“童子佩韘”，毛传云“韘，玦也”，郑笺云“韘之言沓，所以弸沓手指”。魏晋南北朝的文献中，多将“韘形佩”称为“玦”。如三国魏曹丕《与钟繇书》“邺骑既到，宝玦初至，捧匣跪发，五内震骇，绳穿匣开，灿然满目”。关于这件玦，钟繇给曹丕的信中如是写道：“昔忝近任，并得赐玦。尚方耆老，颇识旧物。”[1]这件玦便出自前朝（东汉）尚方局的作品。曹丕为此还作有一篇《玉玦赋》对此物赞美：“有昆山之妙璞，产曾城之峻崖。嗽丹水之炎波，荫瑶树之玄枝。包黄中之纯气，抱虚静而无为。应九德之淑懿，体五材之表仪。”[2]这里所说的玦，即指的就是韘形佩。

四神纹韘形玉佩（见图271），主体呈鸡心形，上端中间起脊，中部有一圆孔，鸡心两侧不对称地镂雕龙、凤、螭，孔下有浅浮雕的螭龙首，上部作兽首形，另一面高浮雕谷纹。这件韘形佩韘体占据了纹饰的主体部分，呈长椭圆形，一端浑圆，另一端突出尖喙，尖喙的一侧还明显有一个突出的“侧扳”，这是汉代玉韘形佩的特点。背面的谷纹是将地部消磨低平后加以琢制的，可说明这件佩或是由更早期的谷纹璧改制所得[3]。螭龙穿过侧边镂空纹饰并蜿蜒到韘形佩凹面上的设计，颇有新意，开创了装饰纹饰对韘

①《三国志·魏书·钟繇传》裴松之注，中华书局，1982年，第396页。

②唐·欧阳询：《艺文类聚》卷第六十七。

③“由谷粒的作工及中央大圆孔旁窄而陡的‘肉缘’看，疑为用战国或西汉时的谷纹璧改制而成。”见邓淑蘋：《长乐又延年——东汉吉祥铭文玉璧的新认识》，《故宫文物月刊》第30卷第10期，第71页。

本体的占据，由此也让玉韘形佩最终被改制演化成一类纯装饰性的佩饰玉器。

双龙纹韘形玉佩（见图272），方首，中间鸡心形，两侧雕对称透雕龙纹，龙首向上，卷唇长舌。龙首上部有一长方形孔，作系带用。中心有一圆孔，下部以细阴线刻兽面纹。雕琢精细，打磨光洁。这件佩在造型和工艺上很特别，它的设计依据两只张口吐舌的走龙的爬向趋势，将悬挂用的长扁方孔设计在器物的上部，下部为镂空成扁平的“两龙拱韘形”，这种造型在以往的玉韘形佩中从未发现。工艺方面，镂空部分的处理方式和线条、龙纹形态也明显有别于两汉，通身镌刻的阴线、粗放而随意的刻画方式贯穿始终。所以我们认为这件玉佩应该是当时的作品，属于这一时期新创。

另外，晋墓出土的玛瑙、水晶珠管、琥珀小动物，它们有的是作为组玉佩中的构件使用的，有的和其他佩饰组合在一起成为串饰或项饰。1958年长沙王公塘晋墓M1出土6件琥珀圆雕动物，四脚匍匐，兽首前瞻，五官紧凑，身体浑圆饱满，轮廓简练。腹部横穿一孔，可与其他珠饰连接组成首饰。除1件（见图284右）有汉八刀风格、时代较早外[①]，其余均应为当时产物。

隋墓出土的玉戒指、玉发钗，时代风格明显。钗顶多为方正，略带有弧度，顶外抹边，钗脚显得较短促，此种钗在北周墓中已有发现[②]。玉戒指玉质温润，做工简洁、利索，线条流畅，抛光含蓄，从尺寸和使用功能来看，与玉钗均为实用玉器。长沙廖家湾M36出土的镂空玉佩，其一端有一榫头，应是作为簪首嵌在簪脚上的。

①陕西咸阳西郊马泉公社西汉中晚期墓葬出土1件琥珀雕兽，与此件类似。

②原州联合考古队:《北周田弘墓——原州联合考古队发掘调查报告2》，勉诚出版社，2000年。

唐墓出土的镶边银玛瑙杯，为饮酒器。椭圆形口，斜直腹，矮圈足。口沿、圈足均镶嵌银边，圈足银边上錾刻荷花纹。银扣与玛瑙镶嵌紧密，工艺精细高超。与隋代李静训墓出土的金扣白玉杯[①]为同一类型器皿。

长沙鹅羊山出土的翡翠带钩，由绿白翡翠制作，质地细腻，钩头为龙首，张嘴鼓腮，“虾米眼”外凸。器身作长条状，上琢螭龙，脊椎凸起明显，身躯凌空摆尾前行。带钩刻画细腻，清代特征明显。带钩发展到清代，已无实用价值，多作为把玩之物用于玩赏。

## 二、特点及来源

1. 总体来看，湖南此时期的玉器可分成两个阶段，三国两晋南北朝为一个阶段，隋唐至清代为一个阶段。前一阶段的玉器是汉代玉器的延续，但总量大减，且品种不多，这在全国其他地区都一样，是属于玉器发展史上的低潮期。形成这一局面的主要原因是，自三国曹魏时起，朝廷命令禁止厚葬。以往以玉器作为葬礼重要内容的做法受到限制；战争连绵不断，交通不畅，玉材来源受阻，数量不足，动摇了玉器制作的物质基础；魏晋时期玄风大盛，贵族、士大夫崇尚放达人生，着力突破传统礼教的樊篱，致使礼仪玉器制作很少；佛教文化及其艺术品异军突起，大量佛像石刻如云冈、龙门石窟之兴建，可能吸引去众多的玉器工匠，而影响玉器的创作；道教推崇“食玉”，很多玉料被食用而遭浪费[②]。

后一阶段虽然出土玉器极少，但同一时期的传世玉器在不断增加，到清代传世玉器的数量达到了顶峰。出土玉器少的主要原

①杨伯达主编:《中国玉器全集》第 5 卷，图二四，河北美术出版社，1993 年。

②刘素琴:《道教与玉文化》,《文史知识》1993 年第 10 期。

因是与丧葬观念的改变和盗墓日益猖獗有关。由于湖南隋唐至清代的出土玉器数量过少，不能反映这一时期出土玉器的情况，故本节只重点阐述湖南魏晋南北朝时期出土玉器的特点。

2. 前面已述，魏晋南北朝时期的湖南出土玉器，有很大一部分是沿用了旧玉，如刘弘墓出土的 1 件玉樽、1 件玉卮、4 件玉璧、2 件带钩、1 件韘形佩、1 件剑璏，但也出现了一些新的品种，如云形玉佩、有长方形穿孔的韘形玉佩等，这符合当时玉器发展的情况。魏晋南北朝时期，由于种种原因，玉器生产处于低潮，大量沿用或改制前代旧玉，相当一部分玉器器类、造型、装饰和琢制技术明显继承两汉传统，但亦有一定的发展，丧葬专用之玉衣已绝然不见，器表的装饰由此前的华美趋向相对简洁，素面器所占比例较大，但也出现了像云形佩、有长方形穿孔的韘形玉佩等新创玉器。

3. 由于玉器生产受到制约，此时也出现了一些仿玉风格的滑石器，其中以滑石猪为最多，但相比两汉时期，此阶段仿玉风格的滑石器数量也较少，这与整个时代倡导薄葬有关。从我们对已发表资料的湖南魏晋南北朝出土滑石器的统计数据来看，此阶段的仿玉滑石器只在常德郭家铺东吴墓出土滑石猪 1 件[①]，常德西郊晋墓 M4 出土滑石猪 2 件[②]，安乡刘弘墓出土滑石猪 1 件[③]，长沙新港晋墓出土滑石猪 2 件[④]，长沙晋墓、南朝墓各出土滑石猪 1 件[⑤]，

①周能:《湖南常德东吴墓》,《考古》1992 年第 7 期。

②湖南省文物管理委员会:《湖南常德西郊古墓葬群清理小结》,《文物参考资料》1955 年第 5 期。

③ 安乡县文物管理所:《湖南安乡西晋刘弘墓》,《文物》1993 年第 11 期。

④长沙市文物考古研究所:《长沙市新港晋墓的清理》,《考古》2003 年第 5 期。

⑤湖南省博物馆:《长沙两晋南朝隋墓发掘报告》,《考古学报》1959 年第 3 期。

长沙东晋墓 M2 出土 2 件滑石猪[①]，长沙南郊雨花亭六朝墓出土滑石猪 8 件[②]，长沙南郊一座晋墓出土滑石猪 2 件[③]，长沙桂花坪印山坡东晋墓 M1 出土滑石猪 2 件[④]，汨罗县南朝墓出土滑石猪 1 件[⑤]，衡阳市东晋纪年墓出土滑石猪 1 件[⑥]，其他仿玉玉器品种几乎未见。滑石猪的制作均选用上等白色细腻的滑石，经过简略加工，做成条形握猪，吻部长尖，头部或凹凸有致，或十分简洁，这些特征都不见于两汉，表明滑石猪是此时制品。

4. 纵观湖南魏晋南北朝至清代的出土玉器，刘弘墓玉器是最为耀眼的，种类、数量都最多，艺术水平也最高，虽然有很大一部分玉器是沿用旧玉，但这些玉器无疑也是当时最佳艺术作品。追溯其源流，它们很有可能是刘弘自洛阳启程赴任携带到南方，死后再埋入墓中的。至于其他出土玉器，由于地域特征不很明显，只有三种可能，或是沿袭旧玉，或是本地制作，或是从外地交换而来。要弄清楚其来源，还需要有新的考古资料和新的研究成果来综合分析。

## 第三节　玉器的造型与工艺

湖南三国魏晋南北朝至清代的玉器造型，基本上分几何形和

①湖南省文物管理委员会:《长沙南郊烂泥冲晋墓清理简报》,《文物参考资料》1955 年第 11 期。

②高至喜:《长沙南郊雨花亭附近的东汉、六朝、唐墓》,《考古通讯》1956 年第 6 期。

③湖南省博物馆:《长沙南郊的两座南朝隋代墓葬》,《考古》1965 年第 5 期。

④长沙市文物考古研究所:《长沙市桂花坪印山坡东晋墓发掘简报》,《湖南省博物馆馆刊》第七辑，岳麓书社，2010 年。

⑤ 湖南省博物馆:《汨罗县东周、秦、西汉、南朝墓发掘报告》,《湖南考古辑刊》第 3 集，岳麓书社，1986 年。

⑥贺兴武:《衡阳市发现东晋纪年墓》,《文物资料丛刊・10》，文物出版社，1987 年。

动物形两大类。几何形玉器有珠、管、环、璜、玦、牌形佩、云形佩、璧、韘形佩、壶形饰、剑璏、带钩、发钗、戒指、杯、樽、卮、盏、印等，动物形玉器有猪、龟、虎、狗、蝉、瑞兽等。

纹饰造型主要有龙纹、凤纹、螭纹、云纹、谷纹、羽人纹、熊纹、鸭首纹、孔雀纹。这些纹饰主要表现在刘弘墓中出土的玉器上。

此时期的玉器材质有玉、玛瑙、水晶、琥珀、翡翠、绿松石等。玉器制作工艺可分为片形、镂雕、圆雕、镶嵌四种。湖南魏晋南北朝时期的制玉工艺方法大体延续汉玉的风格，但大部分玉器不如汉玉那样精美，抛光不精，如刘弘墓的云形玉佩。

而隋唐至清代的玉器，由于数量和品种都很少，难以体现整个时代的玉雕工艺特征，表现较为显著的是玉与金属结合的工艺继续得到发扬，如长沙出土的隋代玉头银脚发钗、唐代的镶银边玛瑙杯，元代出土的金银饰件中镶嵌玉质的坠件等，将玉与金银等金属有机地结合在一起，工艺水平高超。如 1978 年临澧县新合乡龙岗村元代窖藏出土的一对金镶绿松石耳环（见图 293），一颗绿松石的上端覆以金花金叶，花叶上边是一个小金托，内里嵌宝，但宝石已失落。与耳环脚相接的金丝从绿松石的小孔中穿过，然后在底端盘绕成花蔓，一面稳稳托住绿松石，一面形成与整个装饰图案的呼应。金、绿松石结合得非常巧妙，设计、工艺都很自然。

另长沙出土的银扣玛瑙杯，掏膛要采用多次钻孔切割才能完成，但器内基本不见制作痕迹，说明掏膛和抛光工艺都很先进。

虽然湖南出土的魏晋南北朝至清代玉器难以反映中国玉器制作工艺的发展进程，但从全国范围来看，此段历史时期的玉器制作是在曲折中向前推进的，并在清代中期达到了玉雕工艺的高峰。

# 第六章　湖南几个玉器问题的相关探讨





## 第一节　宁乡商代玉玦用途的深入探讨

### 一、宁乡商代玉玦出土情况

湖南出土的商代玉器中，除珠、管之外，以玉玦最为多见，仅黄材王家坟山一“戈”字青铜卣内就出土了64件青玉玦（表八），大多为青玉，也有少量青灰色的，皆光素无纹，雕工精湛，打磨光亮，均作扁体圆形，很薄，中有孔，圆环中有一缺口，缺口边有平直的，也有斜切的，尺寸大小不一，大的直径有10.6厘米，小的直径只有1.4厘米，如果按大小顺序排列，基本上可以看出它们已经接近等差数列排序。经对这批玉玦鉴定，这些玉玦的颜色较浅，呈黄绿色或灰绿色，一般没有沁色，玉器光泽较强，器表呈半玻璃光泽，断口呈油脂光泽，透明度较强，为半透明—透明，玉器的摩氏硬度为6.5~7，点测法测得玉石的折射率为1.62，这些玉玦均为隐晶质结构，质地比较均匀，为软玉中的青玉或青白玉[①]。另外，黄材三亩地出土的云纹青铜大铙旁边有10件鸡骨白玉玦（表九），为扁体圆形，很薄，中有孔，玦口有斜切、直切两种，玦的直径从6.8厘米至1.6厘米不等，均光素无纹，有强烈的鸡骨白沁，有的含褐色、灰色斑点，呈土状光泽，玉器的透明度变化大，由微透明至不透明。

①见本章“湖南出土玉器玉质特征：以湖南省博物馆馆藏玉器为例”。

摩氏硬度小于6，点测法测得玉器折射率为1.62，玉器主体呈隐晶质结构，参差断口，质地疏松，手感较轻。中国地质大学武汉珠宝学院朱勤文教授通过研究认为，湖南出土的这种鸡骨白玉器的玉质是白玉，正是强烈的鸡骨白沁使玉石的光泽、透明度和硬度明显降低。

**表八　宁乡黄材王家坟山出土玉玦情况统计表**

| 序号 | 文物名称 | 时代 | 数量 | 尺　寸 |
|---|---|---|---|---|
| 1 | 青玉玦 | 商 | 1件 | 直径1.4厘米 |
| 2 | 青玉玦 | 商 | 1件 | 直径1.4厘米 |
| 3 | 青玉玦 | 商 | 1件 | 直径1.5厘米 |
| 4 | 青玉玦 | 商 | 1件 | 直径1.5厘米 |
| 5 | 青玉玦 | 商 | 1件 | 直径1.5厘米 |
| 6 | 青玉玦 | 商 | 1件 | 直径1.6厘米 |
| 7 | 青玉玦 | 商 | 1件 | 直径1.6厘米 |
| 8 | 青玉玦 | 商 | 1件 | 直径1.6厘米 |
| 9 | 青玉玦 | 商 | 1件 | 直径1.6厘米 |
| 10 | 青玉玦 | 商 | 1件 | 直径1.6厘米 |
| 11 | 青玉玦 | 商 | 1件 | 直径1.6厘米 |
| 12 | 青玉玦 | 商 | 1件 | 直径1.7厘米 |
| 13 | 青玉玦 | 商 | 1件 | 直径1.7厘米 |
| 14 | 青玉玦 | 商 | 1件 | 直径1.7厘米 |
| 15 | 青玉玦 | 商 | 1件 | 直径1.75厘米 |
| 16 | 青玉玦 | 商 | 1件 | 直径1.8厘米 |
| 17 | 青玉玦 | 商 | 1件 | 直径1.8厘米 |
| 18 | 青玉玦 | 商 | 1件 | 直径1.8厘米 |
| 19 | 青玉玦 | 商 | 1件 | 直径1.9厘米 |

|  |  |  |  |  |
|---|---|---|---|---|
| 20 | 青玉玦 | 商 | 1 件 | 直径 1.9 厘米 |
| 21 | 青玉玦 | 商 | 1 件 | 直径 2 厘米 |
| 22 | 青玉玦 | 商 | 1 件 | 直径 2 厘米 |
| 23 | 青玉玦 | 商 | 1 件 | 直径 2 厘米 |
| 24 | 青玉玦 | 商 | 1 件 | 直径 2 厘米 |
| 25 | 青玉玦 | 商 | 1 件 | 直径 2 厘米 |
| 26 | 青玉玦 | 商 | 1 件 | 直径 2.2 厘米 |
| 27 | 青玉玦 | 商 | 1 件 | 直径 2.2 厘米 |
| 28 | 青玉玦 | 商 | 1 件 | 直径 2.3 厘米 |
| 29 | 青玉玦 | 商 | 1 件 | 直径 2.3 厘米 |
| 30 | 青玉玦 | 商 | 1 件 | 直径 2.3 厘米 |
| 31 | 青玉玦 | 商 | 1 件 | 直径 2.4 厘米 |
| 32 | 青玉玦 | 商 | 1 件 | 直径 2.4 厘米 |
| 33 | 青玉玦 | 商 | 1 件 | 直径 2.5 厘米 |
| 34 | 青玉玦 | 商 | 1 件 | 直径 2.5 厘米 |
| 35 | 青玉玦 | 商 | 1 件 | 直径 2.5 厘米 |
| 36 | 青玉玦 | 商 | 1 件 | 直径 2.6 厘米 |
| 37 | 青玉玦 | 商 | 1 件 | 直径 2.7 厘米 |
| 38 | 青玉玦 | 商 | 1 件 | 直径 2.8 厘米 |
| 39 | 青玉玦 | 商 | 1 件 | 直径 2.9 厘米 |
| 40 | 青玉玦 | 商 | 1 件 | 直径 3 厘米 |
| 41 | 青玉玦 | 商 | 1 件 | 直径 3 厘米 |
| 42 | 青玉玦 | 商 | 1 件 | 直径 3.2 厘米 |
| 43 | 青玉玦 | 商 | 1 件 | 直径 3.2 厘米 |
| 44 | 青玉玦 | 商 | 1 件 | 直径 3.5 厘米 |
| 45 | 青玉玦 | 商 | 1 件 | 直径 3.6 厘米 |
| 46 | 青玉玦 | 商 | 1 件 | 直径 3.7 厘米 |
| 47 | 青玉玦 | 商 | 1 件 | 直径 3.7 厘米 |
| 48 | 青玉玦 | 商 | 1 件 | 直径 3.9 厘米 |
| 49 | 青玉玦 | 商 | 1 件 | 直径 4.2 厘米 |

| 50 | 青玉玦 | 商 | 1 件 | 直径 4.3 厘米 |
|---|---|---|---|---|
| 51 | 青玉玦 | 商 | 1 件 | 直径 4.4 厘米 |
| 52 | 青玉玦 | 商 | 1 件 | 直径 5.1 厘米 |
| 53 | 青玉玦 | 商 | 1 件 | 直径 5.2 厘米 |
| 54 | 青玉玦 | 商 | 1 件 | 直径 5.4 厘米 |
| 55 | 青玉玦 | 商 | 1 件 | 直径 5.7 厘米 |
| 56 | 青玉玦 | 商 | 1 件 | 直径 6.5 厘米 |
| 57 | 青玉玦 | 商 | 1 件 | 直径 6.9 厘米 |
| 58 | 青玉玦 | 商 | 1 件 | 直径 7 厘米 |
| 59 | 青玉玦 | 商 | 1 件 | 直径 7.1 厘米 |
| 60 | 青玉玦 | 商 | 1 件 | 直径 7.1 厘米 |
| 61 | 青玉玦 | 商 | 1 件 | 直径 7.9 厘米 |
| 62 | 青玉玦 | 商 | 1 件 | 直径 8.2 厘米 |
| 63 | 青玉玦 | 商 | 1 件 | 直径 10.4 厘米 |
| 64 | 青玉玦 | 商 | 1 件 | 直径 10.6 厘米 |

### 表九　宁乡黄材三亩地出土玉玦情况统计表

| 序号 | 文物名称 | 时代 | 数量 | 尺　寸 |
|---|---|---|---|---|
| 1 | 玉玦 | 商 | 1 件 | 直径 1.6 厘米 |
| 2 | 玉玦 | 商 | 1 件 | 直径 1.9 厘米 |
| 3 | 玉玦 | 商 | 1 件 | 直径 2.1 厘米 |
| 4 | 玉玦 | 商 | 1 件 | 直径 3.2 厘米 |
| 5 | 玉玦 | 商 | 1 件 | 直径 3.7 厘米 |
| 6 | 玉玦 | 商 | 1 件 | 直径 3.8 厘米 |
| 7 | 玉玦 | 商 | 1 件 | 直径 4.3 厘米 |
| 8 | 玉玦 | 商 | 1 件 | 直径 5.5 厘米 |
| 9 | 玉玦 | 商 | 1 件 | 直径 5.8 厘米 |
| 10 | 玉玦 | 商 | 1 件 | 直径 6.8 厘米 |

## 二、宁乡商代玉玦用途

湖南宁乡这么多大小不一，质地、雕工又很精美的玉玦储藏在一个青铜器内或伴随青铜器出土，究竟是干什么的？玉玦在古代常作为佩饰在使用，显然，如果玉玦仅仅是作为装饰品收藏，似乎数量太多，有点不合常理。前文已指出湖南商代玉器是通神的精物，是作为祭品祭祀神灵的。那么，这里的“祭品”究竟指的是什么？宁乡出土玉玦也包括与之一同出土的其他玉器是否还有别的作用？在回答这个问题之前，我们首先来考察一下玉玦在古代文献和考古学中的作用。

1. 古代文献所记载的玉玦用途

我们知道，古代文献所记载的玉玦用途有两层含义：

一是作为佩玉，象征“诀离”、“决断”之意，其形是环而有缺。与此一层意义有关之文献很多，诸如《说文》“玦，玉佩也”;《玉篇》“玦，玉佩，如环缺不连”;《白虎通》“玦，环之不周也”；杜预注《左传·闵公二年》玦“如环而缺不连”；韦昭解《国语·晋语》“玦如环而缺”;《广韵》“玦，佩，如环而有缺，逐臣赐玦，义取与之诀别也”;《荀子·大略篇》“聘人以圭，问士以璧，召人以瑗，绝人以玦，反绝以环”;《史记·项羽本纪》“范增数目项王，举所佩玉玦，以示之者三……”；段成式《酉阳杂俎》卷一“代宗即位，楚州献定国宝一十二……九曰玉玦，形如玉环，四分缺一”等等。这里，玉玦既是佩玉，又是一种信物。二是作为钩弦器、佩玉，象征童子成年之佩，其形如韘。与此一层意义有关的文献有:《诗·国风·芄兰》“童子佩韘”，毛传云“韘，玦也”，郑笺云“韘之言沓，所以彄沓手指”;《诗·小雅·车攻》:“决拾既次，弓矢既调。”传云：“决，钩弦也，拾，遂也，佽，利也。”这里“玦”之形似与带缺口的环形玉器无关，应指韘形器，不是我们所讨论的玉玦。

陈大年先生曾对“玉玦”进行考证，他综合文献和收藏品资料，认为古之玦有三种用途，大者为礼器，小者为男子佩饰及妇人耳珰[①]。

2. 考古发掘中所见玉玦用途

考古发掘中所见玉玦用途就更为宽泛。考古发掘中，新石器时代至秦朝以前玉玦出现较多。新石器时期，小玉玦常出土于死者耳部，应为耳饰，如内蒙古敖汉旗兴隆洼文化遗址 117 号居室墓葬墓主人左、右耳部出土有玉玦各 1 件[②]；1955 年江苏南京北阴阳营遗址第四层所出两件玉玦，出土时在头骨耳根处[③]。商代、西周出土了大量玉玦，如部分小玉玦出土于人头骨周围外，也有放置于人胸部的，应为佩饰。杨美莉先生就认为殷墟妇好墓出土的卷龙玦，上面雕琢有精美的纹饰，玦上有穿孔，应是作为佩饰，系于身上，可辟邪、祓禳[④]。玦在春秋以后，在使用上呈现多元性的功能，除继续出土于耳部位置表现为耳部饰物外，玦出现置于口内的陪葬习俗，表现其为含于口中的“琀”。如陕西户县宋村春秋秦墓的一陪葬男子，其出土时口内含了两件直径 2.3、孔径 1.55、厚 0.3、缺口宽 0.2 厘米的玦[⑤]；也有出现于腰腿间的，如战国初期的曾侯乙墓出土一对大小相当、直径 5.2 厘米的云纹玉玦，其出于墓主左腿侧[⑥]，可能是作为佩饰，佩于腰间悬垂于腿侧；也有嵌于

①《陈大年所藏古玉石器琉璃器出品说明书》。

②中国社会科学院考古研究所内蒙古工作队:《内蒙古敖汉旗兴隆洼遗址发掘简报》,《考古》1985 年第 10 期。

③中国玉器全集编辑委员会:《中国玉器全集》第 1 卷《原始社会》，河北美术出版社，1993 年，第 235 页。

④杨美莉:《中国古代玦的演变与发展》,《故宫学术季刊》1993 年第 11 卷第 1 期。

⑤陕西省文管会秦墓发掘组:《陕西户县宋村春秋秦墓发掘简报》,《文物》1975年第10期。

⑥湖北省博物馆:《曾侯乙墓》，文物出版社，1989 年。

器物上的，如辉县固围村第五号墓所出的 3 片玦是嵌于青铜带钩上的[①]；也有出土于漆盒、陶钵等容器内的，如安徽舒城春秋墓中出土了 26 件玦，其中有 24 件是置于漆盒内的[②]，想必是视玉玦为珍贵之物，作为宝藏珍玩等，具有财富性质之意。

成批出土玉玦的情况在秦朝以前的墓葬中也不乏事例，如 1991 年在江西新干大洋洲商代晚期遗址出土了 19 件玉玦，均素面无纹，在缺口的对应边上均钻一小孔，可以串缀相连，大部分玦曾经断裂修补过，即在断口两侧各钻一小孔，用线扎缠，再涂一层胶质，琢制规整，抛光细腻，扁薄，成组大小有序，直径 2.6~7.1 厘米不等[③]。广东博罗横岭山商周时期墓地 M225 玉玦出土情况也是如此，该墓出土的玉玦，双面中间平、边缘斜，肉窄、孔大，成组出土，大小相递[④]。又如宝鸡強国墓地茹家庄一号墓出土玦 80 件，其中 50 件是煤精质的[⑤]，出土时成批套叠在一起，杨美莉先生认为这些都是将玦视为财富、珠宝性质之物[⑥]。

根据文献记载和考古出土玉玦情况分析，先秦以前，玉玦用途很广，既可以作耳饰、佩饰、嵌饰器，又可以作葬玉中的琀玉和符节器，还可以用来表示财富。

3. 宁乡商代玉玦用途

宁乡玉玦是否也具备上述功能呢？宁乡黄材王家坟山玉玦有





---

①中国科学院考古研究所:《辉县发掘报告》，科学出版社，1956 年，第 104 页。

②安徽省文物考古研究所、舒城县文物管理所:《安徽舒城县河口春秋墓》，《文物》1990 年第 6 期。

③江西省文物考古研究所等:《新干商大墓》，文物出版社，1997 年。

④广东省文物考古研究所:《博罗横岭山：商周时期墓地 2000 年发掘报告》，科学出版社，2005 年。

⑤卢连成、胡智生:《宝鸡強国墓地》上，文物出版社，1988 年，第 323 页。

⑥杨美莉:《中国古代玦的演变与发展》，《故宫学术季刊》1993 年第 11 卷第 1 期。

云："玉者珍也。玉币，谓以各种珍贵物产为货币也。"[①]

如与考古出土实物相验证，这三种解释都有一定道理，尤其不可否定的是，玉在秦以前确实起到了货币作用。

玉作为原始货币，在上古使用中以"备"为计，王国维在《说珏朋》中云："殷时玉与贝皆货币也……盖商时玉之用与贝同也……其用为货币及服御者，皆小玉小贝而有物焉以系之，所系之贝玉，于玉谓之珏，于贝则谓之朋。然二字于古实为一字……古者玉亦以备计，即珏之假借，齐侯壶云'璧二备，即二珏也'。"[②] 由此，我们可以知道，在商朝时玉和贝都是货币，把玉和贝当作货币来用时都是串起来使用，拴成串的玉称做珏，拴成串的贝则称做朋。

1975 年在陕西省岐山县董家村出土的铜器中有裘卫四器[③]，记载了西周时关于租田一事，其中一件卫盉器盖和器身上有铭文共 132 字，记载"惟三年三月既生霸壬寅，王爯（称）旂于丰。矩伯庶人取堇章于裘卫，才八十朋，厥贾其舍田十田。矩或取赤虎两，麀贲两，贲韦合一，才廿朋，其舍田三田"。意思是，裘卫拿出覲章（玉制品）、赤色虎皮等两批东西，共换回矩伯十三田的土地。堇章当是朝覲用的玉璋，"才"通"财"，意为作价，朋即是玉币单位，一件玉璋值 80 朋，80 朋可换 10 田土地。经考古出土实物验证，可见王国维先生的考证论述是十分正确的。

先秦文献中还有许多以玉币买卖情况的记载，如《子罕》记子贡曰："有美玉于斯，韫匵而藏诸，求善贾而沽诸？"子曰："沽

---

①马非百：《管子轻重篇新诠》，中华书局，1988 年。

②王国维：《说珏朋》，《观堂集林》卷三，中华书局，1959 年。

③岐山县文化馆、陕西省文管会：《陕西省岐山县董家村西周铜器窖穴发掘简报》，《文物》1976 年第 5 期；林甘泉：《对西周土地关系的几点新认识——读岐山董家村出土铜器铭文》，《文物》1976 年第 5 期；唐兰：《陕西省岐山县董家村新出西周重要铜器铭辞的译文和注释》，《文物》1976 年第 5 期。

之哉。"《论语·阳货》:"礼云，礼云，玉帛云乎哉!"《仪礼·觐礼》朝觐时"王使人皮弁用璧劳"。《管子·轻重丁·石璧谋篇》记载说其他诸侯国向齐国购买石璧，除黄金外，还使用了珠玉、五谷、文采、布帛等财货，这些都说明玉在上古确实是起到了货币作用。

《旧唐书·礼仪志三》所载"旧礼郊祀既毕，收取玉帛牲体置于柴上，然后燔于燎坛之上"，可知古代有燎玉祭祀之俗。新石器时代的良渚文化墓中经常出现大量烧烤过的玉器。四川广汉三星堆祭祀坑出土的许多玉器，特别是玉璋之类礼器大多经火烧成断裂状，有明显的燎祭现象，有的也火烧成鸡骨白色[①]。宁乡黄材三亩地出土的玉器全部已呈鸡骨白颜色，可能与焚烧玉器有关。据闻广、黄宣佩先生研究，玉器变白与受热有关[②]，殷人持玉进行燎祭，在祭祀中使玉受热，造成玉器变白。那么，依据他们的看法，宁乡三亩地出土的玉器应是作为祭品玉币，并在祭前经过焚烧的。

战国楚简文字中，记录有大量的对于宗庙人鬼举行的祈祷，其中明确地记有祭品用玉的情况[③]。如《望山楚简》中的"亯归佩玉一环柬大王"[④],其大意为"享献柬大王(墓主的直系先祖)佩玉一环"。

在祭祀之中,礼神之玉与燔瘗之玉有别。《周礼·春官·大宗伯》孙诒让疏云,盖礼神之玉,有一定之制度,祭毕则藏之;燔瘗之玉,但取备物,其形制必沽而小。

---

①四川省文物考古研究所:《三星堆祭祀坑》，文物出版社，1999年。

②闻广:《鸡骨白与象牙白古玉——古玉丛谈(八)》，台北《故宫文物月刊》第134期第127页；黄宣佩:《良渚玉器变白之研究》，载北京大学文博学院编《中国古代玉器与玉文化高级研讨会论文集》，待刊。

③于成龙:《关于战国楚简中"礼玉"、"佩玉"的几个问题》，载《第五届中国玉文化玉学江阴研讨会中国南方地区玉文化研究专题资料集》。

④湖北省文物考古研究所、北京大学中文系:《望山楚简》，中华书局，1995年。

由上我们可以得出这样的结论，玉在先秦时代，不仅是流通的货币，而且也是祭神的祭品，这在考古学上也得到了验证。陶正刚先生在《侯马盟誓遗址出土玉币的研究》一文中，指出春秋时期晋国晚期的侯马盟誓遗址祭祀区各小龛里出土的璧、璋、圭、璜、珑、戈、刀和大量的不成型的玉器，是瑞器，它们应是盟誓时祈求神鬼显灵，为参盟者作担保。认为这批玉器既不是工具，也不是为死者随葬的葬玉，更不是用在服装和人身上佩挂的玉佩，而是用于向神、向祖先进献，求神作担保的玉币[①]。同样的情况在广汉三星堆祭祀坑中也可以看到，如一号祭祀坑的龙虎尊，二号祭祀坑的喇叭口高圈足尊、罍等礼器就分别盛有海贝、玉环、玉管、玉珠等祭品[②]。显然，这里的玉环、玉珠、玉管与海贝一样，应为玉币和贝币，是祭神用的玉币。由此推及，宁乡商代玉玦和与之一同出土的其他玉器一样,是祭祀神灵的玉币。如果此说成立，我们把范围延伸得更广一点，那么，像红山文化女神庙、凌家滩文化的祭祀坛、良渚文化的瑶山祭坛、三星堆祭祀坑等其他众多祭祀遗址出土的大量玉制器，是否也可以理解为祭祀神灵的玉币，答案是肯定的。祭祀神灵在上古是极为隆重之事,早在新石器时代，人们意识到玉矿物是有价值的自然财产，乃是天神所赐，红山文化、良渚文化等出土了大量玉器，表明人们心目中不但以玉为一般实物货币，而且包含着特大的财富，反映了当时实物货币的使用之盛，人们认识到掌握财富就是掌握了实用货币，用实用货币祭祀神灵，是对神灵的一种感恩，让神灵保佑风调雨顺、五谷丰收、财富增多，并逐渐形成了一种与神灵沟通的工具。

①陶正刚:《侯马盟誓遗址出土玉币的研究》，载《南中国及邻近地区古文化研究——庆祝郑德坤教授从事学术活动六十周年论文集》，香港中文大学，1994 年。

②四川省文物考古研究所:《三星堆祭祀坑》，文物出版社，1999 年。

## 四、学术界对“珠玉为币”看法的认识

关于玉为币这一看法已为越来越多的学者所认可。

1996年在杭州举行的“中国良渚文化玉璧专题学术研讨会”上，国内一些钱币学者认为良渚玉璧是货币。屠燕治先生认为良渚玉璧是中国货币的始祖[①]；朱活先生认为“新石器时代工具是商品，都能当作货币。所以玉器是商品，亦不例外”，“玉器、玉璧都是商品，它们都是交换物，就必然要转移成货币，否则失去科学的论点”[②]；蔡运章先生引《左传·桓公元年》“郑伯以璧假许田”，认为“恐不能将贵重的‘圭璧之属’排除在货币之外”，他把先秦时期玉器均看做货币，并认为“它们的形制大小、质地和工艺的不同，正可互相补充，为不同价值的商品交换创造了条件”[③]。

唐俊杰先生根据十分集中在几座良渚大墓中出土大量朴素无华、制作简单的玉璧现象，从而说明良渚人“似有（意）突出其‘量’的含义，这个‘量’正是墓主人占有财富多寡……已露出其作为原始货币的端倪”，“玉璧是越国主要的原始货币，玉璧……作为越国货币可能源自良渚文化晚期，但玉璧的计算单位目前还难以定论”[④]。

刘森淼先生在《玉璧为一种上古货币论》[⑤]一文中，也阐明了玉璧作为货币的功能。

---

①屠燕治：《试论良渚玉璧在货币文化中的历史地位》，载南宋钱币博物馆编《良渚文化玉璧研究论文集》，1999年。

②朱活：《有关良渚玉璧二三事略说》，载南宋钱币博物馆编《良渚文化玉璧研究论文集》，1999年。

③蔡运章：《中国古代玉币略说》，载南宋钱币博物馆编《良渚文化玉璧研究论文集》，1999年。

④唐俊杰：《玉璧——越国原始货币的考古学观察》，《杭州考古》1997年12月。

⑤刘森淼：《玉璧为一种上古货币论》，《武汉文博》1999年第4期。

王献唐《中国古代货币通考》[1]指出：周承商制，始以玉环作币。用玉环作币有三弊：一曰质地脆，易毁损；二曰玉材有定，大小难齐；三曰质地粗精不等。于是姜太公立圜法，仿璧而铸环币，环币本独行周地，太公退而行于齐，齐国乃有环币；齐国后来铸刀币，以刀币为主币，环币降为辅币。由这段话可知，玉环亦曾是货币。

张有直先生在《管子货币思想考释》[2]一书中，从珠玉为币的历史证明、珠玉为币的历史原因、珠玉为币的历史含义以及我国珠玉为币的历史概况等方面，对“珠玉为币”观点进行了系统阐述。他认为，珠、玉在我国先秦时期曾作为货币使用。珠玉为币大体始于夏、商以前；周承商制，初期仍用珠玉币；春秋战国时期，珠玉币主要行用于各诸侯国之间或朝觐周天子；秦始皇统一全国后，珠玉不再为币而转为饰物宝藏。珠玉为币的历史原因有四：一是因为珠玉器是人们十分喜爱和特别需要的装饰品，因而才有可能取得货币的资格；二是珠玉是劳动产品，生产珠玉器耗费了劳动量，本身具有价值，因而才能充当货币衡量其他商品的价值；三是珠玉是社会财富的代表之一，珠玉成为财富的基础是因为具有较高的内在价值，而玉料主要来自西边遥远的于阗，在古代交通不便、运输方式十分落后的条件下，长途运输笨重的玉料，绝非易事，即使通过交换，也得来维艰，故古人视珠玉为财富，是很自然的；四是珠玉是当权者的一种重要佩饰和祭祀器，因而才能为当权者崇尚而充当“上币”。他还指出，“珠玉为上币”的确切含义，只能理解为珠玉为币仅仅行用于“上层”社会，服务

①王献唐:《中国古代货币通考》，青岛出版社，2006 年。

②张有直:《管子货币思想考释》，北京大学出版社，2002 年 4 月。

于统治权贵，而不流通于下层百姓。这是因为，一方面，珠玉为币由统治权贵们所把持，不得流通于寻常百姓家；另一方面，珠玉为币的价值甚高，又不能任意分割，仅适应于大额货币的收付和馈赠，不宜用于民间的小额商品交换和零星货币收付，而先秦时期珠玉为上币的情形正是如此。他还明确提出了“珠玉币当先于贝壳为币，只是由于珠玉在我国货币发展史上一直作为‘上币’还没有流通于民间，因而它没有取得如贝壳作为货币那样在历史上的显赫地位”的全新学术观点。

孙文兔先生在《试论中国原始货币——玉》[①] 一文中指出，新石器时代晚期，全国普遍分布着环类、半环类、佩璜、管珠状等具有某些货币形态职能的玉饰制品，所以也可称为实用货币商品。尤其进入商周时期，玉和海贝均作为货宝，充当货币形态。该文还认为，玉在上古时代是相当昂贵的财富，其不仅是装饰物，也曾充当过原始货币形态，而且是古代祭祀仪式中的重要礼器。同时还是统治阶级权力的象征，其职能远远超过其他货币，大件玉器（六器，即礼六币）在民间小额贸易中是不会使用的，一般是作为大额支付或上层馈赠聘问之用；小件玉器（玉珠、玉管、小型玉璧、玉琮等）在民间小额贸易中与海贝一样，充当货币形态，而玉高于贝币。

## 五、湖南出土商代玉器对应了“珠玉为币”的现象

湖南地区的商代玉器虽说数量、品种上不如中原地区丰富，但从其出土的方式、保存的情况及表现形式反映了一个问题，即古籍上所称的“珠玉为币”现象。

---

①孙文兔:《试论中国原始货币——玉》,《南方文物》1996 年第 1 期。

前文已提到，湖南出土商代玉器主要系窖藏，且与青铜器同出。这一独特的藏玉方式与中原玉器多出土于墓葬遗址的方式是完全不同的。笔者曾分析，湖南这些伴随青铜器窖藏出土的商代玉器是祭祀山川的祭品，拥有它的人应该是中原地区来的殷人，而且应该是身份比较高的人，因为这些装有玉器的青铜器或伴随玉器出土的青铜器都非常高贵、精美，显然不是一般百姓用得起的。现在看来，这些奉献神灵的祭品就是殷人南下时携带的当时社会的“上币”——珠玉。而且于青铜器内储藏玉器，也与后世贮藏金银的方式是一致的，由此可见玉器之珍贵。显然，它是作为一种贵重物品出现的，是财富的象征。

湖南出土的商代玉器，玉器品种单一，都以装饰器为主，除玉玦、玉环、玉雕动物雕琢精细外，其他众多的玉珠、玉管大多切割不规则，两端参差不齐，大小不一、精细不一，有的尚属半成品，其作为装饰品尚待进一步加工雕琢，但作为充填用玉的奢侈愿望，象征财富是无可厚非的。这种情况在侯马盟誓遗址中也可看到[①]。侯马盟誓遗址出土玉器百分之九十以上都是素面，没有任何花纹，很少见有用于佩挂的穿孔，上面仅仅有锯割的切割线。除少量的玉璧和石璧厚在 0.5~1 厘米外，大部分都是加工精细、雕琢优美的玉器，薄似纸张，透明似蝉翼。它既有造型规整的瑞玉，也有数量众多的简形玉器和器形不规整的长圆、椭圆、近似龟形等不规则玉器，这和湖南出土的商代窖藏玉器有惊人的相似之处，显然它们的作用是一致的，都是用来祭祀神灵的玉币。

从玉器表现形式看，除玉玦外，湖南出土的其他商代玉器也

①陶正刚:《侯马盟誓遗址出土玉币的研究》，载《南中国及邻近地区古文化研究——庆祝郑德坤教授从事学术活动六十周年论文集》，香港中文大学，1994 年。

可以看到玉器作为货币其价值大小的不同，这主要从同一类玉器尺寸大小不一得到体现。现以玉环、玉珠、玉管为例。

宁乡黄材王家坟山出土玉环 14 件，以青玉居多，亦有少量青灰色的，形制相同，环为圆形，体扁薄而匀称，雕琢精细，中有孔，孔壁两面凸起呈圆口状，周缘两面有等距离同心凹弦纹，尺寸大小不一，大的直径 10.8 厘米，小的直径 6.8 厘米（表十）。宁乡黄材三亩地出土玉环 9 件，分两种形制，一种孔与边齐平，皆为小玉环，共 4 件，直径 1.2~1.8 厘米不等，中间孔大，呈扁薄环形，皆光素无纹；另一种环作圆形，中有圆孔，孔周两面凸起似环状，共 5 件，打磨光亮，制作规整，其中四件无纹饰，孔边凸起不高，一件环上两面饰有同心圆纹，凸边较高，稍向内斜。玉环尺寸大小不一，大的直径 10.2 厘米，小的直径 7.2 厘米（表十一）。



**表十　宁乡黄材王家坟山出土玉环**

| 序号 | 文物名称 | 时代 | 数量 | 尺　寸 |
|---|---|---|---|---|
| 1 | 青玉环 | 商 | 1 件 | 直径 6.8 厘米 |
| 2 | 青玉环 | 商 | 1 件 | 直径 7.3 厘米 |
| 3 | 青玉环 | 商 | 1 件 | 直径 7.8 厘米 |
| 4 | 青玉环 | 商 | 1 件 | 直径 7.8 厘米 |
| 5 | 青玉环 | 商 | 1 件 | 直径 7.8 厘米 |
| 6 | 青玉环 | 商 | 1 件 | 直径 7.9 厘米 |
| 7 | 青玉环 | 商 | 1 件 | 直径 8 厘米 |
| 8 | 青玉环 | 商 | 1 件 | 直径 8 厘米 |
| 9 | 青玉环 | 商 | 1 件 | 直径 8.2 厘米 |
| 10 | 青玉环 | 商 | 1 件 | 直径 8.3 厘米 |
| 11 | 青玉环 | 商 | 1 件 | 直径 8.9 厘米 |
| 12 | 青玉环 | 商 | 1 件 | 直径 9.2 厘米 |
| 13 | 青玉环 | 商 | 1 件 | 直径 10 厘米 |
| 14 | 青玉环 | 商 | 1 件 | 直径 10.6 厘米 |

**表十一　宁乡县黄材三亩地出土玉环**

| 序号 | 文物名称 | 时代 | 数量 | 尺　寸 |
|---|---|---|---|---|
| 1 | 玉环 | 商 | 1件 | 直径1.2厘米 |
| 2 | 玉环 | 商 | 1件 | 直径1.4厘米 |
| 3 | 玉环 | 商 | 1件 | 直径1.6厘米 |
| 4 | 玉环 | 商 | 1件 | 直径1.8厘米 |
| 5 | 玉环 | 商 | 1件 | 直径7.2厘米 |
| 6 | 玉环 | 商 | 1件 | 直径8.5厘米 |
| 7 | 玉环 | 商 | 1件 | 直径9厘米 |
| 8 | 玉环 | 商 | 1件 | 外径9厘米 |
| 9 | 玉环 | 商 | 1件 | 直径10.2厘米 |



这两地出土的玉环，根据其尺寸，可明显看出其价值大小不一。

玉珠、玉管的情况更是如此。宁乡黄材炭河里出土玉珠、管1174件，其中长的262件，短的912件，玉珠、玉管中间均有穿孔，孔径不规整，均通体磨光，素面，两面钻孔，玉管长短不一，最长的4.9厘米，直径0.9厘米，也有长4厘米，直径1.3厘米的，玉珠最短的仅长0.3厘米，直径0.6厘米。宁乡黄材王家坟山出土玉管、珠243件，最长的5.8厘米，最短的只有0.6厘米，直径最大的为1.9厘米，最小的为0.8厘米。宁乡黄材三亩地出土的玉管、珠43件，多做圆形和扁椭圆状，大部分呈鸡骨白色，长1.05~0.65厘米不等，直径为1~0.35厘米不等。衡阳杏花村出土玉管158件，长短不一。

这四地出土的玉珠、管均可以根据其尺寸不同，来确定其作为货币价值大小的尺度。

综上所述，湖南宁乡出土的商代玉玦在当时是可以充当货币使用的，在秦王朝未统一货币之前，中华大地上确实存在《管子》一书所说的“珠玉为上币”的现象，只是由于“玉”所包含的文化内涵太广，它具有多重功能，能同时起到多种作用，且由于珠玉为币仅仅行用于上层社会，而不流通于下层百姓，加之文献记载的不足和考古发掘的不尽如人意，“玉”作为货币的功能未能充分体现，故“珠玉为币”这一文化内涵未被广泛接受。

## 第二节　仿玉风格的玻璃器

湖南出土的战国至两汉时期玻璃器中，有一部分玻璃器的色泽、透明度都近似于玉，而且其形制、纹饰亦是仿照玉器制作而成，我们称之为仿玉风格的玻璃器。关于湖南出土玻璃器的问题，已有几位学者做过探讨[1]，本书在各位前辈研究基础上，利用新的考古资料，对仿玉玻璃器予以论述。

### 一、几种典型的仿玉风格玻璃器及用途

湖南出土的战国两汉最典型的仿玉风格玻璃器有：璧、环、璋、璜、剑饰、猪等。

1. 玻璃璧

都是圆形扁平体，中有穿孔，但与《尔雅》所说的“肉倍好谓之璧”情况不符。我们现在按照夏鼐先生在《商代玉器的分类、

① 周世荣:《湖南出土琉璃器的主要特点及其重要意义》,《考古》1988年第6期；高至喜:《湖南出土战国玻璃器及其特点》,《中国文物世界》第122期；傅举有:《中国古代早期玻璃研究》,《湖南省博物馆馆刊》第二期，岳麓书社，2005年；后德俊:《谈我国古代玻璃的几个问题》,《江汉考古》1985年第1期。等等。

定名和用途》[①]一文的观点，将孔小的均定名为璧，孔大的定名为环。

玻璃璧大部分是战国时期的，仅《长沙楚墓》就记载有 97 件[②]，《沅水下游楚墓》记载有 47 件[③]，《益阳楚墓》记载有 36 件[④]，资兴旧市 80 座战国墓出土玻璃璧 19 件[⑤]。此外，株洲、湘乡、耒阳、衡阳、汨罗、溆浦、辰溪、永州、黔阳、郴州、浏阳等地都出土有一定数量的玻璃璧[⑥]，几乎遍及全省各地。据不完全统计，湖南战国墓葬出土的玻璃璧应在 200 件以上。玻璃璧至汉代逐渐衰落，两汉以后则销声匿迹。据周世荣先生统计，长沙 565 座西汉墓中有 20 座墓出土玻璃璧 21 件[⑦]。

玻璃璧颜色有浅绿、乳白、米黄、深绿多种，其中以浅绿色者最多，深绿色者最少。玻璃璧总的演变情况是薄小的较早，厚大的偏晚。根据对《长沙楚墓》战国玻璃璧统计，璧直径最小的为 6.5 厘米，最大的达 14.1 厘米，大多数均在 7.9~9.4 厘米之间；璧的厚度最薄的为 0.15 厘米，最厚的 0.45 厘米，一般在 0.25~0.35 厘米之间；重量最轻的是 27 克，最重的 225 克，一般在 40~60 克之间。到汉代，玻璃璧出土已很少，但体形逐渐增大，长沙汉墓出土玻璃璧的平均直径为 11 厘米。陕西兴平茂陵附近出土的西汉玻璃璧直径则达 23.4 厘米，重达 1.9 公斤，是目前所知玻璃璧中最大的一件。

①夏鼐：《商代玉器的分类、定名和用途》，《考古》1983 年第 5 期。

②湖南省博物馆等：《长沙楚墓》，文物出版社，2000 年，第 333 页。

③湖南省常德市文物局等：《沅水下游楚墓》，文物出版社，2010 年，第 681 页。

④益阳市文物管理处、益阳市博物馆：《益阳楚墓》，文物出版社，2008 年，第 189 页。

⑤湖南省博物馆：《湖南资兴旧市战国墓》，《考古学报》1983 年第 1 期。

⑥据赵朝洪主编《中国古玉研究文献指南》统计，资料只截至 2000 年，科学出版社，2004 年。

⑦周世荣：《湖南出土琉璃器的主要特点及其重要意义》，《考古》1988 年第 6 期。

湖南出土的玻璃璧纹饰比较简单，只有谷纹和云纹两种，有的在璧内外缘加一道弦纹。绝大多数璧饰谷纹，有纹饰的一面光滑有光泽，另一面粗涩无光。谷纹有多少和粗细之分，最少的 4 圈，最多的 8 圈，另有 6 圈和 7 圈的（图 301~315）。有的璧反面还有较粗的方格纹。战国时期的云纹玻璃璧较少，目前在湖南发现的只有数件。1955 年长沙市陈家大山 M4 出土 1 件深绿色的，直径 14.1 厘米，重 225 克，这是湖南地区战国玻璃璧中迄今发现最大最重的一件（图 316）。1977 年长沙火车站广播器材厂 M66 出土 1 件墨绿色的，已残破，内外缘有凹弦纹，云纹较为卷曲，每排云纹五至六朵（图 317）。1983 年长沙市砚瓦池运输公司 M8 出土的云纹璧，墨绿色，半透明，正面有光泽，饰微微凸起的云纹 5 圈，内外缘处各有一周凹弦纹。背面亦饰云纹，无光泽[①]（图 318）。从出土共存物看，谷纹璧和云纹璧似乎是同时出现，又同时延续至西汉。

玉璧是古代一种重要的礼器，《周礼》有“子执谷璧，男执蒲璧”，“以苍璧礼天”，“疏璧琮以敛尸”的记载。在各种仪礼活动中，玉璧是必不可少的，如各种祭祀、聘礼、婚礼、朝会，馈赠礼品，丧葬用玉，都要用璧。从湖南楚墓出土的玻璃璧分析，每墓大多只出一件，如《长沙楚墓》97 件玻璃璧出自 95 座墓，《益阳楚墓》36 件玻璃璧出自 34 座墓，且玻璃璧大多出于墓主头端中部，或是表示墓主身份，或是作为丧葬用的。湖南战国时期重要的木椁墓皆用玉璧随葬，而不用玻璃璧随葬。中小型墓则普遍使用玻璃璧随葬，说明玻璃璧的价值低于玉璧。如湖南资兴 80 座楚墓中，出土玻璃璧 19 件，平均四墓出土一件。而这些随葬玻璃璧的，并不

①《中国金银玻璃珐琅器全集》第 4 卷《玻璃器》(一)，河北美术出版社，2004 年，第 14 页。

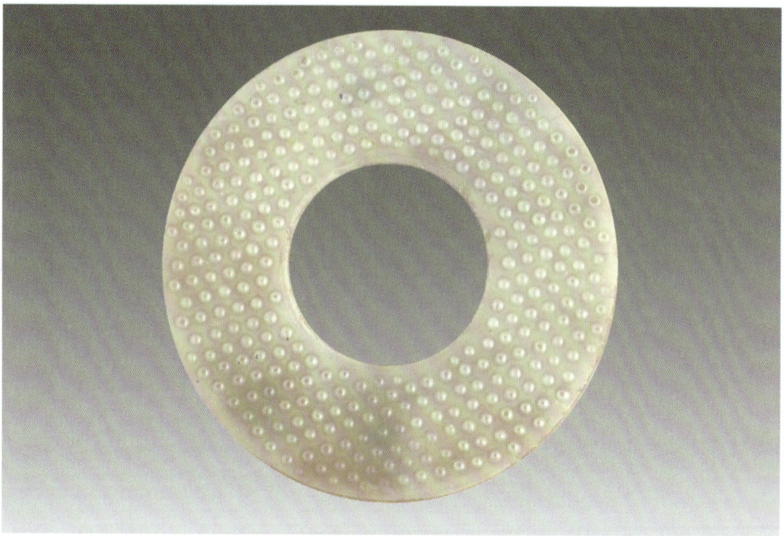

图 301　谷纹玻璃璧　战国（1955 年长沙丝茅冲 M15 出土）

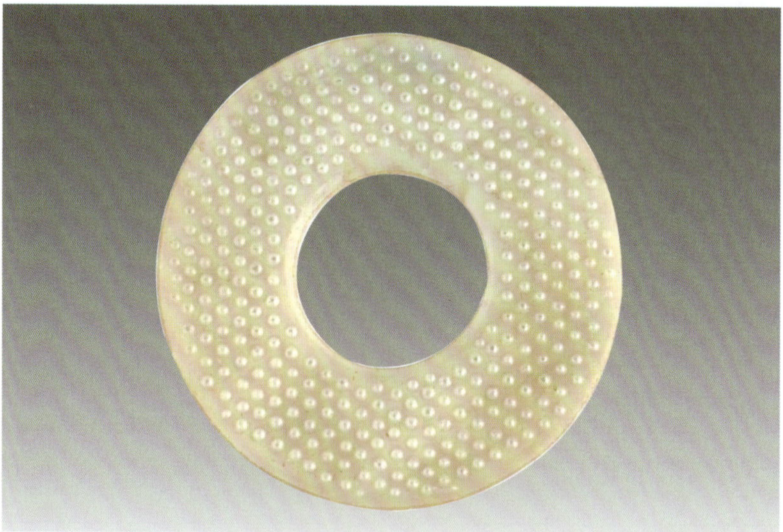

图 302　谷纹玻璃璧　战国（1965 年湘乡红岭 M17 出土）

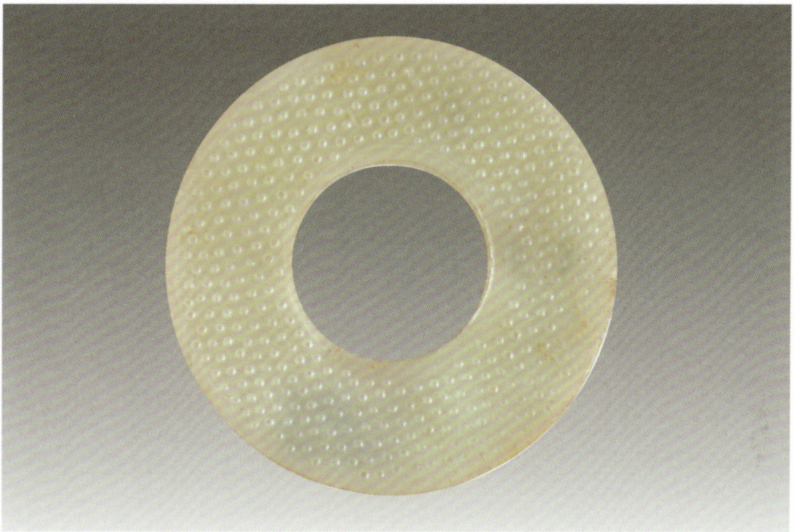

图 303　谷纹玻璃璧　战国（1964 年长沙市模具厂 M1 出土）

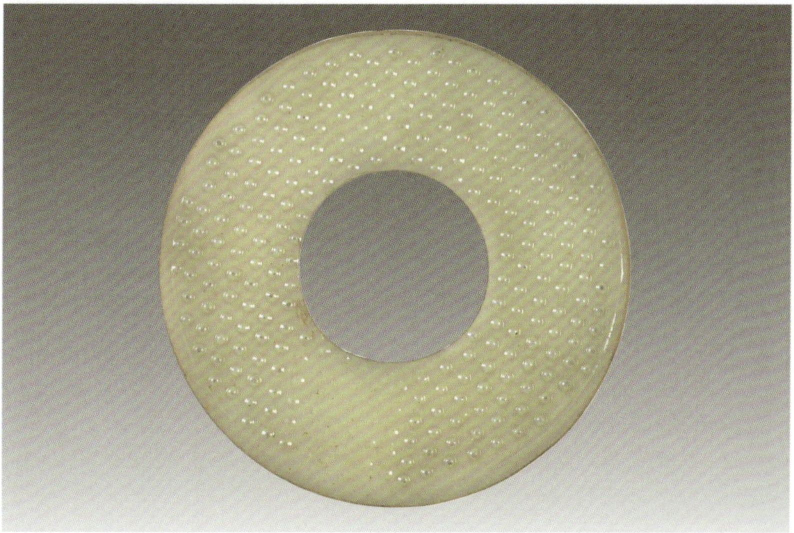

图 304　谷纹玻璃璧　战国（1965 年长沙电影学校 M21 出土）

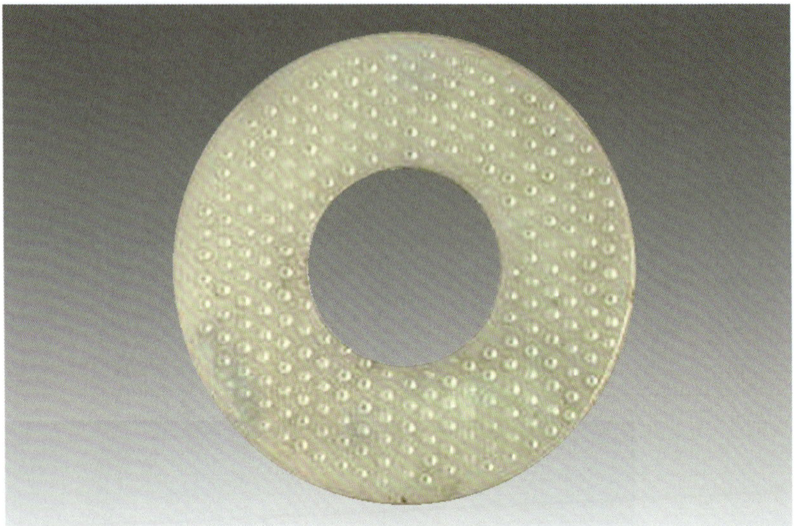

图 305　谷纹玻璃璧　战国（1965 年长沙梅子山 M6 出土）

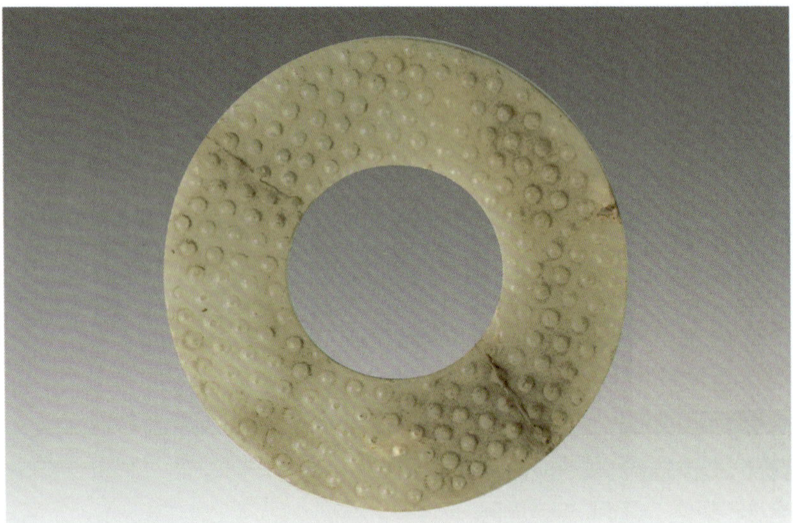

图 306　谷纹玻璃璧　战国（1977 年益阳赫山庙基建工地出土）

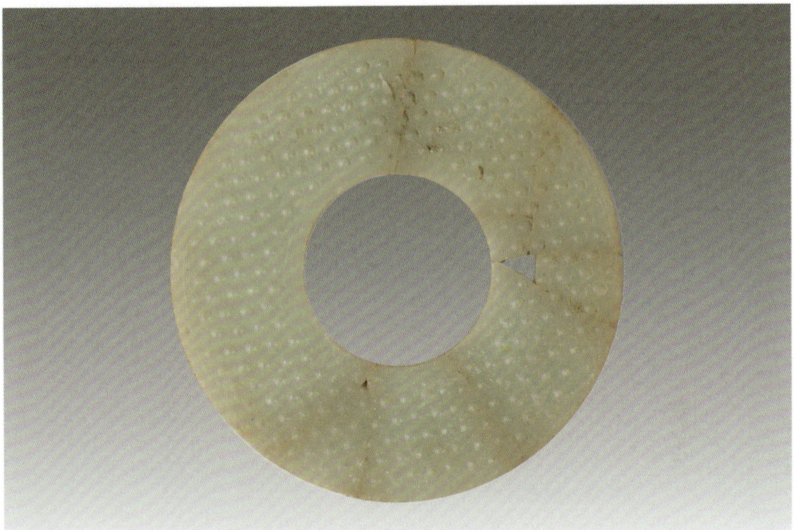

图 307　谷纹玻璃璧　战国（1979 年益阳羊舞岭乡出土）

图 308　谷纹玻璃璧　战国（1979 年益阳麻纺厂基建工地出土）

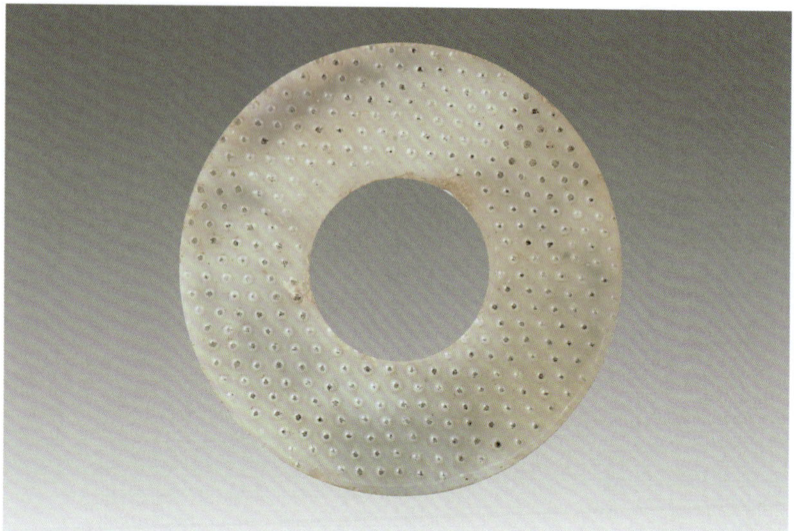

图 309　谷纹玻璃壁　战国（1979 年益阳天成垸乡出土）

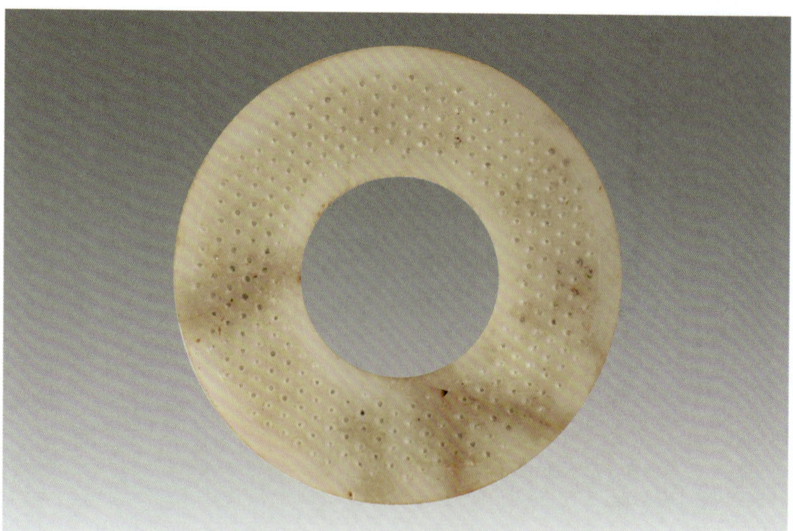

图 310　谷纹玻璃壁　战国（1979 年益阳天成垸乡出土）

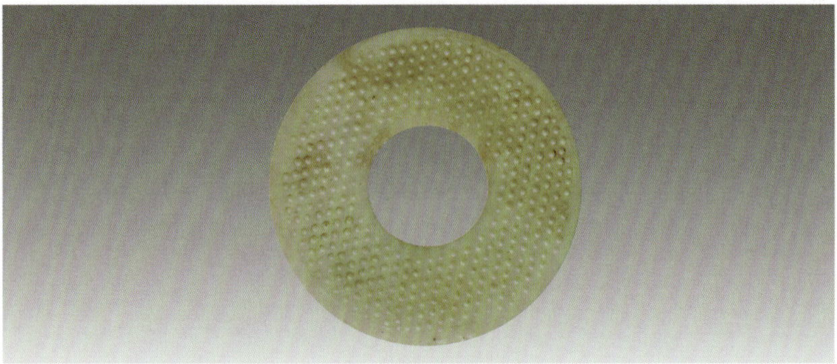

图 311　谷纹玻璃璧　战国（1960 年长沙杨家山铁路工地 M12 出土）

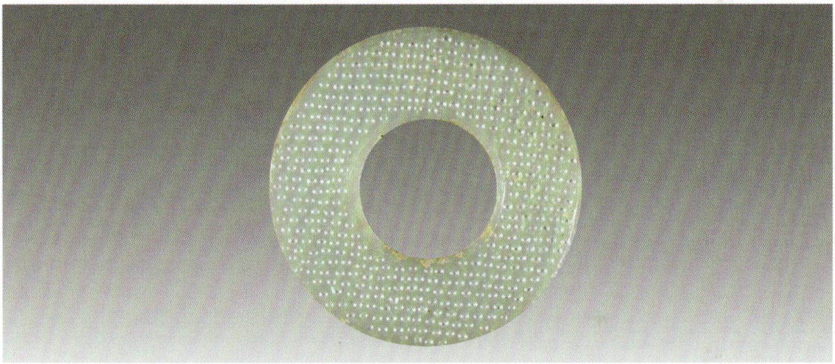

图 312　谷纹玻璃璧　战国（1987 年长沙左家塘烟草公司出土）

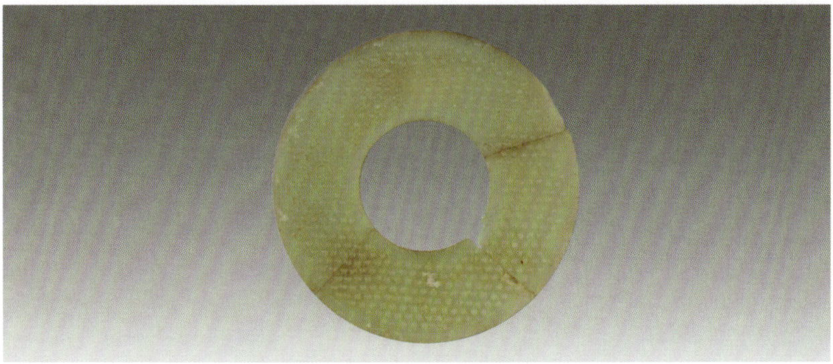

图 313　谷纹玻璃璧　战国（沅水下游楚墓 M633 出土）

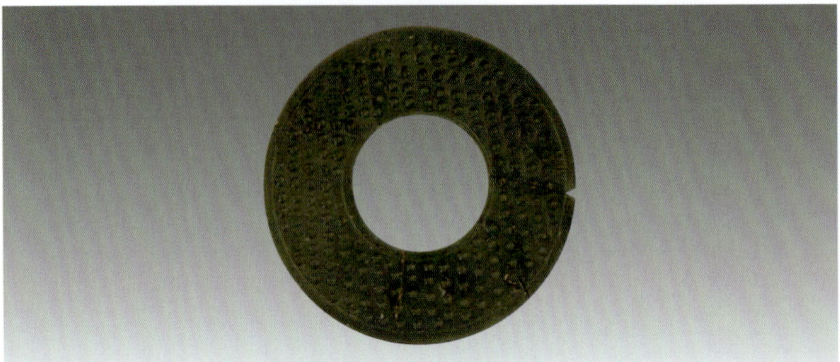

图 314　谷纹玻璃璧　战国（沅水下游楚墓 M641 出土）

图 315　谷纹玻璃璧　西汉 （2008-2009 年长沙谷山被盗西汉长沙王室墓 M8 出土）

图 316　云纹玻璃璧　战国（1955 年长沙陈家大山 M4 出土）

图 317　云纹玻璃璧　战国（1977 年长沙火车站广播器材厂 M66 出土）

图 318　云纹玻璃璧　战国（1983 年长沙市砚瓦池运输公司 M8 出土）

是高级贵族，多属于中产之家。可见玻璃璧为玉璧的仿制品是无疑的。

2. 玻璃环

数量不多，大多为战国时期的，《长沙楚墓》记载有 18 件[①]。除益阳、衡阳等地有零星几件外，其他地方暂未见玻璃环的报导。可分为谷纹环和素面环两类。1952 年长沙颜家岭 M932 出土 1 件，半透明，蓝色，内缘较高，边不平整，不甚圆，饰四圈谷纹[②]（图 319）；1977 年湖南益阳县赫山庙出土 2 件谷纹环，深绿色，正反两面均匀布满微凸的谷纹，内外缘皆以细弦纹作轮廓线，小巧精致[③]（图 320、321）。1955 年长沙丝茅冲 AM6 出土 1 件，深蓝色，双面饰三圈谷纹[④]（图 322）。1954 年衡阳公行山战国墓 M60 出土 1 件，色青绿，直径 3 厘米[⑤]。素面玻璃环也不常见，《长沙楚墓》一书记载有 2 件[⑥]，其中之一是 1953 年长沙棺材塘 M11 出土的，米黄色，边有小齿，一面光亮，另一面粗涩，断面近梭形，有一面中间平，两侧有斜坡（图 323）。



玉环是古代最常见的装饰品之一，关于其功用，《荀子・大略》说是表示和好的信器，而考古发掘出土的玉环，大型者常套于臂，中型者多置于腰的一侧，小型者则套于指骨之上或存于头骨附近，或含于口中。这些情况表明，大型的玉环可代镯用，中型的玉环可作佩饰之用，小型的玉环当是指环、耳饰和代作琀玉用。而这里的玻璃环，从其器形和纹饰分析，它是玉环的代用品，直径在

①湖南省博物馆等:《长沙楚墓》，文物出版社，2000 年，第 337 页。
②湖南省博物馆等:《长沙楚墓》，文物出版社，2000 年，第 338 页。
③益阳市博物馆资料。
④湖南省博物馆等:《长沙楚墓》，文物出版社，2000 年，第 338 页。
⑤ 周世荣编著:《湖南古墓与古窑址》，岳麓书社，2004 年，第 19 页。
⑥湖南省博物馆等:《长沙楚墓》，文物出版社，2000 年，第 338 页。

图 319 谷纹玻璃环 战国（1952 年长沙颜家岭 M932 出土）

图 320 谷纹玻璃环 战国（1977 年益阳赫山庙出土）

图 321 谷纹玻璃环 战国（1977 年益阳赫山庙出土）

图 322　谷纹玻璃环　战国（1955 年长沙丝茅冲 AM6 出土）

图 323　素面玻璃环　战国（1953 年长沙棺材塘 M11 出土）

2.7~4 厘米之间，应是作为佩饰使用。

3. 玻璃璋

1954 年湖南衡阳公行山 M6 出土了一对战国时期的玻璃璋，顶端斜角形，双合而作圭形，胎色灰白，质粗劣，有自然纹理。长约 13 厘米[①]。

玉璋是六器之一，《周礼》云："以玉作六器，以礼天地四方，以苍璧礼天，以黄琮礼地，以青圭礼东方，以赤璋礼南方，以白琥礼西方，以玄璜礼北方。"璋，《说文解字》释为"半圭为璋"，其基本形状为板状，立刀形，一端有弧刃，近下部两侧有齿牙。被认为是璋的实物，初见于新石器时代龙山文化遗址，夏商墓葬或遗址中常有玉璋出土，春秋时期还有少量出土，战国以后基本不见。此对玻璃璋为战国时期的，但由于未见出土实物，我们对其形制不甚了解，如为璋的形式，亦应是仿玉制品。

4. 玻璃璜

目前还没有发现有出土的，但湖南省博物馆征集了一件战国时期的玻璃璜（图 324），器作半璧形，乳白色，有光泽，内外边缘各有一周弦纹，正反两面饰以旋涡云纹[②]。

玉璜是礼器，汉制称"半璧曰璜"。但考古发掘的玉璜，礼器的功用不明显，多是作为装饰品使用的。此处的玻璃璜两端及上部均有穿孔可系绳，其用途应是源于长江下游马家浜文化的一种人体佩饰用品，而并不像汉儒所言"礼北方"的用器。

5. 剑饰

剑饰是指装饰在剑上的饰品。自春秋晚期出现玉剑饰以后，

①周世荣编著：《湖南古墓与古窑址》，岳麓书社，2004 年，第 19 页；周世荣：《湖南出土琉璃器的主要特点及其重要意义》，《考古》1988 年第 6 期。

②湖南省博物馆资料。

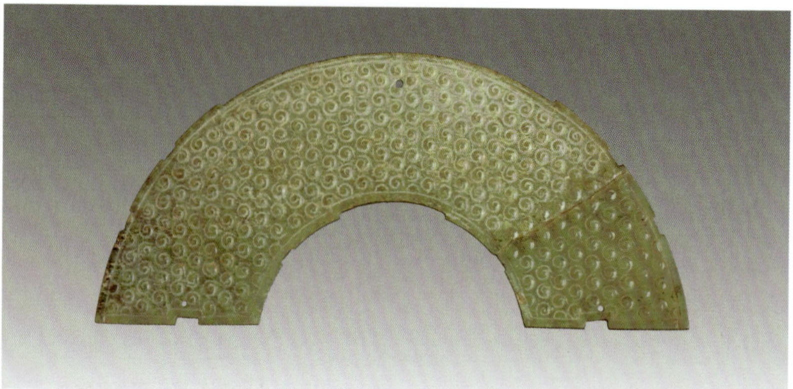

图 324　云纹玻璃璜　战国（湖南省博物馆征集）



战国至西汉的玉剑饰得到了很大的发展，玉剑饰的品种有剑首、剑格、剑璏、剑珌四种。这一时期，湖南地区也出现了仿玉风格的玻璃剑饰，品种有剑首、剑璏、剑珌，其造型与传统的玉剑饰一样，图案装饰有些饰谷纹，有些饰四叶柿蒂纹和兽面纹、螭龙纹，都是中国古代玉器传统的装饰纹样。

玻璃剑首：湖南出土的玻璃剑首目前发表资料的已有 10 多件，其中《长沙楚墓》就有 8 件[①]。大部分为浅绿色，形制基本相同，只是纹饰有别，为圆饼状，中心稍凹下，下有一小柱状物，以便与剑相接。首面纹饰有五种：第一种饰谷纹四圈，数量少，已知 2 件，1957 年长沙左家塘新生砖厂 M15 出土 1 件，圆饼形，正面中心下凹，原来可能有镶嵌之物，现已脱落。正面饰四圈谷纹，背面平，直径 4.2、边厚 0.45 厘米[②]；沅水下游楚墓出土 1 件（图 325），正面饰四圈

①湖南省博物馆等:《长沙楚墓》，文物出版社，2000 年，第 344 页。

②湖南省博物馆等:《长沙楚墓》，文物出版社，2000 年，第 344 页。图见喻燕姣《仿玉风格的玻璃器》，图 16，《收藏家》2002 年第 5 期。

谷纹[①]；第二种中心饰细线柿蒂纹，弦纹外饰有谷纹三圈，数量较多，《长沙楚墓》有5件，《沅水下游楚墓》有1件（图326~330）；第三种为螭龙纹剑首，目前已知2件，1件是螭龙纹与谷纹组合，1965年湘乡椅子山M65出土，直径4.3厘米[②]。另一件为两条螭龙纹与柿蒂纹组合，1956年长沙市黑石渡M5出土，浅绿色，作圆饼状，首面中间稍下凹，中央饰双细线弦纹和柿蒂纹，柿蒂外围也有双线弦纹，主纹为两条蜷曲的龙纹，背面中央有一短圆柱状乳突，以便与剑茎相连接[③]（图331）；第四种为浮雕式螭龙纹，目前只发现1件，1954年衡阳公行山M49出土，直径4厘米，已残蚀[④]；第五种为嵌玻璃剑首，目前只发现1件，1960年长沙市杨家山M1出土（图332），灰白色，正面光亮，背面粗涩，在中央圆形凹洞内嵌同样大小的绿色玻璃一块，直径1.3厘米，首上饰柿蒂纹及谷纹三圈，在谷纹外各有一周凸弦纹，玻璃剑首上保存有不同颜色的玻璃片，目前仅此1件。同墓出土有铁剑1把、玻璃龙纹剑璏1件，此剑首应即饰于此铁剑之上[⑤]。

剑首直径一般为4.2~4.7、厚为0.4~0.45厘米，重18~30克。根据对与剑首一同出土的其他器物分析，我们认为，玻璃剑首约开始于战国中期，盛行于战国晚期，延续到西汉初期。以饰谷纹的较早，稍晚的加上了柿蒂纹，更晚的则出现了螭龙纹。

玻璃剑璏：湖南已知出土有10件，其中《长沙楚墓》记载有





①湖南省常德市文物局等:《沅水下游楚墓》，文物出版社，2010年，第682页。

②傅举有:《中国古代早期玻璃研究》,《湖南省博物馆馆刊》第二期，岳麓书社，2005年。

③《中国金银玻璃珐琅器全集》第4卷《玻璃器》(一),河北美术出版社,2004年,第16页。

④周世荣:《湖南出土琉璃器的主要特点及其重要意义》,《考古》1988年第6期。

⑤《中国金银玻璃珐琅器全集》第4卷《玻璃器》(一),河北美术出版社,2004年,第16页。

图 331　螭龙纹玻璃剑首　战国（1956 年长沙黑石渡 M5 出土）

图 332　嵌绿玻璃玻璃剑首　战国（1960 年长沙杨家山铁路工地 M1 出土）

7 件，另益阳 1 件[①]、湘乡 1 件[②]、衡阳 1 件[③]，均为长条形，两端微卷，下有长方形穿孔，用以穿带。颜色浅绿、米黄、乳白色均有，根据纹饰的不同，可以分为四种形制，一为谷纹剑璏，目前已知有 4 件，1954 年长沙枫树山 M34 出土 1 件，乳白色，作长方形，下有长方形孔，用以穿革带。器表白色光泽强，三排谷纹整齐排列在剑璏上面（图 333）；1 件谷纹玻璃剑璏出土于 1964 年长沙九尾冲 M3，器呈乳白色，作长方形，两端稍向下卷，靠一端处有一长方形孔，璏面较光亮，上饰谷纹 5 排 20 行，每排 5 个谷纹。此物出土时，附在 1 件长 51 厘米的铁剑中部，并靠剑首的一端，可见这是一件实用器（图 334）；1965 年湘乡县椅子山出土的谷纹剑璏已残，长 6.9 厘米。二为螭龙纹短剑璏，已知 2 件，1 件 1955 年长沙下大垅 M19 出土，乳白色，长方形，璏面光亮，上铸浅浮雕状螭龙纹，龙纹粗而短。





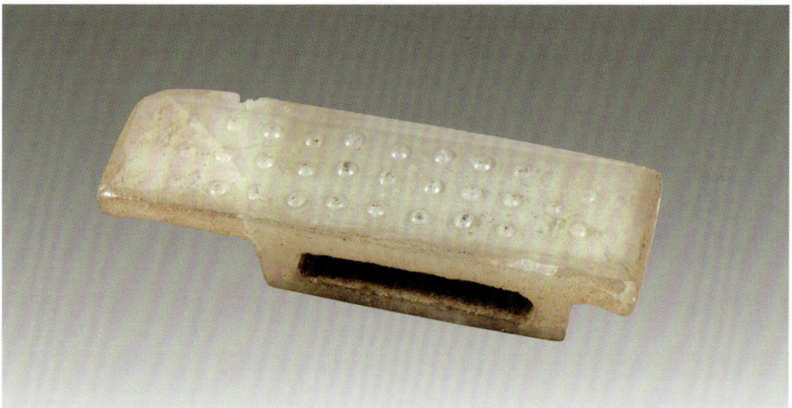

图 333　谷纹玻璃剑璏　战国（1954 年长沙枫树山 M34 出土）

①湖南省益阳地区文物工作队：《益阳楚墓》，《考古学报》1985 年第 1 期。

②傅举有：《中国古代早期玻璃研究》，《湖南省博物馆馆刊》第二期，岳麓书社，2005 年。

③衡阳市博物馆：《衡阳市苗圃五马归槽茅坪古墓发掘简报》，《考古》1988 年第 10 期。

螭首蜷曲至腰部，有角下卷，前足前伸，后足后伸，均卷曲作云纹状，尾下垂后上卷。剑璏背面触之有毛糙感（图 335）；1 件 1981 年衡阳苗圃 M39 出土，长 6、宽 1.2 厘米，龙的尾部开叉，似草状。三为螭龙纹长剑璏，已知 2 件，其中 1 件 1960 年长沙杨家山铁路工地 M1 出土，乳白色，剑身窄长，饰一条螭龙纹，龙身波浪式弯曲，四足，前后足均一前一后，尾上卷，与之同出的还有玻璃剑首及一铁剑（图 336）。四为兽面纹谷纹剑璏，已知 1 件，1956 年长沙市左家塘 M7 出土，重 39 克，浅绿色，正面一端饰一牛头状兽面，兽面以外饰谷纹四行十八排，共谷纹 72 颗（图 337）。玻璃剑璏出现的时间大体与剑首相同，总的看来，流行于战国中、晚期，饰谷纹的稍早，饰螭龙纹和兽面纹的较晚。



玻璃剑珌：目前仅 1978 年益阳县赫山庙 M4 出土一件战国时期的，已残，米黄色，平面呈梯形，横断面作梭形，饰谷纹[①]。

从湖南出土有玻璃剑饰的墓葬分析，玻璃剑饰当是作为实用器在使用。如 1954 年湖南长沙市枫树山 M34 出土的谷纹玻璃剑璏（见图 333），与此剑璏同时出土还有玉剑首、玉剑珌，但未见剑，可见原来随葬的剑是木质的明器，已经腐蚀无存。玉剑首、玉剑珌、玻璃剑璏都是此剑的装饰物，为实用器。又如 1956 年长沙市左家塘 M7 出土的兽面纹谷纹玻璃剑璏（见图 337），与之同时出土的还有柿蒂纹玻璃剑首、铜剑等，表明这两件玻璃剑饰均为实用器，与玉剑饰的实用性质是一样的。

6. 玻璃猪

1988 年湖南省永州市芝山区鹞子岭省三监狱西汉墓出土 2 件，淡绿色，长条形，造型与汉代玉猪一样，有明显的“汉八刀”艺

①湖南省博物馆、益阳县文化馆：《湖南益阳战国两汉墓》，《考古学报》1981 年第 4 期。

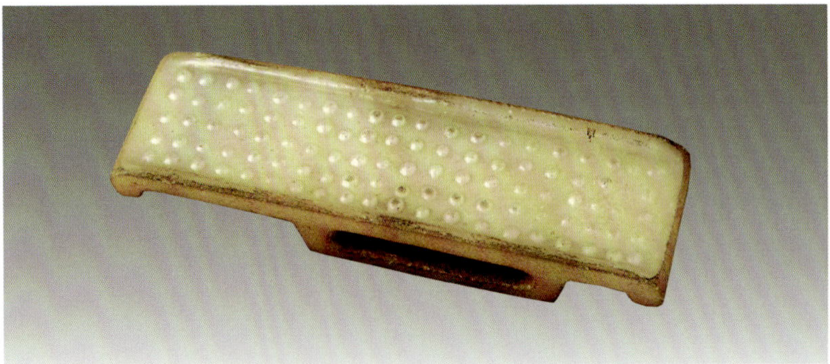

图 334　谷纹玻璃剑璏　战国（1964 年长沙九尾冲 M3 出土）

图 335　螭龙纹玻璃剑璏　战国（1955 年长沙下大垅 M19 出土）

图 336　螭龙纹玻璃剑璏　战国（1960 年长沙杨家山铁路工地 M1 出土）

术风格，背呈圆弧状，半圆面，翘鼻，短而肥的头颈，肥圆的臀部和纽状尾巴，口、眼、耳、前肢、后肢皆用粗阴刻线装饰，颈部、尾部各有一穿孔（图 338）。

玉猪亦称玉豚，是汉代常见的随葬玉器，作手握之用，它有着深刻的涵义，死者握着玉豚赴黄泉，表示不空手而去，继续占有财富，享受美味猪肉。据目前资料，以玉猪陪葬，起源于西汉，盛行于东汉，衰落于魏晋。当时使用玉猪已有等级之分，富裕的贵族使用玉猪，拮据的平民只能使用其他质地的猪，如滑石猪。玻璃猪的性质应与滑石猪一样，是作为仿玉制品来用的。

## 二、仿玉风格玻璃器出现的历史原因



湖南出土的这种仿玉风格的玻璃器，从外形看极似玉，经有关部门检测，发现玻璃中含有大量的铅（PbO）和钡（BaO）[①]。而钡元素（BaO）正是使玻璃器外观像玉的原因。

大家知道，我国制造玻璃的历史非常悠久，傅举有先生综合国内外对中国出土古代玻璃器检测成分得出结论，“中国古代早期，即从西周至三国的玻璃，有多种不同化学成分的玻璃，即：钾玻璃（$K_2O$-$SiO_2$）、钾钙玻璃（$K_2O$-Ca-$SiO_2$）、高铅钡玻璃（PbO-BaO-$SiO_2$）、铅钡钠钙玻璃（PbO-BaO-$Na_2O$-CaO-$SiO_2$）、高铅玻璃（PbO-$SiO_2$）。其中钾玻璃年代最早，并且一直延续下来。高铅钡玻璃也是最早的玻璃，但主要存在于东周至汉代，它在当时是最主要的玻璃制品。但三国以后，它似乎已经绝迹”[②]。

①1976 年和 1981 年，湖南省地质局实验室先后两次对湖南战国墓出土的玻璃器进行了科学检测，结果发现玻璃中含有大量的铅（PbO）和钡（BaO）。见高至喜《论我国春秋战国的玻璃器及有关问题》，《文物》1985 年第 12 期。

②傅举有：《中国古代早期玻璃研究》，《湖南省博物馆馆刊》第二期，岳麓书社，2005 年。

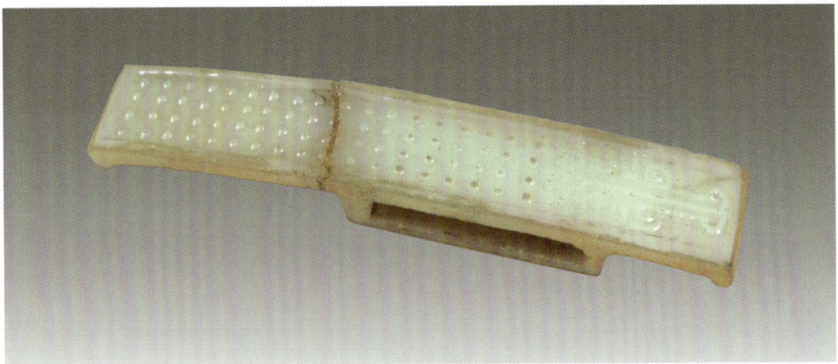

图 337　兽面纹谷纹玻璃剑璏　战国（1956 年长沙左家塘 M7 出土）

图 338　玻璃猪　2 件　西汉（1988 年永州芝山区鹞子岭省三监狱出土）

为什么高铅钡玻璃主要出现在战国西汉时期呢？这与当时社会玉器盛行原因有关。

战国两汉时期是中国玉器发展史上继新石器时代、商代的又一次发展高潮，尤其是经孔子等儒家学者的推崇，把玉人格化，提出“君子比德于玉”[①]，“君子无故，玉不去身”[②]。于是在儒家贵玉学说的推动下，人们身上佩带玉、相互交往中赠送玉、室中陈设玉、器物上镶嵌玉、礼仪活动中使用玉，玉深入到人们生活中的一切领域，登上了中国用玉史上的顶峰。人们不仅生前大量用玉，人死后，还要用大量玉器陪葬。战国两汉的墓葬随葬玉器丰富可以证明这一点。

由于人们普遍用玉，人死后，又把大量的玉带进坟墓，使当时玉的开采远远满足不了社会需求，因此，人们除在极力寻找天然玉外，也想方设法制造人造玉。人们在制造玻璃的长期实践过程中，无意中发现在配方中加进含钡的原料，就能使玻璃产生混浊而失透，这样的玻璃外观上很像玉。关于这种仿玉玻璃的制造，文献上也有记载。汉代王充的《论衡》是中国古代第一部最早记载制造玻璃的书，该书成书于公元一世纪左右，其《率性》篇说：“道人消烁五石，作五色之玉，比之真玉，光不殊别。”这个记载告诉我们，古人用五种矿石作原料，可以制造出“五色之玉”，它跟真玉没有什么区别。这个记载还告诉我们，玻璃制造者，在制造之先就有了要造“玉”的主观意愿。他们已经知道，如果不引进某种矿物原料，“玉”就造不出来。他们在长期实践中，无意中发现加进某种矿石就能使玻璃产生一定的混浊，因而有玉的外观。而

①《礼记·聘义》。

②《礼记·玉藻》。

这种矿石就是重晶石（$BaSO_4$）。虽然当时他们并不知道它的化学名称叫钡，但他们确实利用这种矿石来制造玻璃。

这种高铅钡仿玉玻璃一经发明，马上就受到社会上的热烈欢迎，并且风行一时，成为战国汉代玻璃的主流。

仿玉高铅钡玻璃在战国西汉这六七百年内达到它的顶峰，但东汉三国开始衰落，到魏晋南北朝终于绝迹。其衰落的原因，是汉以后，人们用玉锐减，考古工作者发现，在汉以后的墓葬中，用玉随葬的情况很少。说明当时人们已不像以前那样重视玉，社会对玉的需求量锐减，开采的天然玉已足够满足社会的需求，无须再制造人工玉了。仿玉的高铅钡玻璃，至此就完成了它的历史使命。





## 三、产地分析及铸造工艺

从全国范围来看，战国至西汉时期出土的仿玉玻璃器主要集中在湖南地区。这与湖南境内不产玉（指狭义上软玉和硬玉），地位较低的得玉不易，而对玉的需要量又很大，迫切需要寻找代用品等有关。从出土情况看，当时使用玻璃仿制品的人已相当广泛和普及，只有当地能够生产时，人们才能较大量使用。如玻璃璧，湖南出土达到200件以上。而全国其他地区累计只有31件[①]；玻璃环，从目前所见资料看，除陕西出土1件战国素面环[②]、广西出土3

①傅举有:《中国古代早期玻璃研究》,《湖南省博物馆馆刊》第二期，岳麓书社，2005年。该文中“全国出土战国秦汉玻璃璧登记表”，记广东18件、江苏5件、安徽2件、广西2件、重庆1件、福建1件、陕西1件、山东1件。注：由于考古资料的不断更新，该文的统计数据已不准确。

②1983年陕西省青涧套场坪15号战国墓出土1件素面环，浅黄色，剖面呈三角形。载傅举有《中国古代早期玻璃研究》,《湖南省博物馆馆刊》第二期，岳麓书社，2005年。

件汉代钾玻璃环[①]外，其余均出土于湖南；玻璃剑饰，除安徽寿县在治淮工程中发现2件剑璏（未发表图像，也未见描述），江苏出土剑璏、剑格、剑珌各1件[②]之外，其余亦均出土在湖南，而且也集中在长沙地区；玻璃猪握目前也只在湖南地区有出土。至于那些不是仿玉风格的玻璃器，如蜻蜓眼的玻璃珠、管，也以湖南地区占多数。由此我们可以推测，湖南特别是长沙地区，应是战国时期玻璃器的生产基地，而且湖南也具备这一条件。湖南地区生产铅钡玻璃的原材料十分丰富，《史记·货殖列传》记载："长沙出连、锡。"这里所谓的"连"就是铅。长沙盛产铅矿，这是高铅钡玻璃不可缺少的主要原料。《湖南省志·地理志》记载，临湘、郴县、桂阳等20个县都有丰富的铅锌矿。衡南、衡阳、绥宁、隆回、湘潭、新化等县都有重晶石（$BaSO_4$），这是高铅钡玻璃必不可少的另一种主要原料。株洲、湘潭、常宁、临澧等地均有含铁量低、储量大的二氧化硅，这也是玻璃最主要的原料。所以，古代湖南地区制造人工玉的高铅钡玻璃工业就应运而生了。

从铸造工艺看，湖南这些仿玉玻璃器是采用青铜器制造工艺的泥范铸造技术铸造成型的。中国早在商代就有了高度发达的青铜文明，其泥范铸造技术到战国时期应用更加广泛。战国时期的玻璃璧、玻璃环、玻璃剑饰等造型、纹饰，都是用这种技术用模压法一次铸造出来的，不再进行任何加工。湖南战国墓出土的玻璃器上的纹饰，如浮雕的螭龙纹、谷纹等的边沿光滑圆缓，看不出任何雕琢痕迹，应该是模压后不再加工的。

---

①1987年广西合浦饲料公司7号汉墓出土2件素面环、广西合浦县文昌塔第1号西汉墓出土1件龟纹环，这3件环经检测均属钾玻璃（$K_2O$–$SiO_2$）。载傅举有《中国古代早期玻璃研究》，《湖南省博物馆馆刊》第二期，岳麓书社，2005年。

②傅举有：《中国古代早期玻璃研究》，《湖南省博物馆馆刊》第二期，岳麓书社，2005年。

玻璃器的模压制造工艺我们以玻璃璧为例进行说明:(1)是制一个泥模或陶模;(2)是将各种原料混合、拌匀后放入坩埚内,加热至 1050℃以上,使其熔化;(3)是将熔化了的玻璃液倒入模内;(4)是压模,由于玻璃粘度较大,不能迅速充满模腔,必须趁玻璃液没有硬化之前,用一块泥范把它压成璧状[①]。后德俊先生指出:"长沙楚墓中出土的玻璃璧,有纹饰的一面光滑并有光泽,另一面则粗涩无光。造成该现象的原因是因为刚刚浇入玻璃液温度高,泥范上的花纹就在玻璃璧表面显示出来;而另一面,因要控制浇入玻璃液的量(即控制璧的厚度)和使玻璃液表面平整,因而耽误了一些时间,使玻璃表面温度下降,粘度增大,盖上另一块泥范时所形成的表面就变得粗涩无光了。"[②]这种说法有些道理。但长沙楚墓中也有少数云纹玻璃璧,两面都有光泽,都一样光滑,而且都一样有精美纹饰。如 1955 年长沙市陈家大山 4 号战国墓出土的墨绿色玻璃璧,两面均有清晰而优美的云纹,两面都光润如玉。看来,早期玻璃璧制造中存在的一面光泽一面粗涩的技术问题,终于随着制造技术的进步而解决了。





①后德俊:《楚国的矿冶·髹漆和玻璃制造》第五章《玻璃制造》,湖北教育出版社,1995 年,第 284~285 页。

②后德俊:《楚国的矿冶·髹漆和玻璃制造》第五章《玻璃制造》,湖北教育出版社,1995 年,第 285~286 页。

## 第三节　仿玉风格的滑石器

湖南战国至魏晋南北朝出土的滑石器中，有数量相当多的仿玉风格的滑石器，种类有璧、圭、璜、环、带钩、剑首、剑格、剑璏、剑珌等，这些滑石器，汉代最多，种类也最丰富；战国次之，主要有璧、环、带钩等；魏晋南北朝时出土最少，目前仅见滑石猪。这些滑石器的造型和纹饰不仅与玉器相似，而且它们起着与玉器相似的作用，下面分类简述：

### 一、种类

1. 滑石璧

有数百件之多，主要为汉代时期的，其次是战国时期的，汉代以后几乎没有。李利人在《湖南战国两汉时期的滑石器》一文中统计有 170 余件[①]。据我们对《中国古玉研究文献指南》（资料截至 2000 年）湖南省两汉时期有准确计数的滑石璧统计来看，就有 307 件[②]，如果加上未准确计数的、未发表资料的和 2000 年以后发表资料的那部分，其数量会远远超出目前的统计数据。出土滑石璧最多的墓葬有：《长沙楚墓》一书统计的战国滑石璧有 30 件[③]，溆浦马田坪西汉墓出土滑石璧 63 件[④]，1986—1987 年大庸城区西汉墓出土滑石璧 35 件[⑤]，怀化西汉墓出土滑石璧 26 件[⑥]，湖南省博物馆

①李利人：《湖南战国两汉时期的滑石器》，《湖南考古辑刊》第 5 集，《求索》增刊，1989 年。
② 赵朝洪主编：《中国古玉研究文献指南》，科学出版社，2004 年，第 145~152 页。
③湖南省博物馆等：《长沙楚墓》，文物出版社，2000 年，第 329 页。
④湖南省博物馆、怀化地区文物工作队：《湖南溆浦马田坪战国西汉墓发掘报告》，《湖南考古辑刊》第 2 集，岳麓书社，1984 年。
⑤ 湖南省文物考古研究所等：《1986-1987 大庸城区西汉墓发掘报告》，《湖南考古辑刊》第 5 集，《求索》增刊，1989 年。
⑥怀化地区文物工作队：《湖南怀化西汉墓》，《文物》1988 年第 10 期。

收藏出土的汉代滑石璧有 160 余件。整体来看，这些璧可分为四式：

Ⅰ式：正背两面都刻有纹饰。有圈纹、“S”形纹或弧形网纹等，圈纹的型式又可分为单圈纹、双圈纹、三圈纹。有的在肉及好处各划弦纹一周。1964 年长沙中医学院工地 M1 出土的滑石璧即为此种形制，双面饰单层圈纹，圈内中心凹进一点，肉及好处各划弦纹一周[①]（图 339）。

Ⅱ式：一面有纹，另面光素。有纹饰的为卷云纹、谷纹、圈纹、涡纹、棋盘纹等。圈纹璧在正面各圆圈之间连以斜线交叉构成一个个的菱形。通径一般在 15~20 厘米以上。1964 年长沙大林子冲 M3 出土 1 件单面云纹玉璧，一面素面，一面刻逗点云纹，内外廓饰弦纹一周[②]（图 340）。

Ⅲ式：一面有纹，一面光素，正面边上有的有弦纹或锯齿纹，肉上由斜直线交织组成菱形方格。通径一般在 16~20 厘米以上。

Ⅳ式：两面均光素无纹。

2. 滑石圭

数量不多，均发现于汉墓中。1986—1987 年大庸城区西汉墓出土 1 件[③]。1964 年长沙南郊砂子塘汉墓出土的 1 件两面素平，下端钻有一孔[④]（图 341）。

3. 滑石璜

数量较少，均出土于汉墓中。保靖粟家坨西汉墓出土 2 件，





---

①湖南省博物馆资料。

②湖南省博物馆资料。

③湖南省文物考古研究所等:《1986-1987 大庸城区西汉墓发掘报告》,《湖南考古辑刊》第 5 集,《求索》增刊，1989 年。

④湖南省博物馆:《长沙南郊砂子塘汉墓》,《考古》1965 年第 3 期。

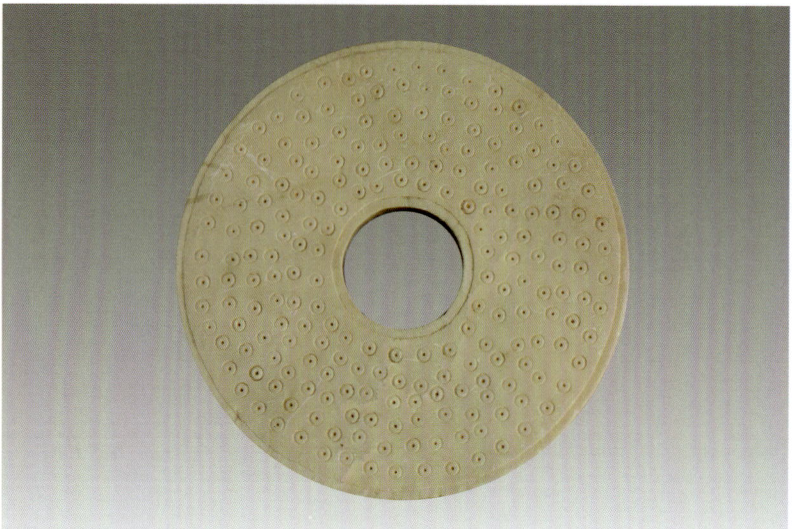

图 339　滑石璧　西汉（1964 年长沙中医学院工地 M1 出土）

图 340　滑石璧　西汉（1964 年长沙大林子冲 M3 出土）

图 341　滑石圭　西汉（1964 年长沙南郊砂子塘出土）

图 342　滑石璜　2 件　西汉（1964 年长沙大林子冲 M3 出土）

图 344　滑石环　战国（1956 年长沙子弹库 M5 出土）

图 345　滑石带钩　西汉（1960 年长沙杨家山铁路工地 M6 出土）

图 346　滑石剑首　西汉（1955 年长沙政治干校魏家堆 M19 出土）

图 347　滑石剑首　西汉（1964 年长沙大林子冲 M4 出土）

塘汉墓出土4件，2件两面均雕云纹，余2件素面无纹。1959年长沙左家塘新生砖厂M1出土有石剑格、石剑珌。其中剑格长1.5厘米，光素无纹[①]（图348）。1954年长沙斩犯山M7出土1件，双面阴刻勾连云纹[②]（图349）。

图348 滑石剑格 西汉（1959年长沙左家塘新生砖厂M1出土）

图349 滑石剑格 西汉（1954年长沙斩犯山M7出土）

8. 滑石剑璏

剑璏，只见于汉墓，湖南省博物馆有20多件。长沙南郊砂子塘汉墓出土2件，一件上雕龙虎纹，下有长方形扁孔。另一件素面无纹，长8.3、宽2.2厘米。1954年长沙斩犯山M7出土2件，1件器表正面饰单线圆圈纹，圆圈中央饰点纹（图350）；另1件器呈长方形，两端向下弧弯，下有一长方形穿孔，器表浮雕一回首

①湖南省博物馆资料。

②湖南省博物馆资料。

图 350　滑石剑璏　西汉（1954 年长沙斩犯山 M7 出土）

张望的螭龙，其四周刻有云气纹和两个双线圆圈纹，螭身上亦刻有云气纹表示其身体各部关节[①]（图 351）。

9. 滑石剑珌

剑珌，亦只见于汉墓，湖南省博物馆收藏有 30 余件。长沙南郊砂子塘汉墓出土 3 件，1 件斜角形，两面雕刻，一面雕虎，一面雕三条盘龙，长 8.2、宽 4.5、厚 1 厘米；1 件两面雕刻云纹，上宽下窄，下部侧面有长方形小孔，长 5.5、宽 4.6、厚 1.4 厘米；1 件素面，长 5.1、宽 4.2 厘米。长沙南门外魏家堆出土的为素面，长 5.1、宽 4.2 厘米[②]。1955 年长沙侯家塘 M18 出土 1 件，呈梯形，光素无纹（图 352）；1954 年长沙斩犯山 M7 出土 1 件，器呈长梯形，一面饰单线圆圈纹，圆圈纹外阴刻一周弦纹，另一面阴刻双龙纹[③]（图 353）。

10. 滑石猪

滑石猪数量较多，见于汉墓和魏晋南北朝的墓葬中，且魏晋南北朝时期出土更多（见前文）。汉代滑石猪多作伏卧状，两耳倒竖，口微张，尾巴藏在屁股内，用几道阴刻线将猪的轮廓雕琢出来。1955 年耒阳野鹅塘 BM16 汉墓出土 1 件，器呈长条形伏卧，采用汉八刀技法雕成（图 354）；1963 年长沙林业设计院 M18 出土 1 件，胖猪形，呈伏卧状，用寥寥数刀把猪的形状雕刻出来[④]（图 355）。

①湖南省博物馆资料。

②李正光:《湖南省文物工作队在长沙市南门外魏家堆附近清理了一批战国至元代的墓葬》,《文物参考资料》1955 年第 10 期。

③湖南省博物馆资料。

④湖南省博物馆资料。

图 351　滑石剑璏　西汉（1954 年长沙斩犯山 M7 出土）

图 352　滑石剑珌　西汉（1955 年长沙侯家塘 M18 出土）

图 353　滑石剑珌　西汉（1954 年长沙斩犯山 M7 出土）

图 354　滑石猪　汉代（1955 年耒阳野鹅塘 BM16 出土）

图 355　滑石猪　西汉（1963 年长沙林业设计院 M18 出土）

## 二、用途

湖南出土的这些仿玉风格的滑石器，以璧、环、剑饰、猪为最多，究其用途，它们与仿玉玻璃器一样，都担负着与之同类玉器的用途。现以璧、猪为例予以分析、探讨。

在湖南地区战国至两汉时期的墓葬中，以璧随葬尤为突出，一部分随葬器物较丰富的墓葬都葬有璧，只不过是质地不同罢了，有玉、玻璃、滑石之区别。为什么会有如此多的璧来随葬呢？从历史文献和考古材料可以看出，璧具有多种用途，既是礼器，常用以祭祀天地、山川，又是丧葬器，《周礼·典瑞》记载："驵圭、璋、璧、琮、琥、璜之渠眉，疏璧琮以敛尸。"同时它还是馈赠用品、交换用品、佩饰品等，正因为璧有如此多的功能，所以这一时期的墓葬中，就是不出玉璧、玻璃璧，也出滑石璧。滑石璧和同一时期的玉璧、玻璃璧相比较，就有许多相同之处：首先，形制是相同的，玉璧、玻璃璧大都是两面有纹饰，滑石璧也大都两面有纹饰；其次，从出土位置看，滑石璧、玉璧、玻璃璧出土的位置也大体相同，大都出土于人体头部和胸部附近，显然它们的作用是一致的。至于以石璧、玻璃璧代替玉璧，这与湖南地区不产玉、玉器得来不容易有关。从墓葬资料分析，墓主身份较高或富裕的大中型墓葬，就随葬有大量玉器，如临澧九里M1，墓主为一封君，其墓就随葬有玉璧之类的很多玉器；地位较差的、得不到玉器的士和平民则用玻璃器代替，而完全没有经济地位的，只好找一种与之相似的代替品，而滑石器的色彩为淡绿或白色，玻璃光泽，表面看去与玉相似，这就是玉的一种理想的替代品了。滑石璧在战国两汉时期，尤其是汉代的特别多，这与汉代丧葬文化高度发达不无关系。

滑石猪在汉代开始兴起，三国两晋南北朝时期得到发展。它是作为玉猪的替代品出现的。由于它在丧葬文化中的地位不如璧重要，因此在汉代数量不是很多。三国两晋南北朝时期，上层统治者对汉代丧葬制度中奢侈无度的铺张与浪费给予了制度上的禁止，曹操本人就反对厚葬,《三国志·魏书》载曹操临终前遗令曰:“天下尚未安定，未得遵古也……敛以时服，无藏金玉珍宝。”[①]曹操之子曹丕，认为天下动荡不安，祸皆起于“厚葬封树”，并于黄初三年（222）作终制曰:“自古及今，未有不亡之国，亦无不掘之墓也。丧乱以来，汉氏诸陵无不发掘，至乃烧取玉匣金缕，骸骨并尽。”他死后,要“饭含无以珠玉,无施珠襦玉匣”[②]。从此废除了以玉衣为葬的制度。在曹操父子积极推行薄葬措施的影响下，两汉400余年的葬玉制度逐渐衰落以致最终消失，在以后的一千多年中葬玉再也没有大的发展。三国两晋南北朝时期墓葬出土的玉器少，且形制纹饰均较简单，这时期所能承接的早期玉质丧葬制品中，仅口琀、猪握等少量保留,其中猪握发展成为历史上最繁盛的时期，而仿玉风格的石猪在其中扮演了主要角色。湖南所能见到的滑石猪无论雕刻的简与繁，绝大部分都是取用这种浅黄、淡绿的滑石料质，它一改东汉流行的“汉八刀”简化工艺，而是采取半简化、半写实的雕刻手法，大写意地雕刻出猪的头部和圆浑的身躯。考古资料表明，用玉或石质的猪作为手握用于丧葬中，在魏晋南北朝时期是比较流行的。直到隋唐时期，在当时的京畿及南方部分地区[③]，这种承接早期的特有以玉或滑石制成猪形手握的葬俗依然有所发现，湖南省博物馆就收藏有出土的唐代滑石猪10多件。

①《三国志》卷一《魏书一·武帝纪第一》，中华书局，1959年，第53页。

②《三国志》卷二《魏书二·文帝纪第二》，中华书局，1959年，第81、82页。

③京畿地区主要是国都长安周边，图片可参考刘云辉著《北周隋唐京畿玉器》图17、18、20,重庆出版社,2000年；南方地区如唐张九龄墓内便发现一件玉猪形手握,见《中国玉器全集》第5卷图四三，河北美术出版社，1993年。

## 三、来源

湖南有丰富的滑石资源，湖南出土的滑石器应是本地制作的。

滑石盛产于湖南，其石质较软，化学成分为 $Mg[Si_4O_{10}](OH)_2$，其色泽多为浮白色，呈淡绿或白色，少量呈赭红、浅黄、乳灰等颜色。玻璃光泽，硬度 1，比重 2.7~2.8，有油腻感。只需用一般的刀子就可以在滑石上随心所欲地雕刻出各种纹饰，觉得纹饰不理想时，又可以用刀把它刮去，重新再刻，是一种比较容易的雕刻材料。

据现有资料，怀化、常德、益阳、长沙等地，在战国至两汉时期，较多的墓葬随葬了制作精细、造型美观的滑石器。邻近湖南的湖北、江西、广东、广西等地也有出土，但出土最多的还是湖南地区。湖南地区滑石器多，不仅表现在随葬滑石器的墓葬多，还表现在墓葬中随葬的滑石器数量多。如溆浦马田坪战国西汉墓出土滑石器 112 件[①]，全部为乳白色；长沙南郊砂子塘西汉墓出土滑石器 89 件，24 个种类[②]。这种数量与种类之多，应当与湖南本地出产这种原料有关。《湖南通志·食货志》记载："道州出滑石。"道州就是现在湖南零陵地区的道县。现今湖南南部山区，依旧是中国优质滑石的重要产出地。

正因为湖南有优质的滑石资源，才得以成就战国两汉时期湖南滑石制造的辉煌。



①湖南省博物馆、怀化地区文物工作队:《湖南溆浦马田坪战国西汉墓发掘报告》,《湖南考古辑刊》第 2 集，岳麓书社，1984 年。

②湖南省博物馆:《长沙南郊砂子塘汉墓》,《考古》1965 年第 3 期。

# 第四节　湖南出土玉器玉质特征：以湖南省博物馆馆藏玉器为例

湖南出土玉器目前经过科学检测的还很少，关于其玉质特征尚不能得出准确结论。

2001年4月，中国地质大学（武汉）珠宝学院的朱勤文教授来我馆观摩玉器，对我馆49件（套）具有代表性的玉器质材进行了肉眼鉴定和部分玉器用点测法测定折射率数据进行鉴定。现将49件（套）古玉器的鉴定结果阐述如下，以供研究。

肉眼鉴定是凭借肉眼、10倍放大镜、聚光电筒、摩氏硬度计进行的，主要依据玉石的颜色、光泽、透明度、相对密度、相对硬度、结构、构造等宝玉石学特征。由于玉石的结构一般都很细腻，故肉眼鉴定有一定的局限性，对于特征较典型的玉石可以作出较确定的鉴定，而对于特征不典型者，或对于次生变化较强烈者，则只能作出初步鉴定。特别是对颜色、光泽、硬度等已发生变化的出土古玉器的鉴定，难度很大，要确定其玉质，还必须进行进一步的物理仪器测试。

## 一、馆藏古玉器玉质成分鉴定结果

凭借肉眼观察，借助聚光电筒和6级、7级摩氏硬度计，对49件（套）古玉器进行了鉴定，并用点测法测定了少量代表性玉器的折射率。限于肉眼鉴定的局限性，对玉石特征较明显的玉器确定了其玉石种类，对特征不明显的玉器或受沁较强烈者，只能作初步的推测，表中示意“？”。现将肉眼鉴定结果列于表十二中，对各类玉石特征进行比较分析、归纳结果列于表十三中。对出土玉器的主要玉质特征分别描述如下：

表十二　湖南省博物馆部分馆藏古玉器玉质成分肉眼鉴定特征

| 序号 | 样品图片 | 时代与出土地 | 玉器名称 | 颜色（沁色） | 光泽 | 透明度 | HRI | 结构、质地 | 玉质 |
|---|---|---|---|---|---|---|---|---|---|
| 1 | 图123 | 战国早期<br>长沙浏城桥 M1 | 云纹玉环 | 青绿色含黑色及褐色条带（部分褐色沁） | 半玻璃光泽 | 半透明 | 7 | 隐晶质，无颗粒感，似贝壳状断口，声音清脆 | 青玉（软玉） |
| 2 | 图124 | 战国早期<br>长沙浏城桥 M1 | 云纹玉环 | 绿色含少量黑色杂质（少量褐色沁） | 半玻璃光泽<br>断口：油脂光泽 | 半透明 | 7 | 隐晶质，无颗粒感，似贝壳状断口，声音清脆 | 青玉（软玉） |
| 3 | 图138 | 战国早期<br>长沙浏城桥 M1 | 八方形玉环 | 黑绿色（土黄沁） | 断口：油脂光泽<br>沁处：土状光泽 | 墨绿部分：半透明；沁处：不透明 | 6.5 | 隐晶质，参差状断口；沁处疏松，有颗粒感 | 青玉（软玉）？ |
| 4 | 图118 | 战国中期<br>湘乡牛形山 M1 | 素面玉环 | 浅墨绿色含灰黄色条带（无沁色） | 半玻璃光泽 | 半透明 | 6.5 | 隐晶质，黑色铁质均匀分布，参差状断口 | 青玉（软玉） |
| 5 | 图97 | 战国晚期<br>长沙广济桥 M5 | 云纹玉璧 | 黄褐色（无沁色） | 半玻璃光泽 | 透明 |  | 隐晶质，内部均匀，无絮状物，声音清脆 | 青玉（软玉） |
| 6 | 图157 | 战国晚期<br>长沙杨家山 M12 | 云纹璜形玉龙佩 | 青绿色（墨绿色） | 半玻璃光泽 | 半透明 |  | 隐晶质，少量细小黑点及絮状物，声音清脆 | 青玉（软玉） |
| 7 | 图180 | 秦<br>长沙左家塘 M1 | 青色云纹玉璧 | 青绿色含均匀分布的黑色斑点（褐黄色沁） | 半玻璃光泽<br>断口：油脂光泽 | 半透明 | 7 | 纤维—隐晶质结构，参差状断口，含絮状物 | 青玉（软玉） |
| 8 |  | 东汉<br>湖南零陵文庙 | 谷纹龙凤纹玉璧 | 残留绿色（强烈灰黄色沁） | 半玻璃光泽<br>断口：油脂光泽 | 不透明，局部微透明 |  | 中—细粒纤维状（放射状）变晶结构，颗粒较粗 | 青玉（软玉）？ |

| | | | | | | | | | |
|---|---|---|---|---|---|---|---|---|---|
| 9 | 图 61 | 商<br>宁乡黄材王家坟山 | 圆雕玉兽 | 绿色略带黄色（无沁色） | 油脂光泽 | 半透明—微透明 | 6.5 | 隐晶质，质地均匀 | 青玉（软玉） |
| 10 | 图 73 | 商<br>宁乡黄材三亩地 | 玉鱼 | 青色（黄白沁） | 青：半玻璃光泽<br>黄白：土状光泽 | 青：半透明<br>黄白：不透明 | | 隐晶质，参差断口 | 青玉（软玉） |
| 11 | 图 60 | 商<br>宁乡黄材王家坟山 | 玉环 | 黄绿色（无沁色） | 玻璃—油脂光泽 | 半透明—透明 | 6.5<br>1.62 | 隐晶质，内部均匀 | 青玉（软玉） |
| 12 | 图 64 | 商<br>宁乡黄材三亩地 | 玉珠（2 颗） | 灰绿色 | 半玻璃光泽 | 半透明 | 6.5 | 隐晶质，内部均匀 | 青玉（软玉） |
| 13 | 图 47 | 商<br>宁乡黄材炭河里 | 玉管 | 浅绿（少量绿色沁） | 油脂光泽 | 半透明 | 6.5<br>1.6 | 隐晶质 | 青白玉（软玉） |
| 14 | 图 47 | 商<br>宁乡黄材炭河里 | 玉管 | 鲜绿（绿色沁） | 油脂光泽 | 半透明 | 7 | 隐晶质，沿裂处有铜绿沁 | 青白玉（软玉） |
| 15 | 图 182 | 秦<br>长沙左家塘 M1 | 勾连谷粒纹玉剑璏 | 灰黄色带少量褐斑（无沁色） | 半玻璃光泽<br>断口：油脂光泽 | 微透明 | 6.5 | 纤维—隐晶质结构，参差状断口 | 青白玉（软玉） |
| 16 | 图 181 | 秦<br>长沙左家塘 M1 | 玉剑首 | 灰黄色（少量黑皮、无沁色） | 半玻璃光泽<br>断口：油脂光泽 | 微透明 | 6.5 | 隐晶质结构，参差状断口 | 青白玉（软玉） |
| 17 | 图 245 | 新莽—东汉<br>长沙五一路 M9 | 玉猪 | 灰黄色（有黑灰色、褐色皮，无沁色） | 玻璃光泽 | 不透明<br>边缘微透明 | | 隐晶质，可见少量灰色纤维晶体 | 青白玉（软玉） |
| 18 | 图 246 | 新莽—东汉<br>长沙五一路 M9 | 玉猪 | 灰黄色（有黑灰色、褐色皮，无沁色） | 玻璃光泽 | 不透明<br>边缘微透明 | | 隐晶质，可见少量灰色纤维状晶体 | 青白玉（软玉） |
| 19 | 图 241 | 西汉<br>长沙杨家山 M1 | 玉衣片（1） | 灰黄间绿色（少量铁褐色沁） | 半玻璃光泽 | 不透明，少量绿色处透明 | 6 | 隐晶质，灰黄色定向，褐色孔隙 | 青白玉（软玉）？ |

| | |
|---|---|
| 图 30 | 玉璜　石家河文化<br>长 12.7、厚 0.6 厘米<br>1991 年澧县孙家岗遗址 M14 出土<br>湖南省文物考古研究所藏 |
| 图 31 | 玉璜　石家河文化<br>残长 10 厘米<br>1991 年澧县孙家岗遗址 M33 出土<br>湖南省文物考古研究所藏 |
| 图 32 | 龙形玉佩　石家河文化<br>长 9.1、宽 5.1、厚 0.2 厘米<br>1991 年澧县孙家岗遗址 M14 出土<br>湖南省文物考古研究所藏 |
| 图 33 | 凤形玉佩　石家河文化<br>长 11.6、宽 6.2、厚 0.2 厘米<br>1991 年澧县孙家岗遗址 M14 出土<br>湖南省文物考古研究所藏 |
| 图 34 | 玉笄　石家河文化<br>长 15.7、最大径 0.72 厘米<br>1991 年澧县孙家岗遗址 M14 出土<br>湖南省文物考古研究所藏 |
| 图 35 | 玉笄　石家河文化<br>长 9.8、宽 0.86 厘米<br>1991 年澧县孙家岗遗址 M14 出土<br>湖南省文物考古研究所藏 |
| 图 36 | 玉笄　2 件　石家河文化<br>分别长 10.6、9.9 厘米，宽 1.2、0.85 厘米<br>1991 年澧县孙家岗遗址 M9 出土<br>湖南省文物考古研究所藏 |
| 图 37 | 玉笄　2 件　石家河文化<br>上：长 13.3、最大径 1 厘米<br>下：长 13.6、最大径 1.2 厘米<br>1991 年澧县孙家岗遗址 M33 出土<br>湖南省文物考古研究所藏 |
| 图 38 | 葵籽状玉坠　2 件　石家河文化<br>长分别为 1.81、1.85 厘米<br>1991 年澧县孙家岗遗址 M14 出土<br>湖南省文物考古研究所藏 |
| 图 39 | 圆片状玉坠　2 件　石家河文化<br>最大直径 1.85 厘米<br>1991 年澧县孙家岗遗址 M14 出土<br>湖南省文物考古研究所藏 |

| | |
|---|---|
| 图 40 | 薄片状玉坠　石家河文化<br>残长 4.6 厘米<br>1991 年澧县孙家岗遗址 M13 出土<br>湖南省文物考古研究所藏 |
| 图 41 | 薄片状玉坠　石家河文化<br>残长 3.9 厘米<br>1991 年澧县孙家岗遗址 M14 出土<br>湖南省文物考古研究所藏 |
| 图 42 | 玉管　石家河文化<br>长 2 厘米<br>1991 年澧县孙家岗遗址 M14 出土<br>湖南省文物考古研究所藏 |
| 图 43 | 玉纺轮　石家河文化<br>直径 3.3、厚 0.6 厘米<br>1991 年澧县孙家岗遗址 M8 出土<br>湖南省文物考古研究所藏 |
| 图 44 | 玉管　西周<br>长 2.8、直径 0.8、孔径 0.3~0.4 厘米<br>2003–2004 年宁乡黄材 M2 出土<br>湖南省文物考古研究所藏 |
| 图 45 | 玉管　西周<br>长分别为 3、3.4 厘米，直径分别为 0.9、1 厘米，孔径 0.3~0.4 厘米<br>2003–2004 年宁乡黄材 M2 出土<br>湖南省文物考古研究所藏 |
| 图 46 | 玉玦　西周<br>直径 3.4、孔径 2、厚 0.1~0.2 厘米<br>2003–2004 年宁乡黄材 M2 出土<br>湖南省文物考古研究所藏 |
| 图 47 | 玉珠、管　商<br>长 0.3~4.9 厘米<br>1963 年宁乡黄材炭河里出土<br>湖南省博物馆藏 |
| 图 48 | 青玉珠、管　商<br>长 0.6~5.8、直径 0.8~1.1 厘米<br>1970 年宁乡黄材王家坟山出土<br>湖南省博物馆藏 |
| 图 49 | 青玉管　商<br>长 4.1、直径 1.9 厘米<br>1970 年宁乡黄材王家坟山出土<br>湖南省博物馆藏 |

| | |
|---|---|
| 图 50 | 玉玦　商<br>直径 10.4、孔径 5.2 厘米<br>1970 年宁乡黄材王家坟山出土<br>湖南省博物馆藏 |
| 图 51 | 玉玦　商<br>直径 7.9、孔径 4.2 厘米<br>1970 年宁乡黄材王家坟山出土<br>湖南省博物馆藏 |
| 图 52 | 玉玦　商<br>直径 5.4、孔径 3 厘米<br>1970 年宁乡黄材王家坟山出土<br>湖南省博物馆藏 |
| 图 53 | 玉玦　商<br>直径 2.6、孔径 1.5 厘米<br>1970 年宁乡黄材王家坟山出土<br>湖南省博物馆藏 |
| 图 54 | 玉玦　商<br>直径 5.1、孔径 2.8 厘米<br>1970 年宁乡黄材王家坟山出土<br>湖南省博物馆藏 |
| 图 55 | 玉璜　2 件　商<br>直径 9.7~10、肉宽 2.5 厘米<br>1970 年宁乡黄材王家坟山出土<br>湖南省博物馆藏 |
| 图 56 | 玉环　商<br>直径 9.2、孔径 5.5 厘米<br>1970 年宁乡黄材王家坟山出土<br>湖南省博物馆藏 |
| 图 57 | 玉环　商<br>直径 8.3、孔径 5.5、通高 0.7 厘米<br>1970 年宁乡黄材王家坟山出土<br>湖南省博物馆藏 |
| 图 58 | 玉环　商<br>直径 10.6、孔径 6.3、通高 1.8 厘米<br>1970 年宁乡黄材王家坟山出土<br>湖南省博物馆藏 |
| 图 59 | 玉环　商<br>直径 8.7、孔径 5.3 厘米<br>1970 年宁乡黄材王家坟山出土<br>湖南省博物馆藏 |

| | |
|---|---|
| 图 60 | 玉环　商<br>直径 10.6、孔径 6.7、通高 1.6 厘米<br>1970 年宁乡黄材王家坟山出土<br>湖南省博物馆藏 |
| 图 61 | 圆雕玉兽　商<br>长 6.8、高 2.1 厘米<br>1970 年宁乡黄材王家坟山出土<br>湖南省博物馆藏 |
| 图 62 | 圆雕玉兽　商<br>长 6.6、高 3.1 厘米<br>1970 年宁乡黄材王家坟山出土<br>湖南省博物馆藏 |
| 图 63 | 圆雕玉龙　商<br>长 10.5、宽 4.1、厚 1.8 厘米<br>1970 年宁乡黄材王家坟山出土<br>湖南省博物馆藏 |
| 图 64 | 玉珠、管　商<br>长 0.65~1.05 厘米，直径为 0.35~1 厘米<br>1973 年宁乡黄材三亩地出土<br>湖南省博物馆藏 |
| 图 65 | 凸领素面玉环　商<br>直径 8.2、边宽 1.5、边厚 1.5 厘米<br>1973 年宁乡黄材三亩地出土<br>湖南省博物馆藏 |
| 图 66 | 玉环　商<br>直径 9 厘米<br>1973 年宁乡黄材三亩地出土<br>湖南省博物馆藏 |
| 图 67 | 凸领素面玉环　商<br>直径 7.3、边宽 1、边厚 0.6 厘米<br>1973 年宁乡黄材三亩地出土<br>湖南省博物馆藏 |
| 图 68 | 小玉饼　商<br>直径 2.6 厘米<br>1973 年宁乡黄材三亩地出土<br>湖南省博物馆藏 |
| 图 69 | 玉玦　2 件　商<br>直径 1.6~6.8 厘米<br>1973 年宁乡黄材三亩地出土<br>湖南省博物馆藏 |

| | |
|---|---|
| 图 70 | 玉鱼　商<br>长 3.7、宽 1.6、厚 0.2 厘米<br>1973 年宁乡黄材三亩地出土<br>湖南省博物馆藏 |
| 图 71 | 玉鱼　商<br>长 6.7、宽 1.7、厚 0.2 厘米<br>1973 年宁乡黄材三亩地出土<br>湖南省博物馆藏 |
| 图 72 | 玉鱼　商<br>长 6.8、宽 0.9、厚 0.4 厘米<br>1973 年宁乡黄材三亩地出土<br>湖南省博物馆藏 |
| 图 73 | 玉鱼　商<br>长 6、宽 1.3、厚 0.8 厘米<br>1973 年宁乡黄材三亩地出土<br>湖南省博物馆藏 |
| 图 74 | 虎形玉片　商<br>长 7.1、宽 2.4、厚 0.3 厘米<br>1973 年宁乡黄材三亩地出土<br>湖南省博物馆藏 |
| 图 75 | 残玉柄形器　商<br>残长 6.5 厘米<br>1973 年宁乡黄材三亩地出土<br>湖南省博物馆藏 |
| 图 76 | 玉圭　商<br>长 48、宽 8.1、厚 0.8 厘米<br>1980 年石门皂市桅岗村出土<br>石门县博物馆藏 |
| 图 77 | 玉璋　商<br>长 19 厘米<br>1980 年石门皂市桅岗村出土<br>石门县博物馆藏 |
| 图 78 | 残玉璋　商<br>1980 年石门皂市桅岗村出土<br>石门县博物馆藏 |
| 图 79 | 残玉璋　商<br>1980 年石门皂市桅岗村出土<br>石门县博物馆藏 |

| | |
|---|---|
| 图 80 | 玉珠、管　商<br>长 2~7.7、直径 0.8 ~ 1.2 厘米<br>1985 年衡阳市郊杏花村出土<br>衡阳市博物馆藏 |
| 图 81 | 玉环　2 件　商<br>左：直径 8.2、孔径 5.5、高 0.8 厘米；右：直径 8.8、孔径 6.4 厘米<br>1985 年衡阳市郊杏花村出土<br>衡阳市博物馆藏 |
| 图 82 | 镂空龙纹玉佩　商<br>直径 6~6.8、厚 0.4 厘米<br>1985 年衡阳市郊杏花村出土<br>衡阳市博物馆藏 |
| 图 83 | 玉璜　商<br>直径 2.7 厘米<br>1986 年双峰金川乡月龙村出土<br>双峰县文物管理所藏 |
| 图 84 | 玉玦　商<br>直径 7.3 厘米<br>1986 年双峰金川乡月龙村出土<br>双峰县文物管理所藏 |
| 图 85 | 玉玦　商<br>直径 6.4 厘米<br>1986 年双峰金川乡月龙村出土<br>双峰县文物管理所藏 |
| 图 86 | 玉玦　商<br>直径 3.6、肉宽 0.85、厚 0.15 厘米<br>1986 年双峰金川乡月龙村出土<br>双峰县文物管理所藏 |
| 图 87 | 玉环　商<br>直径 11.2、孔径 6.4、边厚 0.3 厘米<br>1991 年益阳赫山区城建局基建工地战国墓出土<br>益阳市博物馆藏 |
| 图 88 | 汨罗高泉山 M1 春秋墓玉环出土照 |
| 图 89 | 管形器　春秋中期<br>长 3、宽 1.4、高 1.2 厘米<br>1993 年汨罗高泉山 M1 出土<br>汨罗市文物管理所藏 |

| | |
|---|---|
| 图 90 | 管形器　春秋中期<br>长 3、宽 1.4、高 1.2 厘米<br>1993 年汨罗高泉山 M1 出土<br>汨罗市文物管理所藏 |
| 图 91 | 玉璜　春秋晚期<br>通长 4.5、宽 0.9、厚 0.2 厘米<br>1985 年益阳陆贾山热电厂 M33 出土<br>益阳市博物馆藏 |
| 图 92 | 玉琮　战国早期<br>边长 5.3~5.4、孔径 3.6、高 3.5 厘米<br>1971 年长沙浏城桥 M1 出土<br>湖南省博物馆藏 |
| 图 93 | 素面玉璧　战国晚期<br>直径 3.7、孔径 1.2、厚 0.4 厘米<br>1955 年长沙下大垅 M20 出土<br>湖南省博物馆藏 |
| 图 94 | 素面玉璧　战国晚期<br>直径 3.25、孔径 0.7、厚 0.1 厘米<br>1956 年长沙子弹库 M29 出土<br>湖南省博物馆藏 |
| 图 95 | 云纹玉璧　战国早期<br>直径 10.7、边宽 3.3、厚 0.4 厘米<br>1971 年长沙浏城桥 M1 出土<br>湖南省博物馆藏 |
| 图 96 | 云纹玉璧　战国晚期<br>直径 7.3、孔径 3.3、厚 0.4 厘米<br>1985 年澧县新洲 M1 出土<br>湖南省文物考古研究所藏 |
| 图 97 | 云纹玉璧　战国晚期<br>直径 10.7 厘米<br>1956 年长沙广济桥 M5 出土<br>湖南省博物馆藏 |
| 图 98 | 云纹玉璧　战国中期<br>直径 14、厚 0.2 厘米<br>1973 年长沙子弹库 M1 出土<br>湖南省博物馆藏 |
| 图 99 | 云纹玉璧　战国晚期<br>直径 11.5、孔径 4.5、厚 0.4 厘米<br>1992 年益阳宁湖乡粮食局基建工地出土<br>益阳市博物馆藏 |

| | |
|---|---|
| 图 100 | 谷纹玉璧　战国晚期<br>直径 14、孔径 4.3、厚 0.35 厘米<br>1957 年长沙雨花亭 M1 出土<br>湖南省博物馆藏 |
| 图 101 | 双凤纹玉璧　战国中期<br>通长 8、直径 4.8、孔径 1.7、厚 0. 5 厘米<br>1977 年益阳赫山庙基建工地 M108 出土<br>益阳市博物馆藏 |
| 图 102 | 素面玉璜　2 件　战国早期<br>长 9.8~13.5、宽 2.45、厚 0.3 厘米<br>1971 年长沙浏城桥 M1 出土<br>湖南省博物馆藏 |
| 图 103 | 玉璜　战国晚期<br>长 5.3、宽 1.5、厚 0.5 厘米<br>1985 年澧县新洲 M1 出土<br>湖南省文物考古研究所藏 |
| 图 104 | 玉璜　战国晚期<br>长 5.6、宽 1.7、厚 0.4 厘米<br>1985 年澧县新洲 M1 出土<br>湖南省文物考古研究所藏 |
| 图 105 | 玉璜　战国中期<br>长 7.2、厚 0.35 厘米<br>1980 年临澧九里 M1 出土<br>湖南省博物馆藏 |
| 图 106 | 玉璜　战国中期<br>通长 6.9、宽 1.36、厚 0.3 厘米<br>1987 年临澧九里双峰包南包大墓出土<br>湖南省文物考古研究所藏 |
| 图 107 | 玉璜　战国中期<br>长 8.8、厚 0.3 厘米<br>1980 年临澧九里 M1 出土<br>湖南省博物馆藏 |
| 图 108 | 谷纹龙形玉璜　战国晚期<br>长 9.2~11.8、宽 1.4、厚 0.4 厘米<br>1960 年长沙杨家山铁路工地 M12 出土<br>湖南省博物馆藏 |
| 图 109 | 镂空双龙纹玉璜　战国中期<br>长 8.8、宽 1.9、厚 0.2 厘米<br>1980 年临澧九里 M1 出土<br>湖南省博物馆藏 |

| | |
|---|---|
| 图 110 | 玉璜　战国<br>长 13、宽 2.8、厚 0.4 厘米<br>1976 年长沙阿弥岭 M2 出土<br>湖南省博物馆藏 |
| 图 111 | 玉璜　2 件　战国中期<br>上：长 12、厚 0.25 厘米；下：长 12.2、厚 0.4 厘米<br>1980 年临澧九里 M1 出土<br>湖南省博物馆藏 |
| 图 112 | 玉璜　2 件　战国中期<br>上：长 12.2、厚 0.4 厘米；下：长 12、厚 0.3 厘米<br>1980 年临澧九里 M1 出土<br>湖南省博物馆藏 |
| 图 113 | 玉璜　战国晚期<br>长 19.8、宽 3、厚 0.7 厘米<br>1987 年长沙五里牌八一路 M1 出土<br>湖南省博物馆藏 |
| 图 114 | 素面玉环　战国早期<br>直径 7.3、边宽 2.1、厚 0.2~0.35 厘米<br>1971 年长沙浏城桥 M1 出土<br>湖南省博物馆藏 |
| 图 115 | 素面玉环　战国早期<br>直径 6.2、边宽 1.4、厚 0.2~0.3 厘米<br>1971 年长沙浏城桥 M1 出土<br>湖南省博物馆藏 |
| 图 116 | 素面玉环　战国早期<br>直径 5.2、边宽 1.5、厚 0.3 厘米<br>1971 年长沙浏城桥 M1 出土<br>湖南省博物馆藏 |
| 图 117 | 素面玉环　2 件　战国中期<br>直径 1 厘米<br>1980 年临澧九里 M1 出土<br>湖南省博物馆藏 |
| 图 118 | 素面玉环　战国中期<br>直径 3、厚 0.5 厘米<br>1975 年湘乡牛形山 M1 出土<br>湖南省博物馆藏 |
| 图 119 | 玛瑙环　战国中期<br>直径 4.2、孔径 2、厚 0.6 厘米<br>1982 年长沙黄泥坑 M4 出土<br>长沙市博物馆藏 |

| | |
|---|---|
| 图 120 | 玛瑙环　战国晚期<br>直径 4.3、孔径 2.7、厚 0.7 厘米<br>1953 年长沙磨子山 M9 出土<br>湖南省博物馆藏 |
| 图 121 | 玛瑙环　战国中期<br>直径 7.8、孔径 5、厚 0.8 厘米<br>1992 年长沙马益顺巷 M1 出土<br>长沙市博物馆藏 |
| 图 122 | 玛瑙环　6 件　战国中期<br>直径 3.3~3.6 厘米<br>1953 年长沙烈士公园 M2 出土<br>湖南省博物馆藏 |
| 图 123 | 云纹玉环　战国早期<br>直径 10.7、孔径 5.6、厚 0.45 厘米<br>1971 年长沙浏城桥 M1 出土<br>湖南省博物馆藏 |
| 图 124 | 云纹玉环　战国早期<br>直径 9.4、边宽 2.3、厚 0.4 厘米<br>1971 年长沙浏城桥 M1 出土<br>湖南省博物馆藏 |
| 图 125 | 云纹玉环　战国早期<br>直径 8、孔径 4.5、厚 0.35 厘米<br>1971 年长沙浏城桥 M1 出土<br>湖南省博物馆藏 |
| 图 126 | 云纹玉环　战国晚期<br>直径 7.5、孔径 3.7、厚 0.4 厘米<br>1955 年长沙烈士公园 M2 出土<br>湖南省博物馆藏 |
| 图 127 | 云纹玉环　战国晚期<br>直径 5.2、孔径 2.3、厚 0.2 厘米<br>1955 年长沙烈士公园 M2 出土<br>湖南省博物馆藏 |
| 图 128 | 云纹玉环　战国中期<br>直径 5.7、边厚 0.3 厘米<br>1980 年临澧九里 M1 出土<br>湖南省博物馆藏 |
| 图 129 | 云纹玉环　战国中期<br>直径 5.1、孔径 2.6、厚 0.4 厘米<br>1980 年临澧九里 M1 出土<br>湖南省博物馆藏 |

| | |
|---|---|
| 图 130 | 云纹玉环　战国中期<br>直径 7、孔径 3.2、厚 0.35 厘米<br>1980 年临澧九里 M1 出土<br>湖南省博物馆藏 |
| 图 131 | 云纹玉环　战国中期<br>直径 5.9、孔径 2.7、厚 0.5 厘米<br>1980 年临澧九里 M1 出土<br>湖南省博物馆藏 |
| 图 132 | 云纹玉环　战国中期<br>直径 6.2、孔径 3、厚 0.2 厘米<br>1980 年临澧九里 M1 出土<br>湖南省博物馆藏 |
| 图 133 | 云纹玉环　战国中期<br>直径 10.9、孔径 5.2、厚 0.4 厘米<br>1980 年临澧九里 M1 出土<br>湖南省博物馆藏 |
| 图 134 | 云纹玉环　战国中期<br>直径 10.8、孔径 4.6、厚 0.2 厘米<br>1980 年临澧九里 M1 出土<br>湖南省博物馆藏 |
| 图 135 | 云纹玉环　战国<br>直径 4.4、边宽 1.2、厚 0.4 厘米<br>1953 年衡阳空军基地 M2 出土<br>湖南省博物馆藏 |
| 图 136 | 玉环　战国<br>直径 3.9、孔径 1.8、厚 0.15 厘米<br>1952 年长沙黄泥坑 M93 出土<br>湖南省博物馆藏 |
| 图 137 | 绳索纹玉环　战国中期<br>直径 4.3 厘米<br>1980 年临澧九里 M1 出土<br>湖南省博物馆藏 |
| 图 138 | 八方形玉环　战国早期<br>直径 4.9、边宽 1.25、厚 0.2 厘米<br>1971 年长沙浏城桥 M1 出土<br>湖南省博物馆藏 |
| 图 139 | 双龙玉环　战国中期<br>直径 3.3、孔径 1.9~2.1、厚 0.2 厘米<br>1980 年临澧九里 M1 出土<br>湖南省博物馆藏 |

| | |
|---|---|
| 图 140 | 玉玦　战国晚期<br>直径 2、孔径 0.7、缺口仅 0.1 厘米<br>1956 年长沙黄土岭 M40 出土<br>湖南省博物馆藏 |
| 图 141 | 绿松石珠　战国晚期<br>直径 0.9、厚 0.4~0.7 厘米<br>1953 年长沙磨子山 M9 出土<br>湖南省博物馆藏 |
| 图 142 | 玛瑙珠、管　7 件　战国中期<br>管：高 1.7、直径 0.25~0.6、孔径 0.2 厘米；珠：直径 0.7、孔径 0.2 厘米<br>1985 年益阳赫山房产公司 M25 出土<br>益阳市博物馆藏 |
| 图 143 | 绿松石管　战国中期<br>长 2.8、宽 1.6、厚 0.75 厘米<br>1954 年长沙新河 M13 出土<br>湖南省博物馆藏 |
| 图 144 | “阳缓”玉印　战国晚期<br>长 1.1、宽 1.1、高 1.2 厘米<br>1954 年长沙窑岭 M9 出土<br>湖南省博物馆藏 |
| 图 145 | 圆柱形玉印　战国中期<br>通高 2.5、印面直径 0.9 厘米<br>1991 年益阳羊舞岭乡 M28 出土<br>益阳市博物馆藏 |
| 图 146 | 鸭首玉带钩　战国<br>长 5.5、宽 0.7、高 1.85 厘米<br>1964 年长沙下麻园湾 M8 出土<br>湖南省博物馆藏 |
| 图 147 | 马首云纹玉带钩　战国<br>长 6.9、宽 1.9 厘米<br>1964 年长沙五里牌 M5 出土<br>湖南省博物馆藏 |
| 图 148 | 龙首玉带钩　战国<br>长 8.5 厘米<br>永州芝山区文物管理所发掘出土<br>湖南省博物馆藏 |
| 图 149 | 龙首玉带钩　战国<br>长 4.1、宽 2.2、高 1.7 厘米<br>1977 年益阳赫山庙基建工地出土<br>益阳市博物馆藏 |

| | |
|---|---|
| 图 150 | 玉鍱形佩　战国中期<br>孔径 2.3 厘米<br>1980 年临澧九里 M1 出土<br>湖南省博物馆藏 |
| 图 151 | 玉觿形佩　战国中期<br>长 3.4、厚 0.3 厘米<br>1980 年临澧九里 M1 出土<br>湖南省博物馆藏 |
| 图 152 | 长条形玉饰　战国晚期<br>长 5、宽 1.5、厚 0.35 厘米<br>1985 年澧县新洲 M1 出土<br>湖南省文物考古研究所藏 |
| 图 153 | 玉长方形佩　3 件　战国中期<br>长 5.2~6.6、厚 0.4~0.45 厘米<br>1980 年临澧九里 M1 出土<br>湖南省博物馆藏 |
| 图 154 | 玉三角形佩　战国中期<br>高 0.85、厚 0.65 厘米<br>1980 年临澧九里 M1 出土<br>湖南省博物馆藏 |
| 图 155 | 龙形玉佩　战国中期<br>长 7.9、宽 2.2、厚 0.4 厘米<br>1953 年长沙仰天湖 M21 出土<br>湖南省博物馆藏 |
| 图 156 | 龙形玉佩　2 件　战国晚期<br>长 7.1、宽 3.8、厚 0.4 厘米<br>1981 年长沙工农桥长沙酒厂 M3 出土<br>长沙市博物馆藏 |
| 图 157 | 云纹璜形玉龙佩　战国晚期<br>长 10.9、宽 1.5~2.3 厘米<br>1960 年长沙杨家山铁路工地 M12 出土<br>湖南省博物馆藏 |
| 图 158 | 龙形玉佩　战国晚期<br>残长 6.8、宽 1.5、厚 0.3 厘米<br>1958 年长沙杨家湾 M1 出土<br>湖南省博物馆藏 |
| 图 159 | 龙形玉佩　战国晚期<br>残长 14.1、宽 8.5、厚 0.5 厘米<br>1987 年长沙五里牌八一路 M1 出土<br>长沙市博物馆藏 |

| | |
|---|---|
| 图 160 | 双面透雕龙纹玉佩　战国<br>长 15.5、宽 5.7、厚 0.5 厘米<br>1982 年长沙黄泥坑 M2 出土<br>长沙市博物馆藏 |
| 图 161 | 连体龙形玉佩　战国晚期<br>长 9.7、宽 4.2、厚 0.4 厘米<br>1985 年澧县新洲 M1 出土<br>湖南省文物考古研究所藏 |
| 图 162 | 双面透雕龙纹玉佩　战国晚期<br>长 19、宽 12.5、厚 0.42 厘米<br>1985 年澧县新洲 M1 出土<br>湖南省文物考古研究所藏 |
| 图 163 | 透雕龙形玉佩　战国晚期<br>长 14.2、宽 4.7、厚 0.4 厘米<br>1985 年澧县新洲 M1 出土<br>湖南省文物考古研究所藏 |
| 图 164 | 透雕龙凤纹玉佩　战国晚期<br>长 21.4、宽 9.4、厚 0.5 厘米<br>1987 年长沙五里牌八一路 M1 出土<br>长沙市博物馆藏 |
| 图 165 | 透雕龙凤纹玉佩　战国晚期<br>长 21.5、宽 9、厚 0.5 厘米<br>1987 年长沙五里牌八一路 M1 出土<br>长沙市博物馆藏 |
| 图 166 | 玉剑首　战国中期<br>直径 3.6、边厚 0.4 厘米<br>1983 年益阳麻纺厂 M10 出土<br>益阳市博物馆藏 |
| 图 167 | 玉剑格　战国<br>长 4.8、宽 2.3、厚 0.9 厘米<br>1956 年长沙汤家岭 M4 出土<br>湖南省博物馆藏 |
| 图 168 | 玉剑格　战国晚期<br>长 4.2、宽 1.9、厚 1.2 厘米<br>1965 年长沙干塘坡地质局 M2 出土<br>湖南省博物馆藏 |
| 图 169 | 玉剑格　战国中期<br>高 5.2、上宽 4.7、下宽 5.6、厚 1.2 ～ 1.4 厘米<br>1992 年益阳赫山区羊舞岭 M18 出土<br>益阳市博物馆藏 |

| | |
|---|---|
| 图 170 | 玉剑格　战国晚期<br>长 5、宽 1、厚 2 厘米<br>沅水下游楚墓 M1452 出土 |
| 图 171 | 玉剑璏　战国晚期<br>长 6.3、宽 2.1 厘米<br>1960 年长沙杨家山铁路工地 M12 出土<br>湖南省博物馆藏 |
| 图 172 | 玉剑璏　战国<br>长 5、宽 2.2、厚 1.8 厘米<br>1977 年益阳赫山庙基建工地出土<br>益阳市博物馆藏 |
| 图 173 | 玉剑珌　战国晚期<br>长 2.8、宽 4.7、厚 1.9 厘米<br>1954 年长沙枫树山 M34 出土<br>湖南省博物馆藏 |
| 图 174 | 玉剑珌　战国晚期<br>长 3.4、宽 5.2、厚 1.8 厘米<br>1954 年长沙政治干校魏家堆 M10 出土<br>湖南省博物馆藏 |
| 图 175 | 云纹玉剑珌　战国<br>长 5.1、宽 6.2~7.4 厘米<br>1973 年长沙桐梓坡 M1 出土<br>湖南省博物馆藏 |
| 图 176 | 玉剑珌　战国<br>长 4.7、宽 2.6、厚 1.4 厘米<br>1977 年益阳赫山庙基建工地出土<br>益阳市博物馆藏 |
| 图 177 | 玉剑珌　战国<br>长 5.7、宽 2.6、厚 1.4 厘米<br>1977 年益阳赫山庙基建工地出土<br>益阳市博物馆藏 |
| 图 178 | 玉剑珌　战国晚期<br>长 5.2、宽 4.7~5.6、厚 1.2~1.4 厘米<br>1992 年益阳羊舞岭 M8 出土<br>益阳市博物馆藏 |
| 图 179 | 玉剑珌　战国<br>高 3.2、宽 6.1 厘米<br>1983 年长沙赤岗冲出土<br>长沙市博物馆藏 |

| | |
|---|---|
| 图 180 | 云纹玉璧　秦<br>直径 16.4、孔径 5.2、厚 0.5 厘米<br>1957 年长沙左家塘 M1 出土<br>湖南省博物馆藏 |
| 图 181 | 玉剑首　秦<br>直径 4、厚 0.6 厘米<br>1957 年长沙左家塘 M1 出土<br>湖南省博物馆藏 |
| 图 182 | 勾连谷粒纹玉剑璏　秦<br>长 6.3、宽 3.1、高 1.4 厘米<br>1957 年长沙左家塘 M1 出土<br>湖南省博物馆藏 |
| 图 183 | 青玉云纹璧　西汉<br>直径 14.7、孔径 3.5、厚 0.4 厘米<br>2008-2009 年长沙谷山被盗西汉长沙王室墓 M11 出土<br>长沙市文物考古研究所藏 |
| 图 184 | 双面云纹玉璧　西汉<br>直径 14.2、肉宽 4.5、厚 0.5 厘米<br>1958 年长沙五里牌 M1 出土<br>湖南省博物馆藏 |
| 图 185 | 谷纹玉璧　西汉<br>直径 8.3、厚 0.3 厘米<br>1978 年长沙象鼻嘴 M1 出土<br>湖南省博物馆藏 |
| 图 186 | 蒲纹青玉璧　东汉<br>直径 19.2、孔径 2.75、边厚 0.6~0.7、肉厚 0.8 厘米<br>1985 年长沙桐荫里 M1 出土<br>长沙市博物馆藏 |
| 图 187 | 三凤蒲纹玉璧　西汉<br>直径 16.5、孔径 2、厚 0.4 厘米<br>1975 年长沙咸家湖曹嫘墓出土<br>长沙市博物馆藏 |
| 图 188 | 三凤蒲纹玉璧　汉<br>直径 16.7、边厚 0.35 厘米<br>1976 年长沙杨家山 M91 出土<br>湖南省博物馆藏 |
| 图 189 | 龙凤纹谷纹玉璧　西汉<br>长 21.3、厚 0.5 厘米<br>1959 年长沙五里牌 M7 出土<br>湖南省博物馆藏 |

| | |
|---|---|
| 图 190 | 夔龙纹玉璧　西汉<br>直径 17.1 厘米<br>1993 年长沙省财经专科学校出土<br>长沙市文物考古研究所藏 |
| 图 191 | 夔龙蒲纹玉璧　西汉<br>直径 25.8 厘米<br>1993 年长沙省财经专科学校出土<br>长沙市文物考古研究所藏 |
| 图 192 | 夔龙蒲纹玉璧　西汉<br>直径 28.5、孔径 3.4、厚 0.6 厘米<br>2006 年长沙望城风篷岭汉墓出土<br>长沙市文物考古研究所藏 |
| 图 193 | 青玉龙纹璧　西汉<br>直径 16、孔径 3.2、厚 0.45 厘米<br>2008-2009 年长沙谷山被盗西汉长沙王室墓 M8 出土<br>长沙市文物考古研究所藏 |
| 图 194 | 玉圭　西汉<br>长 18.5、宽 7、厚 0.9 厘米<br>2006 年长沙望城风篷岭汉墓出土<br>长沙市文物考古研究所藏 |
| 图 195 | 凤纹玉璜　西汉<br>直径 16.7、内径 7.2、厚 0.4 厘米<br>1975 年长沙咸家湖曹嫘墓出土<br>长沙市博物馆藏 |
| 图 196 | 凤纹玉璜　西汉<br>直径 16.7、内径 7.1、厚 0.4 厘米<br>1975 年长沙咸家湖曹嫘墓出土<br>长沙市博物馆藏 |
| 图 197 | 云纹玉璜　西汉<br>长 13.8、宽 4.5、厚 0.25~0.4 厘米<br>2008-2009 年长沙谷山被盗西汉长沙王室墓 M7 出土<br>长沙市文物考古研究所藏 |
| 图 198 | 透雕双龙玉璜　新莽<br>长 9.4、宽 2.9 厘米<br>1976 年长沙杨家山 M131 出土<br>湖南省博物馆藏 |
| 图 199 | 双面透雕龙凤纹玉环　西汉<br>直径 8.5、环宽 2.7、厚 0.3 厘米<br>1975 年长沙咸家湖曹嫘墓出土<br>长沙市博物馆藏 |

| | |
|---|---|
| 图 200 | 双面谷芽纹玉环　西汉<br>直径 13.3、肉宽 3.2、厚 0.6 厘米<br>1956 年长沙岳麓山裕湘纱厂 M68 出土<br>湖南省博物馆藏 |
| 图 201 | 带芽谷纹玉环　西汉<br>直径 13.1、孔径 7.1、肉径 3、厚 0.7 厘米<br>1975 年长沙咸家湖曹嫘墓出土<br>长沙市博物馆藏 |
| 图 202 | 喇叭形玛瑙耳珰　东汉<br>长 2.5 厘米<br>1956 年长沙左家塘 M21 出土<br>湖南省博物馆藏 |
| 图 203 | 玉韘形佩　西汉<br>长 9、宽 3.7、厚 0.55 厘米<br>1959 年长沙五里牌 M7 出土<br>湖南省博物馆藏 |
| 图 204 | 螭龙纹玉韘形佩　东汉<br>长 6.8、宽 4.6、厚 0.4 厘米<br>1953 年衡阳苗圃蒋家山 M4 出土<br>湖南省博物馆藏 |
| 图 205 | 透雕龙凤纹韘形玉佩　新莽<br>长 7.2、宽 3.2 厘米<br>1976 年长沙杨家山 M131 出土<br>湖南省博物馆藏 |
| 图 206 | 云龙纹韘形玉佩　西汉<br>长 8.3、宽 6.4、厚 0.4 厘米<br>2008-2009 年长沙谷山被盗西汉长沙王室墓 M7 出土<br>长沙市文物考古研究所藏 |
| 图 207 | 龙凤纹韘形玉佩　西汉<br>长 6.7、宽 5.2、厚 0.6 厘米<br>2008-2009 年长沙谷山被盗西汉长沙王室墓 M7 出土<br>长沙市文物考古研究所藏 |
| 图 208 | 凤纹韘形玉佩　西汉<br>长 4.5、宽 3.3、厚 0.35 厘米<br>1975 年长沙咸家湖曹嫘 墓出土<br>长沙市博物馆藏 |
| 图 209 | 凤纹韘形玉佩　西汉<br>长 4.5、宽 2、厚 0.2 厘米<br>1975 年长沙咸家湖曹嫘墓出土<br>长沙市博物馆藏 |

| | |
|---|---|
| 图 210 | 玛瑙带钩　西汉<br>长 9.6、宽 4.4、厚 1.9 厘米<br>1985 年常德灌溪乡樟树山出土<br>常德市博物馆藏 |
| 图 211 | 龙首玉带钩　西汉<br>长 6、宽 1.5 厘米<br>2010 年常德南坪出土<br>常德市博物馆藏 |
| 图 212 | 鹅首玉带钩　西汉<br>长 3.2、宽 1.5 厘米<br>2010 年常德南坪出土<br>常德市博物馆藏 |
| 图 213 | 鸭首玉带钩　西汉<br>长 6.7、宽 2.2 厘米<br>2008–2009 年长沙谷山被盗西汉长沙王室墓 M7 出土<br>长沙市文物考古研究所藏 |
| 图 214 | 鸭首玉带钩　西汉<br>长 6.9 厘米<br>1965 年长沙树木岭 M1 出土<br>湖南省博物馆藏 |
| 图 215 | 单面透雕长方形兽纹玉带扣　2 件　西汉<br>长 8.8、宽 4.3、厚 0.3 厘米<br>1975 年长沙咸家湖曹嫼墓出土<br>长沙市博物馆藏 |
| 图 216 | 琥珀虎形饰（一对）　西汉<br>长 1.75、宽 0.8、高 1.35 厘米<br>2008–2009 年长沙谷山被盗西汉长沙王室墓 M7 出土<br>长沙市文物考古研究所藏 |
| 图 217 | 花斑纹玛瑙珠管串饰　1 串（38 颗）　西汉<br>大珠长 4.8、小珠长 1.1 厘米<br>长沙五一路出土<br>湖南省博物馆藏 |
| 图 218 | 水晶珠　西汉<br>长 0.8~1.2、宽 0.6~1.2、厚 0.1~0.5 厘米<br>2008–2009 年长沙谷山被盗西汉长沙王室墓 M7 出土<br>长沙市文物考古研究所藏 |
| 图 219 | 水晶管　西汉<br>长 3、宽 1 厘米<br>2008–2009 年长沙谷山被盗西汉长沙王室墓 M7 出土<br>长沙市文物考古研究所藏 |

| | |
|---|---|
| 图 220 | 玉贝　西汉<br>每件长 1.6、宽 1.1、厚 0.3 厘米<br>1975 年长沙咸家湖曹𡢁墓出土<br>长沙市博物馆藏 |
| 图 221 | 玉组佩　西汉<br>辟形佩：长 3.9、宽 2.6、厚 0.4 厘米<br>条形玉饰 : 长 2.45、宽 0.4、厚 0.3 厘米<br>瓶形玉饰：口径 0.3、腹径 0.6、底径 0.4、高 1 厘米<br>2008 年长沙岳麓区谷山村窑圹山 M5 出土<br>长沙市文物考古研究所藏 |
| 图 222 | 玉剑首　西汉<br>直径 3.8、厚 0.4 厘米<br>1955 年长沙蓉园 M13 出土<br>湖南省博物馆藏 |
| 图 223 | 螭龙纹玉剑格　西汉<br>长 1.5、宽 5.5、厚 2.5 厘米<br>1955 年长沙蓉园 M13 出土<br>湖南省博物馆藏 |
| 图 224 | 螭龙纹玉剑璏　西汉<br>长 5.7、宽 3.3、厚 1.1 厘米<br>1955 年长沙蓉园 M13 出土<br>湖南省博物馆藏 |
| 图 225 | 螭龙纹玉剑珌　西汉<br>长 5.9、宽 6、高 1.2 厘米<br>1955 年长沙蓉园 M13 出土<br>湖南省博物馆藏 |
| 图 226 | 云纹玉剑首　西汉<br>直径 4.4 厘米<br>1958 年长沙南门太公寺 M15 出土<br>湖南省博物馆藏 |
| 图 227 | 透雕动物纹玉嵌饰（剑首）　西汉<br>直径 5.5~5.9、厚 0.42 厘米<br>1978 年长沙象鼻嘴 M1 出土<br>湖南省博物馆藏 |
| 图 228 | 兽面纹玉剑格　东汉<br>长 5.4、宽 1.5 厘米<br>1953 年衡阳苗圃蒋家山空军基地 M4 出土<br>湖南省博物馆藏 |

| | |
|---|---|
| 图 229 | 螭龙纹玉剑格　西汉<br>长 5.2、宽 1.9、厚 1.95 厘米<br>1959 年长沙五里牌 M7 出土<br>湖南省博物馆藏 |
| 图 230 | 白玉浮雕螭龙纹剑格　西汉<br>长 4.8、宽 1.95、厚 2.2 厘米<br>2008–2009 年长沙谷山被盗西汉长沙王室墓 M8 出土<br>长沙市文物考古研究所藏 |
| 图 231 | 勾连谷纹玉剑璏　西汉<br>长 4.2、宽 2.5 厘米<br>1953 年长沙扫把塘出土<br>湖南省博物馆藏 |
| 图 232 | 螭龙纹玉剑璏　西汉<br>长 6.8、宽 2.7 厘米<br>1959 年长沙小林子冲 M5 出土<br>湖南省博物馆藏 |
| 图 233 | 兽面云纹玉剑璏　西汉<br>长 7.9、宽 2.85、高 1.3 厘米<br>1978 年长沙杨家山 M304 出土<br>湖南省博物馆藏 |
| 图 234 | 螭龙纹玉剑璏　西汉<br>长 10.2、宽 2.3、高 2.2 厘米<br>1959 年长沙五里牌 M7 出土<br>湖南省博物馆藏 |
| 图 235 | 浮雕螭龙纹玉剑璏　西汉<br>长 4.9、宽 3.4、厚 2 厘米<br>2008–2009 年长沙谷山被盗西汉长沙王室墓 M7 出土<br>长沙市文物考古研究所藏 |
| 图 236 | 兽面云纹玉剑璏　东汉<br>长 4.4、宽 2.35 厘米<br>1953 年衡阳苗圃蒋家山空军基地 M4 出土<br>湖南省博物馆藏 |
| 图 237 | 兽面云纹玉剑璏　西汉<br>长 7.9、宽 2.4 厘米<br>1953 年长沙蓉园 M6 出土<br>湖南省博物馆藏 |
| 图 238 | 兽面云纹玉剑璏　西汉<br>长 10、宽 2.4 厘米<br>1977 年长沙杨家山 M297 出土<br>湖南省博物馆藏 |

| | |
|---|---|
| 图 239 | 玉剑珌　西汉<br>长 3.9、宽 5.6、厚 1.2 厘米<br>1953 年长沙月亮山 M54 出土<br>湖南省博物馆藏 |
| 图 240 | 螭龙纹玛瑙剑珌　东汉<br>长 3.6、宽 2.8、厚 2.7 厘米<br>1956 年零陵东门外文庙 M1 出土<br>湖南省博物馆藏 |
| 图 241 | 玉衣片　西汉<br>1958 年长沙杨家山铁路工地 M1 出土<br>湖南省博物馆藏 |
| 图 242 | 玉衣片　西汉<br>长 5.7~9.4、宽 4.6~6.2、厚 0.4 厘米<br>2006 年长沙望城风篷岭汉墓出土<br>长沙市文物考古研究所藏 |
| 图 243 | 玉蝉　汉<br>长 5.3、宽 2.6、厚 0.9 厘米<br>龙山里耶大板汉墓 M14 出土<br>湖南省文物考古研究所藏 |
| 图 244 | 玉猪　汉<br>长 11.5、高 1.7 厘米<br>1956 年长沙公安仓库 M2 出土<br>湖南省博物馆藏 |
| 图 245 | 玉猪　新莽—东汉<br>长 12.3、宽 4、高 3.7 厘米<br>1959 年长沙五一路 M9 出土<br>湖南省博物馆藏 |
| 图 246 | 玉猪　新莽—东汉<br>长 12.3、高 3.7 厘米<br>1959 年长沙五一路 M9 出土<br>湖南省博物馆藏 |
| 图 247 | 铜镶玉樽　西汉<br>口径 9.7、高 18 厘米<br>1973 年长沙马王堆 M2 出土<br>湖南省博物馆藏 |
| 图 248 | 玉勺　新莽<br>长 4.9 厘米<br>1976 年长沙杨家山 M131 出土<br>湖南省博物馆藏 |

| | |
|---|---|
| 图 308 | 谷纹玻璃璧　战国<br>直径 9.3、孔径 3.8、厚 0.4 厘米<br>1979 年益阳麻纺厂基建工地出土<br>益阳市博物馆藏 |
| 图 309 | 谷纹玻璃璧　战国<br>直径 11.2、孔径 4.5、厚 0.25 厘米<br>1979 年益阳天成垸乡出土<br>益阳市博物馆藏 |
| 图 310 | 谷纹玻璃璧　战国<br>直径 9.2、孔径 4、厚 0.2 厘米<br>1979 年益阳天成垸乡出土<br>益阳市博物馆藏 |
| 图 311 | 谷纹玻璃璧　战国<br>直径 11.6、孔径 4.1、厚 0.3 厘米<br>1960 年长沙杨家山铁路工地 M12 出土<br>湖南省博物馆藏 |
| 图 312 | 谷纹玻璃璧　战国<br>直径 8.7、孔径 3.7、厚 0.2 厘米<br>1987 年长沙左家塘烟草公司出土<br>长沙市博物馆藏 |
| 图 313 | 谷纹玻璃璧　战国<br>直径 11.3 厘米<br>沅水下游楚墓 M633 出土 |
| 图 314 | 谷纹玻璃璧 战国<br>直径 11.5 厘米<br>沅水下游楚墓 M641 出土 |
| 图 315 | 谷纹玻璃璧　西汉<br>直径 12、孔径 2.4、厚 0.6 厘米<br>2008-2009 年长沙谷山被盗西汉长沙王室墓 M8 出土<br>长沙市文物考古研究所藏 |
| 图 316 | 云纹玻璃璧　战国<br>直径 14.1、孔径 5.3、厚 0.45 厘米<br>1955 年长沙陈家大山 M4 出土<br>湖南省博物馆藏 |
| 图 317 | 云纹玻璃璧　战国<br>直径 13.9、孔径 5.3、厚 0.3 厘米<br>1977 年长沙火车站广播器材厂 M66 出土<br>湖南省博物馆藏 |

| | |
|---|---|
| 图 318 | 云纹玻璃璧　战国<br>直径 13.7、孔径 4.3 厘米<br>1983 年长沙砚瓦池运输公司 M8 出土<br>长沙市博物馆藏 |
| 图 319 | 谷纹玻璃环　战国<br>直径 3.9~4、孔径 2.3~2.5、厚 0.3 厘米<br>1952 年长沙颜家岭 M932 出土<br>湖南省博物馆藏 |
| 图 320 | 谷纹玻璃环　战国<br>直径 3.8、孔径 2.6、厚 0.2 厘米<br>1977 年益阳赫山庙出土<br>益阳市博物馆藏 |
| 图 321 | 谷纹玻璃环　战国<br>直径 2.8、孔径 1.5、厚 0.4 厘米<br>1977 年益阳赫山庙出土<br>益阳市博物馆藏 |
| 图 322 | 谷纹玻璃环　战国<br>直径 3.9、孔径 2.5、厚 0.3~0.4 厘米<br>1955 年长沙丝茅冲 AM6 出土<br>湖南省博物馆藏 |
| 图 323 | 素面玻璃环　战国<br>直径 3.1、孔径 1.6、厚 0.2 厘米<br>1953 年长沙棺材塘 M11 出土<br>湖南省博物馆藏 |
| 图 324 | 云纹玻璃璜　战国<br>长 15.5、宽 4.2、厚 0.25 厘米<br>湖南省博物馆征集<br>湖南省博物馆藏 |
| 图 325 | 谷纹玻璃剑首　战国<br>直径 4.4、厚 0.45 厘米<br>沅水下游楚墓 M1568 出土 |
| 图 326 | 柿蒂纹谷纹玻璃剑首　战国<br>直径 4.5、厚 0.5 厘米<br>1953 年湖南长沙南门外东塘 BM11 出土<br>湖南省博物馆藏 |
| 图 327 | 柿蒂纹谷纹玻璃剑首　战国<br>直径 4.5 厘米<br>1955 年湖南长沙下大垅 M19 出土<br>湖南省博物馆藏 |

| | |
|---|---|
| 图 328 | 柿蒂纹谷纹玻璃剑首　战国<br>直径 4.5、通高 1.2、厚 0.4 厘米<br>1980 年长沙燕山街肉食水产公司 M8 出土<br>长沙市博物馆藏 |
| 图 329 | 柿蒂纹谷纹玻璃剑首　战国<br>直径 4.5 厘米<br>1957 年长沙南门外白沙 M2 出土<br>湖南省博物馆藏 |
| 图 330 | 柿蒂纹谷纹玻璃剑首　战国<br>直径 4.8、厚 0.45 厘米<br>沅水下游楚墓 M1568 出土 |
| 图 331 | 螭龙纹玻璃剑首　战国<br>直径 4.6 厘米<br>1956 年长沙黑石渡 M5 出土<br>湖南省博物馆藏 |
| 图 332 | 嵌绿玻璃玻璃剑首　战国<br>直径 4.7、厚 0.4 厘米<br>1960 年长沙杨家山铁路工地 M1 出土<br>湖南省博物馆藏 |
| 图 333 | 谷纹玻璃剑璏　战国<br>长 6.2、宽 1.8、高 1.3 厘米<br>1954 年长沙枫树山 M34 出土<br>湖南省博物馆藏 |
| 图 334 | 谷纹玻璃剑璏　战国<br>长 6.7、宽 2、高 1.3 厘米<br>1964 年长沙九尾冲 M3 出土<br>湖南省博物馆藏 |
| 图 335 | 螭龙纹玻璃剑璏　战国<br>长 6.1、宽 2、厚 1.2 厘米<br>1955 年长沙下大垅 M19 出土<br>湖南省博物馆藏 |
| 图 336 | 螭龙纹玻璃剑璏　战国<br>长 10.3、宽 1.95、厚 1.3 厘米<br>1960 年长沙杨家山铁路工地 M1 出土<br>湖南省博物馆藏 |
| 图 337 | 兽面纹谷纹玻璃剑璏　战国<br>长 10.2，宽 1.9、厚 1.4 厘米<br>1956 年长沙左家塘 M7 出土<br>湖南省博物馆藏 |

| | |
|---|---|
| 图 338 | 玻璃猪　2 件　西汉<br>长 10.84、宽 2.4 厘米<br>1988 年永州芝山区鹞子岭省三监狱出土<br>永州市博物馆藏 |
| 图 339 | 滑石璧　西汉<br>直径 13.5、肉宽 5、边厚 0.5 厘米<br>1964 年长沙中医学院工地 M1 出土<br>湖南省博物馆藏 |
| 图 340 | 滑石璧　西汉<br>直径 15.3、肉宽 6.1、边厚 0.5 厘米<br>1964 年长沙大林子冲 M3 出土<br>湖南省博物馆藏 |
| 图 341 | 滑石圭　西汉<br>长 9.5、宽 3 厘米<br>1964 年长沙南郊砂子塘出土<br>湖南省博物馆藏 |
| 图 342 | 滑石璜　2 件　西汉<br>长 16.7、宽 4.5、厚 0.6 厘米<br>1964 年长沙大林子冲 M3 出土<br>湖南省博物馆藏 |
| 图 343 | 滑石环　战国<br>直径 5.5、肉宽 1.8 厘米<br>1954 年长沙大冬瓜山法院 M1 出土<br>湖南省博物馆藏 |
| 图 344 | 滑石环　战国<br>直径 10.6、边宽 2.7、厚 0.4 厘米<br>1956 年长沙子弹库 M5 出土<br>湖南省博物馆藏 |
| 图 345 | 滑石带钩　西汉<br>长 6、厚 1.5 厘米<br>1960 年长沙杨家山铁路工地 M6 出土<br>湖南省博物馆藏 |
| 图 346 | 滑石剑首　西汉<br>直径 4.8、厚 0.9 厘米<br>1955 年长沙政治干校魏家堆 M19 出土<br>湖南省博物馆藏 |
| 图 347 | 滑石剑首　西汉<br>直径 4.3、厚 0.9 厘米<br>1964 年长沙大林子冲 M4 出土<br>湖南省博物馆藏 |

| | |
|---|---|
| 图 348 | 滑石剑格　西汉<br>长 1.5、宽 4.5、厚 1.8 厘米<br>1959 年长沙左家塘新生砖厂 M1 出土<br>湖南省博物馆藏 |
| 图 349 | 滑石剑格　西汉<br>长 2.1、宽 6.6、厚 2.6 厘米<br>1954 年长沙斩犯山 M7 出土<br>湖南省博物馆藏 |
| 图 350 | 滑石剑璏　西汉<br>长 8.8、宽 2.2、厚 1.9 厘米<br>1954 年长沙斩犯山 M7 出土<br>湖南省博物馆藏 |
| 图 351 | 滑石剑璏　西汉<br>长 7.9、宽 2.6、厚 2 厘米<br>1954 年长沙斩犯山 M7 出土<br>湖南省博物馆藏 |
| 图 352 | 滑石剑珌　西汉<br>长 3、宽 4.5、厚 1.9 厘米<br>1955 年长沙侯家塘 M18 出土<br>湖南省博物馆藏 |
| 图 353 | 滑石剑珌　西汉<br>长 5.9、宽 5.8、厚 2 厘米<br>1954 年长沙斩犯山 M7 出土<br>湖南省博物馆藏 |
| 图 354 | 滑石猪　汉代<br>长 9.2、高 2 厘米<br>1955 年耒阳野鹅塘 BM16 出土<br>湖南省博物馆藏 |
| 图 355 | 滑石猪　西汉<br>长 12、高 4 厘米<br>1963 年长沙林业设计院 M18 出土<br>湖南省博物馆藏 |

**图书在版编目(CIP)数据**

湖湘出土玉器研究/喻燕姣著. —长沙:岳麓书社,2013.10

ISBN 978-7-5538-0169-8

Ⅰ.①湖... Ⅱ.①喻... Ⅲ.①古玉器—研究—湖南省

Ⅳ.①K876.84

中国版本图书馆 CIP 数据核字(2013)第 178010 号

HUXIANG CHUTU YUQI YANJIU

**湖湘出土玉器研究**

作　　者:喻燕姣

责任编辑:管巧灵　王文西

责任校对:舒　舍

封面设计:吴颖辉

岳麓书社出版发行

地址:湖南省长沙市爱民路 47 号

电话:0731—88885616(邮购)

邮编:410006

网址:www.yueluhistory.com

2013 年 10 月第 1 版第 1 次印刷

开本:787×1092　1/16

印张:26

字数:309 千字

印数:1—1,400

ISBN 978-7-5538-0169-8/K・367

定价:180.00 元

承印:长沙超峰印刷有限公司

如有印装质量问题,请与本社印务部联系

电话:0731—88884129